UTB

2784

W0364075

Eine Arbeitsgemeinschaft der Verlage

Beltz Verlag Weinheim · Basel
Böhlau Verlag Köln · Weimar · Wien
Wilhelm Fink Verlag München
A. Francke Verlag Tübingen und Basel
Haupt Verlag Bern · Stuttgart · Wien
Lucius & Lucius Verlagsgesellschaft Stuttgart
Mohr Siebeck Tübingen
C. F. Müller Verlag Heidelberg
Ernst Reinhardt Verlag München und Basel
Ferdinand Schöningh Verlag Paderborn · München · Wien · Zürich
Eugen Ulmer Verlag Stuttgart
UVK Verlagsgesellschaft Konstanz
Vandenhoeck & Ruprecht Göttingen
vdf Hochschulverlag AG an der ETH Zürich
Verlag Barbara Budrich Opladen · Farmington Hills
Verlag Recht und Wirtschaft Frankfurt am Main
WUV Facultas Wien

Susanne Nußbeck

Einführung in die Beratungspsychologie

Mit einem Vorwort von Jörg Fengler

Mit 94 Übungsfragen, 7 Abbildungen und 3 Tabellen

Ernst Reinhardt Verlag München Basel

Prof. Dr. rer. nat. Dipl.-Psych. *Susanne Nußbeck* lehrt an der Heilpädagogischen Fakultät der Universität Köln im Arbeitsbereich Heilpädagogische Psychologie, Diagnostik und Entwicklungsförderung. Ihre Schwerpunkte in Lehre und Forschung sind Beratung und Begutachtung sowie Entwicklungspsychologie.

Bibliografische Information der Deutschen Bibliothek

Die Deutsche Bibliothek verzeichnet diese Publikation in der Deutschen Nationalbibliografie; detaillierte bibliografische Daten sind im Internet über <http://dnb.ddb.de> abrufbar.

UTB-ISBN 10: 3-8252-2784-7
UTB-ISBN 13: 978-3-8252-2784-7
ISBN 10: 3-497-01843-1
ISBN 13: 978-3-497-01843-5

Einbandgestaltung: Atelier Reichert, Stuttgart
Satz: Fotosatz Reinhard Amann, Aichstetten
Druck: Ebner & Spiegel, Ulm
Printed in Germany
ISBN 3-8252-2784-7 (UTB-Bestellnummer)

Ernst Reinhardt Verlag, Kemnatenstr. 46, D-80639 München
Net: www.reinhardt-verlag.de Mail: info@reinhardt-verlag.de

Inhalt

Hinweise zur Benutzung dieses Lehrbuches

Zur schnelleren Orientierung werden in den Randspalten Piktogramme benutzt, die folgende Bedeutung haben:

Begriffsklärung, Definition

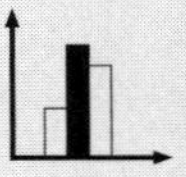

Forschungen, Studien

Fallbeispiel

Fragen zur Wiederholung am Ende der Kapitel

Vorwort

Das Buch von Susanne Nußbeck „Einführung in die Beratungspsychologie“ gibt einen umfassenden Überblick über Theorie und Praxis des Beratungshandelns. Im ersten Kapitel stellt sie die Entwicklung von den Anfängen bis zur heutigen Beratungsmethodik dar, grenzt Beratung von Therapie und Mediation ab und geht auf Fragen der Beratungsethik ein. Im zweiten Kapitel diskutiert sie Beratung als Kommunikationsgeschehen. Dies ist eine sehr vorteilhafte Entscheidung, weil sie auf diese Weise ein theoretisches Fundament legt und zugleich Hinweise für die Beratungspraxis ableiten kann. Denn natürlich wird Beratung am besten gelingen, wenn das kommunikative Geschehen zwischen Berater und ratsuchender Person theoretisch fundiert, methodisch begründet und in der Praxis wirksam gestaltet wird.

In Kapitel 3 stellt sie verschiedene Paradigmata dar, die das gegenwärtige Bild von Beratung prägen: Psychoanalytische, personzentrierte und kognitive Beratung sowie systemische Beratung in den beiden Schwerpunkten der Ressourcen- und Lösungsorientierung. Dieses Kapitel macht den weiten Kenntnishorizont und das breite Spektrum der Interventionsansätze sichtbar, über die die Autorin verfügt. Tatsächlich müssen wir, auch wenn wir zurecht eine theoriebegründete Stringenz unserer Praxis fordern, ja immer an eines denken: Die Beratungsmethode hat sich nach dem Anliegen der ratsuchenden Person zu richten, nicht aber das Anliegen des Klienten nach der Beratungsmethodik, die Beraterin und Berater beherrschen.

Kapitel 4 ist dem Beratungsprozess gewidmet. Dieser Aspekt des Beratungsgeschehens findet in anderen Lehrbüchern meist keine besondere Beachtung – ganz so als handele es sich dabei um eine unbedeutende Größe. Tatsächlich geschieht aber im Prozess alles das, was über Scheitern oder Erfolg eines Beratungsprozesses entscheidet: Der äußere Rahmen des Gesprächs, der abstoßend oder einladend sein kann; die Kontaktaufnahme zwischen Angst und Mut und zwischen Abweisung und freundlicher Annahme; das Angebot von Einzel- und Gruppenberatung; die

Dringlichkeit, sofort zu handeln; die Variabilität in den Interventionen, die der Problemlage am besten gerecht wird, und vieles andere mehr.

Zur Beratung gehört, dass die Beziehung zwischen der beratenden Person und dem Berater stimmt, das heißt, dass beide die Beratung bejahen, Respekt für einander empfinden und die Hoffnung hegen, die Beratung könne zu einem Erfolg führen (Kapitel 5).

Gewiss ist vom Berater in dieser Hinsicht eine größere Toleranz für Unterschiedlichkeit zu erwarten als vom Ratsuchenden, zumal ja Letzterer viel mehr gefordert ist, Hemmung und Scham zu überwinden, indem er oder sie über Ängste, Misserfolge und gesellschaftlich nicht akzeptierte Wünsche und Handlungen berichtet. Andererseits müssen Beraterinnen und Berater darauf achten, dass sie in dieser Annäherung an den Ratsuchenden für hinreichend Abgrenzung, Distanzierung und Rückzug sorgen. Die in den Helferberufen, aber auch in anderen Arbeitskontexten umfassend erforschte Burnout-Gefährdung ist mittlerweile so bekannt, dass sie in die Curricula zahlreicher Ausbildungen Eingang gefunden hat: Psychotherapeuten, Berater, ehrenamtliche Mitarbeiter der Telefonseelsorge, Supervisoren, Suchttherapeuten, Pflegende in Klinik, Palliativstation und Hospiz lernen Erscheinungsweisen des Burnout und der Burnout-Prophylaxe schon während der Ausbildung kennen, um sich später schützen zu können.

Kapitel 6 ist Fragen der Evaluation von Beratungsprozessen gewidmet. Das fällt methodisch nicht ganz leicht, weil die unterschiedlichen Problemlagen und Personen und die heterogenen Klärungsprozesse eine gemeinsame Würdigung in Untersuchungsgruppen nahezu unmöglich machen. Immerhin gibt es einige Ansätze zur Evaluation. Die Beratungsforschung hat, überwiegend angelehnt an vergleichbare Erhebungsmodelle aus der Psychotherapieforschung, geeignete Messmethoden entwickelt. Das Qualitätsmanagement hat mit der Unterscheidung von Struktur-, Prozess- und Erfolgsqualität eine hilfreiche Grundlage für Dokumentationen gelegt. Im Einzelfall kommt es dabei manchmal zu unsinnigem Arbeitsaufwand. Im Grundzug ist dieses Vorgehen aber vertretbar. Für die Beratung kann, so wie für alle anderen psychosozialen Interventionen, eine Wirksamkeit nicht per se postuliert werden. Vielmehr bedarf es der umfassenden empirischen Belegung, die für jede behauptete Wirkung im Detail nachgewiesen werden muss.

In Kapitel 7 geht die Autorin auf zentrale Beratungsfelder ein: Erziehungs- und Familienberatung; Beratung in Schule, Aus- und Weiterbildung; Entwicklungsberatung in der Frühförderung; Beratung bei Behinderung und chronischer Krankheit; Beratung bei Abhängigkeit und Sucht. Eine Darstellung aktueller Entwicklungen, ein Glossar und eine umfassende Literaturliste schließen das Buch ab.

Es handelt sich um eine gründliche, umfassende Darstellung, die Frau Nußbeck abgefasst hat, und ich wünsche dem Buch eine weite Verbreitung in allen Berufen, in denen psychosoziale Beratung praktiziert wird.

Köln, im Januar 2006 Prof. Dr. Jörg Fengler

1 Einführung

Beratung hat eine lange Tradition in vielen Lebensbereichen. Im einführenden Kapitel erhält der Leser einen Überblick über die Entwicklung der Beratungswissenschaften, wie sie sich in der Geschichte in Deutschland und in den angloamerikanischen Ländern darstellt, und darüber, welche Themen heute aktuell sind. „Beratung" wird von verschiedenen Autoren mit unterschiedlicher Schwerpunktsetzung definiert. Abgrenzungen zu „Therapie" auf der einen und „Mediation" auf der anderen Seite, die beide ebenso wie die Beratung auf Veränderungen zielen, von denselben Berufsgruppen ausgeübt werden, oft denselben theoretischen Hintergrund haben und sich häufig gleicher Mittel bedienen, stellen das Spezifische des Konzeptes „Beratung" heraus. Beratungen geschehen in Kommunikation mit Menschen, die sich in einer Phase der Entscheidungsnot oder Orientierungslosigkeit befinden. Dem Berater kommt daher eine hohe ethische Verantwortung zu, seine Position nicht auszunutzen und dem Klienten nicht zu schaden.

1.1 Historische Entwicklung

Beratung ist ein allgegenwärtiges und zeitloses Phänomen. Jeder Herrscher hatte und hat seine Berater, für jeden Anlass finden sich kundige Experten. Mehr oder weniger seriöse Beratung kann man für alle Lebenslagen erhalten. Professionelle Beratung hingegen findet häufig im pädagogisch-psychologischen Bereich und in der Sozialen Arbeit statt, wo sie schon früh institutionalisiert wurde. In der Familien- und Jugendfürsorge gibt es Beratung seit Ende des 19. Jahrhunderts. Seither hat sie einen umfassenden Wandel in ihren Grundannahmen und Zielen durchgemacht.

Geschichte der Erziehungsberatung

Schon im Kaiserreich gab es Beratungen für die Betreuung unehelicher Kinder und Waisenkinder, „Kinderrettungsvereine", deren „Reiseagenten" beratende Hausbesuche bei ihrer hilfsbedürftigen Klientel machten (Sommer 1995). Stellen, die für „Beratung in Fragen der Erziehung" zuständig waren, wurden in Deutschland nach dem Reichsjugendwohlfahrtsgesetz von 1922 etabliert (Schröder 2004). Die damit verbundenen staatlichen Eingriffsmöglichkeiten in die Familien, die damals – wie auch heute noch – besonders sozial schwache Familien trafen, wurden abgeleitet aus der Maxime, dass jedes deutsche Kind ein Recht auf Erziehung zur leiblichen, seelischen und gesellschaftlichen Tüchtigkeit habe (Sommer 1995). Zur Überwachung dieses Anspruchs wurden in den Städten Jugendämter gegründet, deren Leiter meist Verwaltungsfachleute ohne sozialpädagogische Ausbildung waren. Den Jugendämtern angegliedert entstanden Erziehungsberatungsstellen, die oft unter der Leitung von Kinderärzten oder Psychiatern standen (Sommer 1995).

1931 gab es neben den Beratungsstellen der Jugendämter mehr als 100 freie oder kirchliche Erziehungsberatungsstellen (Dietzfelbinger et al. 2003). Beratung umfasste zu der Zeit überwiegend konkreten Informationsbedarf und die Sicherung des Lebens unter als allgemein gültig angenommenen sozialen Norm- und Wertvorstellungen in den Bereichen Bildung, Erziehung, Leben und Beruf (Großmaß 2004b) und verstand sich weniger als Interaktion zwischen Berater und grundsätzlich gleichberechtigten und eigenverantwortlichen Menschen in kritischen Lebenssituationen denn als Hüter einer den gesellschaftlichen Normen entsprechenden Lebensweise.

Nach dem Ende des Zweiten Weltkriegs wurden die in der NS-Zeit gleichgeschalteten und teilweise geschlossenen Beratungsstellen neu gegründet oder umgestaltet. In den fünfziger Jahren gab es Beratungsstellen für Kinder und Jugendliche und deren Eltern als Erziehungsberatungsstellen auf kommunaler Ebene oder in kirchlichen Trägerschaften. Ehe-, Familien- und Lebensberatung wird jedoch auch noch am Anfang des 21. Jahrhunderts weiterhin überwiegend von den Kirchen angeboten. Nach dem Zweiten Weltkrieg war Erziehungsberatung immer noch eher ein autoritäres Fürsorgesystem, in dem Beratung der normativen Lenkung diente (Großmaß 2004b). Nach 1970 nahm die Zahl der Erziehungsberatungsstellen deutlich zu. Im Kinder- und Jugendhilfegesetz (KJHG 1990) wurde dem gesellschaftlichen Wandel Rechnung getragen. Vielfältige Lebensentwürfe werden heute akzeptiert, die sich nicht allgemein gültigen Normen unterordnen lassen. Erziehungsberatung wird im Sinne von Hilfe zur Konfliktlösung als Anspruch an die Jugendhilfe festgeschrieben (Hundsalz 1996, 2004; Wiesner 1995).

Geschichte der Berufsberatung

Ein zweiter Strang institutionalisierter Beratung in Deutschland entstand 1927 mit dem „Gesetz über die Einrichtung der Arbeitslosenversicherung und Arbeitsvermittlung – AVAVG". Damit wurde die staatliche Berufsberatung eingeführt (R. Thiel 2004), die bis 1997 ein Monopol der Arbeitsverwaltung blieb. Die Aufgaben der Berufsberatung waren zunächst die Vermittlung von Lehrstellen und Arbeitskräften (Schröder 2004). Infolge der Ausdifferenzierung des Arbeitsmarktes und der zunehmend vielfältigeren beruflichen Anforderungen wurden später auch individuelle und gesellschaftliche Probleme in die Berufsberatung einbezogen. Sie wurde damit zur Einzelberatung, zur Hilfe zur Selbsthilfe, fast eine „Kurztherapie" bei Vermittlungsproblemen, die in der Person des zu Vermittelnden gesehen werden. Assessments, testpsychologische Feststellung der Fähigkeiten, um Personen an Stellen anzupassen, wurden weitere Bereiche der Berufsberatung.

Wandel des Verständnisses von Beratung

In den sechziger und siebziger Jahren des letzten Jahrhunderts kam es aufgrund gesellschaftlicher Veränderungen, die durch die Studentenbewegung von 1968 ausgelöst wurden, zu einem intensiven Ausbau des Beratungsangebotes, das dann zunehmend psycho-soziale Beratung umfasste (Schröder 2004). Beratung wird nun ein stärker psychologisches Hilfeangebot, das sich an den Bedürfnissen und Problemlagen der Klientel orientiert. Die Vermittlung von Informationen und das Anpassen an Wertvorstellungen der Gesellschaft traten in den Hintergrund und Beratung rückte in die Nähe von psychotherapeutischen Verfahren. Besonders die Anregungen aus der humanistischen Psychologie wurden übernommen und die Techniken der klientzentrierten, nicht-direktiven Gesprächsführung werden bis heute als Basisqualifikation für Psychologen und Sozialpädagogen angesehen. Mit der systemischen Sicht auf Familien und andere Gruppierungen, in denen Menschen leben, änderte sich der Blick auf die Problemlagen. Nicht mehr die einzelne Person steht im Vordergrund der Erziehungs-, Ehe- oder Lebensberatung, sondern das System, in dem die Person lebt und das sie mit konstituiert (Burnham 1995).

Felder psycho-sozialer Beratung

Pädagogik und Soziale Arbeit sind nach wie vor die wichtigsten Felder psychologischer Beratung. Die Bereiche, in denen sie angeboten wird, weiteten sich jedoch aus. Seit den sechziger Jahren etablierte sich Bildungsberatung als neuer Zweig (Schröder 2004), der Orientierungs- und Entscheidungshilfen bei der Realisierung individueller und gesellschaftlicher Bildungsziele beinhaltet (Heller 2001). Studienberatung als Weiterführung der Bildungsberatung entstand nicht zuletzt aufgrund sich immer weiter ausdifferenzierender Studienangebote, die kaum mehr überschaubar waren (Stiehler 2004). Selbsthilfegruppen zu allen Wechselfällen des Lebens formierten sich in den siebziger Jahren (W. Thiel 2004). Der Psychiatrie-Enquête (1975) folgten sozialpsychiatrische Reformen und entsprechende Beratungs- und Betreuungsangebote für psychisch kranke Menschen (Dörner/Plog 1996; v. Kardorff 2004). Beratung wird in vielen Feldern des sozialen Lebens als unabdingbar angesehen, und eine Beratungspflicht in manchen Bereichen auch zur Voraussetzung für Entscheidungen gemacht: So ist die Schwangerschaftskonfliktberatung bei gewünschtem Abbruch der Schwangerschaft seit 1976 vorgeschrieben (Koschorke 2004), vor die Gewährung von Leistungen der Sozialhilfe oder der Agentur für Arbeit ist ein Beratungsgespräch gesetzt. Mit dem Drogenproblem, das seit den siebziger Jahren zu einem besonderen Problem der Jugendhilfe wurde, kamen Drogen- und Suchtberatungsstellen hinzu (Vogt/Schmid 2004). Heute gibt es Beratungsstellen für praktisch alle Lebens- und Problemlagen.

Ausbildung für Berater

Angesichts dieser Entwicklungen wird wohl niemand die Notwendigkeit einer Ausbildung in Beratungsmethoden und -kompetenzen bestreiten. Beratung wird in allen Feldern menschlicher Entwicklung und zwischenmenschlicher Konfliktmöglichkeiten und von Organisationen, die sich mit diesen Problemen befassen, als wichtiges Element angesehen. Häufig wird Beratung jedoch von nicht oder halbprofessionellen Mitarbeitern betrieben und nur wenige haben eine substantielle Ausbildung (Murgatroyd 1994).

Es gibt in Deutschland noch keine allgemein verbindlichen Ausbildungsrichtlinien für Berater, keine direkte Anbindung an eine wissenschaftliche Disziplin und auch keine Sektionen in den Psychologenverbänden (McLeod 2004; Nestmann 2004c). Allerdings haben sich im September 2004 insgesamt 27 Fach- und Berufsverbände, deren Mitglieder auch Beratungsaufträge haben, zusammengeschlossen und mit der Deutschen Gesellschaft für Beratung/German Association for Counselling (DGfB) einen Dachverband gegründet. Weiterbildende, berufsbegleitende Studiengänge beginnen sich zu etablieren (Straumann 2004). Der Trend geht also auch in Deutschland in Richtung auf eine vereinheitlichte und Qualitätsansprüchen genügende, anerkannte Ausbildung psycho-sozialer Berater.

Counseling in den USA

In den angloamerikanischen Ländern hat sich dagegen eine eigene Beratungswissenschaft schon länger etablieren können. In der von Witmer am Ende des 19. Jahrhunderts eröffneten psychologischen Klinik und der nachfolgenden Child-Guidance-Bewegung, die sich heilpädagogisch und erzieherisch Kindern mit Entwicklungsauffälligkeiten widmete, liegen ihre Ursprünge (Rechtien 2004b). Die Tatsache, dass psychisch kranken und entwicklungsgestörten Kindern durch therapeutische Interventionen geholfen werden konnte, veränderte den Blick in der Öffentlichkeit und führte in der Psychologie dazu, mehr auf das Entwicklungspotential zu achten als auf Defizite, die überwunden werden müssen (Gelso/Fretz 1999). Die Entwicklung zu einer eigenen Disziplin schlägt sich in den USA durch die Gründung einer Division „Counseling and Guidance" der American Psychological Association (APA) bereits im Jahr 1946 nieder. 1951 hatte die Sektion, die 1952 in „Counseling psychology" umbenannt wurde (Gelso/Fretz 1999), erst 645 Mitglieder, 1978 waren es 2.695 (McLeod 2004). Ausbildungsrichtlinien werden von der APA herausgegeben und sorgen so für einen professionellen Standard (Hackney/Cormier 1998).

Counselling in Großbritannien

In England wurde 1970 die „Standing Conference for the advancement of counselling" gegründet, die 1977 in die British Association for Counselling (BAC) überging. Im Jahr 2000 wurde mit der Erweiterung des Namens in British Association for counselling and psychotherapy (BACP) die fachliche Nähe von Beratern und Therapeuten deutlich, die in England gegenüber dem Ratgeben, Überwachen und der Sozialen Arbeit stärker als in Deutschland betont wird (Feltham 2004).

Empowerment

Im Zuge der in den sechziger Jahren in den USA entstandenen „Community Psychology", im Deutschen als Gemeindepsychologie übersetzt, kam der Empowerment-Gedanke (Rappaport 1985) in die Beratungskonzepte. In der Gemeindearbeit ging es zunächst um ein gemeindenahes Versorgungssystem zur Bekämpfung von Rassenunruhen und Armut. Die Psychologie mit ihren Konzepten von ökologischer Psychologie, Gruppendynamik, Vorurteilsforschung und Organisationsentwicklung konnte Modelle zur Lösung dieser gesellschaftlich komplexen Aufgabenstellungen bereitstellen (Röhrle 2004). Heute wird unter Empowerment, „Selbstbefähigung", meist die „Hilfe zur Selbsthilfe", das Wecken eigener Ressourcen der Ratsuchenden, verstanden. Der Blick auf die Stärken statt auf die Defizite der Klientel führt zu einer veränderten Sicht des Beratungsauftrages. „Es ist nicht der Berater, der die Probleme löst, sondern der Klient" (Rechtien 2004b, S. 10).

Supervision

Seit Beginn der neunziger Jahre spielt Qualitätssicherung in den heute vielfältigen Beratungsanlässen und -institutionen eine immer bedeutendere Rolle (Vogel 2004). Besonders die verschiedenen Formen der Supervision haben sich hier etabliert (Pühl 2004). Beratung hat sich von einer reinen Informationsvermittlung und Anleitung zu normkompatibler Lebensführung zu differenzierten Konzepten gemeinsamen Problemlösens unter wissenschaftlichen Standards und Kontrolle entwickelt.

1.2 Aktuelle Definitionen von Beratung

Beratung ist ein der Alltagssprache entlehnter Begriff. Man berät sich, wenn mehrere Personen mit einer Sache befasst sind, man sucht den Rat eines Vertrauten, von dem man annimmt, dass er einem wohl gesonnen ist, manchmal erhält man ungebeten gut gemeinte Ratschläge und manchmal wird sogar gedroht: „Ich rate dir gut ...!". Ge- und beraten wird in allen Lebenslagen und in allen Bereichen: Finanzberatung, Ernährungsberatung, Rechtsberatung, Berufsberatung, Studienberatung, Modeberatung ... – die Liste könnte beliebig fortgesetzt werden. Beratung als Vermittlung von Informationen und Anstoß zu Veränderungen findet sich mehr oder weniger explizit und institutionalisiert in praktisch allen Berufsfeldern, wohingegen ausgearbeitete Konzepte eher selten sind.

Gibt man in eine Literatursuchmaschine den Begriff „Ratgeber" ein, erhält man eine Flut von Treffern, die die Zahl von 10.000 deutlich überschreitet. Von der „Anleitung zum Unglücklichsein" (Watzlawick 1983) über die „Entdeckung der Faulheit", Ratschläge sich bei der Arbeit möglichst wenig anzustrengen (Maier 2005), bis hin zu konkreten Ratgebern für alle Wechselfälle des Lebens findet man mehr oder weniger brauchbare Titel, deren Autoren oft trivialen psychologischen Erklärungsmustern folgen und ihre Lebensweisheiten beratend weitergeben wollen.

Was aber unterscheidet diese Art der Beratung von professioneller, psychologischer Beratung? Psychologisch-pädagogische Beratung geht über das reine Übermitteln von Informationen hinaus. Sie ist

Beratung

„ein zwischenmenschlicher Prozess (Interaktion), in welchem eine Person (der Ratsuchende oder Klient) in und durch die Interaktion mit einer anderen Person (dem Berater) mehr Klarheit über eigene Probleme und deren Bewältigung gewinnt. Das Ziel der Beratung ist die Förderung von Problemlösekompetenz." (Rechtien 2004b, S. 16)

Beratung spielt sich also immer in einem Interaktionsprozess zwischen zwei Menschen ab, welcher Art die Interaktion ist und welche Kompetenzen den Berater befähigen, die Problemlösekompetenz des Ratsuchenden zu fördern, bleibt in dieser Definition jedoch offen. Dietrich (1983) definiert wesentlich differenzierter:

„Beratung ist in ihrem Kern jene Form einer interventiven und präventiven helfenden Beziehung, in der ein Berater mittels sprachlicher Kommunikation und auf der Grundlage anregender und stützender Methoden innerhalb eines vergleichsweise kurzen Zeitraumes versucht, bei einem desorientierten, inadäquat belasteten oder entlasteten Klienten einen auf kognitiv-emotionale Einsicht fundierten aktiven Lernprozeß in Gang zu bringen, in dessen Verlauf seine Selbsthilfebereitschaft, seine Selbststeuerungsfähigkeit und seine Handlungskompetenz verbessert werden können." (Dietrich 1983, S. 2)

Der Berater muss die grundlegenden Handlungsmuster der Diagnostik, Intervention und Evaluation kennen, um beratend tätig zu werden, aber auch nicht jede Person kann für Dietrich Klient sein. Sie muss einen „Problemdruck" haben, sich belastet fühlen, und das Bedürfnis zur Veränderung haben. Unter „Belastung" versteht Dietrich übermäßige Anforderungen, unter „Entlastung" ein ebenso schädliches Fehlen von Anforderungen. Die Person muss über bestimmte reflexive und sprachliche Voraussetzungen verfügen, sie muss sich selbst und die Welt, in der sie lebt, für grundsätzlich veränderbar halten und muss ein Minimum an Willen zur Eigeninitiative aufbringen (Dietrich 1983). In dieser Definition wird nicht auf die Beziehung zwischen Ratsuchendem und Berater eingegangen (Sander 1999, 2004), die in der Arbeit mit den Klienten eine zentrale Rolle spielt. Auch schließen die von Dietrich formulierten Anforderungen an die Klienten eine Beratung, wie sie vielfältig im Rahmen der Familienarbeit mit Multiproblemfamilien „verordnet" wird, praktisch aus.

Die Definition von Nestmann, Engel und Sickendiek (2004, S. 599)

„Beratung ist eine vielgestaltige, sich ständig verändernde und durch viele interne und externe Einflussfaktoren bestimmte professionelle Hilfeform. Sie unterstützt in variantenreichen Formen bei der Bewältigung von Entscheidungsanforderungen, Problemen und Krisen und bei der Gestaltung individueller und sozialer Lebensstile und Lebensgeschichten"

geht weniger auf die individuellen Voraussetzungen von Berater und Ratsuchendem ein, sondern macht auf die unterschiedlichen, teilweise widersprüchlichen Konzepte aufmerksam und betont Unterstützung und Hilfe durch den Berater. Um dieses leisten zu können, braucht der Berater spezifisches Fachwissen, um mit dem Ratsuchenden kompetent Handlungsalternativen, Berücksichtigung gesetzlicher Vorgaben, Erklärungsmöglichkeiten oder Gefährdungen erarbeiten zu können. Andererseits braucht er allgemeine Kompetenzen der Beratungsmethoden, Gesprächsführung, diagnostisches Wissen und ein Wissen um Kommunikationsmodelle, Interaktionsprozesse und Beziehungsaufbau. „Beratung" ist damit sehr offen definiert und läuft Gefahr, unbestimmt und diffus zu bleiben.

Etwas konkreter Informationsvermittlung und aktive Beteiligung beider Interaktionspartner vereinend definieren Schwarzer und Posse (1986, S. 634) Beratung als

„eine freiwillige, kurzfristige, oft nur situative, soziale Interaktion zwischen Ratsuchendem (Klienten) und dem Berater mit dem Ziel, im Beratungsprozess eine Entscheidungshilfe zur Bewältigung eines vom Klienten vorgegebenen aktuellen Problems durch Vermittlung von Informationen und/oder Einüben von Fertigkeiten gemeinsam zu erarbeiten."

Alle Definitionen beinhalten den Gesichtspunkt der Unterstützung und Hilfe für einen Ratsuchenden bei der Lösung eines Problems und betonen die eigene, aktive Beteiligung des Ratsuchenden am Beratungsprozess, ohne die das Ziel der Beratung nicht erreicht werden kann. Beratung stellt sich damit als ein interaktiver Prozess dar, der bestimmten Regeln folgt, die dazu beitragen sollen, dass der Ratsuchende selbst einen Weg zur Lösung seines Problems oder zu einer Entscheidung findet.

Beratung

- Beratung ist ein zwischenmenschlicher Prozess in sprachlicher Kommunikation.
- Beratung dient neben der Vermittlung von Informationen der Verbesserung der Selbststeuerung und dem Aufbau von Handlungskompetenzen, der Orientierung und Entscheidungshilfe, der Hilfe bei der Bewältigung von Krisen.
- Der Ratsuchende ist veränderungswillig, sucht die Beratung in der Regel freiwillig und ist aktiv am Prozess beteiligt.
- Der Berater braucht Fachwissen über das Problemfeld und Beratungswissen zur Beziehungsgestaltung.

1.3 Abgrenzung zu Therapie und Mediation

Beratung, Mediation und Therapie zielen auf Veränderung, das Auslösen von Lernprozessen und Entwickeln neuer Handlungsmuster ab. Sie bedienen sich der gleichen zumeist aus psychotherapeutischen Konzepten abgeleiteten Mittel. Auch Beratungsmethoden haben ihre Wurzeln in Techniken und Erklärungsmustern der Psychoanalyse, der Gesprächstherapie, der Gestalttherapie oder der Verhaltenstherapie. In Therapie und Beratung arbeiten überwiegend dieselben Berufsgruppen: Psychologen, Pädagogen, Mediziner, Sozialpädagogen, wenn auch mit unterschiedlicher Schwerpunktsetzung. Sowohl bei der Beratung als auch bei der Therapie geht es um zwischenmenschliche Beziehungen und persönliche Konflikte, die mit Hilfe kommunikativer Mittel bewältigt werden sollen. So ist es verständlich, dass manche Autoren keinen Unterschied zwischen beiden sehen, wenn Therapie und Beratung zum Ziel haben, „menschliches Leid zu lindern, Probleme zu lösen und dem Menschen zu einem zufriedeneren Leben zu verhelfen“ (Argelander 1985, S. 10). Der Unterschied besteht dann allein in der Dauer des Prozesses, so dass Beratung zur „Kleinen Therapie“ wird (Dryden/Feltham 1994; Nelson-Jones 1982; Rogers 1972).

Therapie

Bei aller Gemeinsamkeit gibt es dennoch gravierende Unterschiede. Therapie als im Bereich der Heilkunde angesiedelte Behandlung psychischer Störungen befasst sich grundsätzlich mit

Phänomenen von Krankheitswert. Sie ist seit 1998 institutionell verankert durch das Psychotherapeutengesetz (PsychThG), setzt eine Approbation des Therapeuten voraus und wird im Allgemeinen über die Krankenkassen finanziert. Psycho-soziale Beratung dagegen wird meist für die Ratsuchenden kostenfrei von Beratungsstellen in öffentlicher oder kirchlicher Trägerschaft angeboten. Zunehmend entstehen jedoch auch freie Praxen für Lebensberatungen aller Art, möglicherweise als Folge des Psychotherapeutengesetzes, das nicht allen langjährigen psychologischen Psychotherapeuten Approbation und Kassenzulassung gewährt. Beratung dient der Überwindung persönlicher und sozialer Schwierigkeiten außerhalb der Heilkunde. Sie bedeutet Kompetenzerweiterung und Entscheidungshilfen bei Orientierungsbedarf in bestimmten Bereichen der Lebensführung, ohne dass grundsätzlich eine Störung der Person oder des Systems angenommen wird. Die angenommene selbständige Veränderungsfähigkeit des Klienten einer Beratung kann als ein wesentlicher Unterschied zur Therapie angesehen werden, bei der der Veränderungsprozess selbst im Mittelpunkt steht.

Beratung

Beratung befasst sich mit relativ ungestörten Personen, sie fokussiert Stärken und Ressourcen des Ratsuchenden in seiner Interaktion mit der Umwelt und in einer zeitlich begrenzten Dauer (Gelso/Fretz 1999) und betont damit stärker das Wohlbefinden und die Selbstwirksamkeit gegenüber der Fehlanpassung oder Störung. Beratung kommt damit auch eine präventive und entwicklungsfördernde Rolle zu (Nelson-Jones 1982). Beratung im psycho-sozialen Feld braucht daher Kompetenzen in allen Teildisziplinen der Psychologie, also in der Entwicklungspsychologie, der Differentiellen Psychologie oder Diagnostik, in der Sozialpsychologie und der Allgemeinen Psychologie (Schröder 2004).

Mediation

Mediation ist in den sechziger Jahren des 20. Jahrhunderts als außergerichtliches Einigungsverfahren bei Trennungen, tariflichen Auseinandersetzungen, im kommunalen Bereich oder Konflikten über öffentliche Entscheidungen entstanden (Bastine/Theilmann 2004). Mediation ist heute ein Vermittlungsverfahren, bei dem zwei oder mehr Personen, die in Konflikt über eine Sache geraten sind, sich in ihren Meinungen „festgefahren" haben und sich nicht einigen können, durch die Vermittlung einer neutralen, allparteilichen Person, dem Mediator, zu einer eigenen Lösung kommen. Die Mediation dient der Erlangung einer selbstbestimmten und einvernehmlichen Regelung, die die Bedürfnisse aller Beteiligten berücksichtigt. Sie zielt darauf ab, dass die uneinigen Partner den Standpunkt des anderen besser verstehen und dass eine konkrete Lösung erarbeitet wird. Sie hat auch präventiven Charakter, indem sie die Problemlösekompetenz der beiden Partner für zukünftige Konflikte stärkt. Das Vorgehen der Mediation ist rein lösungsorientiert, strukturiert und fokussiert das Streitthema. Dies unterscheidet sie von der Paarberatung, bei der es um die Bearbeitung bestehender Konflikte geht (Bastine/Theilmann, 2004). Mediation wird häufig im Vorfeld von gerichtlichen Auseinandersetzungen eingesetzt, um eine einvernehmliche Lösung selbst zu erarbeiten, statt sich der Vorgabe eines Richters beugen zu müssen. Mediation bedient sich zwar bei der Formulierung eines Konfliktes ähnlicher Mittel wie die Beratung, sie hat aber nicht die Veränderung der Personen, sondern allein die Lösung des Konfliktes zum Ziel.

Unterschiede Beratung – Therapie – Mediation

Auch wenn es mehr oder weniger deutliche Überschneidungen gibt, lassen sich die drei Konzepte sowohl inhaltlich als auch im Vorgehen als auch rechtlich voneinander unterscheiden (siehe Tabelle 1). Der Zugang zum Beratungsangebot ist offen für alle Ratsuchenden, der zur Therapie höher schwellig durch eine Begutachtung der Therapiebedürftigkeit, eine Diagnose von Krankheitswert, im Zusammenhang mit der Kostenübernahme. In der Beratungssituation gibt es ein klares Angebot in Bezug auf die Lösung eines definierten Problems, in der Therapie wird das grundlegende Problem oft erst erarbeitet, während die Mediation sich auf die Vermittlung in Konfliktsituationen beschränkt.

1.4 Ethische Fragen

Menschenbild

Auch Berater unterliegen, wie alle Menschen, den Normen und Werten der Gesellschaft, in der sie leben, die sie in ihrem Sozialisationsprozess internalisiert haben und die ihr Menschenbild prägen. Dies bestimmt auch ihre Haltung zum Klienten. Ein Beschreiben von Problemen unabhängig von diesen Normen und dem Menschenbild des Beraters ist ebenso unmöglich wie eine ethisch völlig neutrale beraterische Grundhaltung (Schrödter 2004). Berater müssen daher ihre Haltung zum Klienten und ihre Motivation zum Eingreifen beständig reflektieren.

Tab. 1: Einige Unterschiede zwischen Therapie, Beratung und Mediation

	Therapie	Beratung	Mediation
Zuordnung	Heilkunde	außerhalb der Heilkunde	außerhalb der Heilkunde
Zugang	Gutachten über Therapiebedürftigkeit	offener Zugang für alle Ratsuchenden	ausgehandelter Vertrag
Inhalt	Fehlanpassung/ Störung	(Wieder)erlangen von Wohlbefinden und Selbstwirksamkeit	Konfliktlösungen
Fokus	Veränderung der Person	Lösung des Problems, Stärken und Ressourcen	Vermittlung
Kostenübernahme	Krankenkassen	kostenfrei im Rahmen der psychosozialen Betreuung, SGB	in der Regel Bezahlung durch die Konfliktparteien

Missbrauch und Manipulation

Klienten, die Rat suchen, sind in der Regel belastet und verletzlich und infolgedessen empfänglich für Missbrauch und Manipulation. Berater erheben den Anspruch, hilfreich für den Ratsuchenden zu sein, Beratungsprozesse können in manchen Fällen jedoch auch schädlich sein. Nutzen und möglicher Schaden von Beratung müssen gegeneinander abgewogen werden. Der Berater muss sich der Grenzen seiner Kompetenzen bewusst sein und sie einhalten. Sein Handeln muss geleitetet sein von theoretischen und empirischen Kenntnissen über Prozesse des Interaktionsgeschehens, aber auch Kenntnisse hinsichtlich des problematischen Sachverhaltes sind erforderlich. Insbesondere konfrontative oder paradoxe Techniken, die manchmal in der Beratung angewendet werden, können unangemessen sein, wenn sie den Ratsuchenden psychisch destabilisieren, von zweifelhaftem theoretischen Wert sind oder den Klienten be- statt entlasten. Im Einzelfall sind Kosten und Nutzen einer Beratungssituation oft schwer zu prüfen, so dass ständige hypothesengeleitete Reflexion des Vorgehens und kollegiale Supervision als Kontrolle der beraterischen Tätigkeit und Schutz vor Verstrickungen des Beraters in die Probleme seines Klienten nötig sind.

asymmetrischer Prozess

Beratung geschieht bei aller Anerkennung des Ratsuchenden als gleichberechtigter Partner immer in einem asymmetrischen Prozess zwischen einem Rat oder Hilfe suchenden Klienten und einem Berater, der die Hilfe zu geben vermag. Der Ratsuchende hat demnach die Erwartung, dass der Berater ihm aus einer subjektiv als hilflos erlebten Situation heraushilft, während der Berater die Kompetenz hat, dies zu tun. Der Berater setzt den Rahmen, wie Situation und Beziehung gestaltet werden, darf diese Definitionsmacht aber nicht in eine allgemeine Machtposition gegenüber dem Ratsuchenden umwandeln. Die Würde des Ratsuchenden als eigenständiger, unabhängiger und sein Leben grundsätzlich selbst verantwortender Mensch muss jeder Zeit gewahrt bleiben.

Beziehung zum Berater

In der Beratung kommen oft sehr persönliche und manchmal auch tabuisierte Themen zur Sprache. Dies schafft eine Nähe in der Interaktion zwischen Berater und Ratsuchenden, die manchmal vom Klienten als persönliche Beziehung zum Berater fehlgedeutet wird. Es versteht sich von selbst, dass der Berater diese Offenheit der Beratungssituation nicht zu einer ausbeuterischen oder intimen Beziehung ausnutzen darf.

Idealerweise steht der professionelle Berater in keiner anderen als der Beraterbeziehung zum Klienten, um mögliche Abhängigkeiten zu vermeiden. Besonders im pädagogischen Feld ist dies manchmal nicht gegeben, wenn der Beratungslehrer einer Schule gleichzeitig ein Lehrer des Rat suchenden Schülers ist. Dass es hier zu einer Rollenkonfusion kommen muss und der Schüler sich dem Beratungslehrer bei Problemen, die über reine Schullaufbahnberatung hinausgehen, nicht ausreichend öffnen kann, liegt auf der Hand.

Schweigepflicht

Der Ratsuchende vertraut dem Berater, Verständnis für seine Problemlage zu haben, ihm bei ihrer Lösung zu helfen, sich einer normativen Verurteilung seiner Verhaltensweisen zu enthalten und das in der Beratungssituation Erfahrene nicht weiterzugeben. Der Ratsuchende muss sich der absoluten Verschwiegenheit des Beraters sicher sein. Da, wo eine Weitergabe von Informationen an Dritte nötig erscheint, muss der Ratsuchende vorher darüber aufgeklärt werden und einverstanden sein. Problematisch kann dieser Punkt werden, wenn im Verlauf der Beratung geplante oder bereits begangene strafbare Handlungen, beispielsweise Kindesmisshandlungen oder Missbrauch, offenbar werden, eine Suizidgefährdung erkennbar ist oder andere Personen geschützt werden müssen, wie bei einer HIV-Infektion des Ratsuchenden oder einer Bedrohung Dritter. Dann steht der Berater vor dem Dilemma, Rechtsgüter gegeneinander abwägen zu müssen, den Beratungsprozess zu gefährden oder geeignete Möglichkeiten zu finden, die Information weiterzugeben, ohne die Schweigepflicht zu brechen. Dann kann der Berater nicht mehr nur im Sinne des Klienten, sondern muss auch im Sinne gefährdeter Dritter handeln (McLeod 2004).

Freiwilligkeit

Grundsätzlich setzt effektive Beratung Freiwilligkeit voraus. Diese Voraussetzung ist in der Praxis nicht immer gegeben, wenn beispielsweise gesetzliche Beratungspflicht bestimmt ist oder von Gerichten oder anderen Institutionen Auflagen, eine Beratung in Anspruch zu nehmen, gemacht werden. Eine solche „Verordnung“ von Beratung belastet die beratende Beziehung und macht zunächst einen Prozess der Vertrauensbildung nötig, so dass der Klient sich öffnen und das Beratungsangebot annehmen kann. Dies gelingt nicht immer und darf dem Klienten nicht schuldhaft angelastet werden, so dass der Berater möglicherweise persönlich betroffen ist, wenn seine Angebote verschmäht werden.

Motivation des Beraters

Die Motivation des Beraters, helfend tätig zu werden, kann ganz unterschiedlich sein. Ein gelegentlicher Ratgeber hat meist persönliche Motive, die in der Beziehung zum Ratsuchenden liegen, dessen Wohlergehen ihm wichtig ist, den er vor Schaden bewahren oder dem er einfach seine Lebensweisheit weitergeben will. Der professionelle Berater hat ebenfalls offene und auch verdeckte Motive, gerade diese Rolle einzunehmen, über die er sich klar sein muss, will er sich nicht in der helfenden Beziehung in eigene Probleme verstricken.

Ökonomisierung der Hilfe

Die Professionalisierung helfender Beziehung führt auch zu ihrer Ökonomisierung. Der Berater verdient, ähnlich wie der Therapeut oder der Arzt, sein Geld mit den Problemen anderer Menschen. Wenn der Ratsuchende auf den Kostenfaktor reduziert wird, kann das die Regulation des Beratungsprozesses belasten, indem er beispielsweise nicht rechtzeitig beendet wird. Bei institutionalisierter Beratung in öffentlichen Stellen, stellt sich dieses Problem weniger, weil die Berater unabhängig von den finanziellen Beiträgen der Klienten bezahlt werden. Es kann jedoch bei drohender Schließung und dem erforderlichen Nachweis der Notwendigkeit einer Beratungsstelle dazu kommen, dass Beratungsverhältnisse unnötigerweise begonnen oder in die Länge gezogen werden.

Beratungsrecht

Es gibt kein allgemeines Beratungsrecht, das Rechtsnormen für Verantwortlichkeiten im Beratungsprozess festlegt. Entsprechende Hinweise finden sich in den Sozialgesetzen, dem Kinder- und Jugendhilfegesetz (KJHG), im Bürgerlichen Gesetzbuch (BGB), im Strafrecht, im Psychotherapeutengesetz (PsychThG) oder in den gesetzlichen Grundlagen zur Ausübung des Heilpraktikerberufes (Barabas 2004). Die ethische Verantwortung für den Beratungsprozess ist in das Ermessen des einzelnen Beraters gestellt, der sich wiederum an den Statuten seines Berufsverbands orientieren kann, die meist ethische Grundsätze beinhalten. Für ein berufsregelndes Gesetz, um Fachlichkeit und Vorbildung des Beraters zu garantieren, wäre ein einheitliches Berufsbild des Beraters allerdings hilfreich (Barabas 2004).

1.5 Übungsfragen zu Kapitel 1

1. Was sind Felder psycho-sozialer Beratung?

2. Wie kann man Beratung definieren?

3. Was ist das allgemeine Ziel von Beratung?

4 Was unterscheidet Beratung von Therapie?

5. Welche ethischen Grundsätze muss ein Berater einhalten?

6. Welche Probleme können sich in der Beziehung zwischen Berater und Klient ergeben?

2 Grundlagen der Kommunikationspsychologie

Kommunikation als Form zwischenmenschlicher Beziehungen ist Gegenstand unterschiedlicher Wissenschaften und bildet die Grundlage vieler Anwendungsbereiche. Verschiedene Kommunikationsmodelle, die die Schwerpunkte unterschiedlich setzen, mehr die Kanäle der Übertragung, mehr die sprachliche Kommunikation, mehr den herbeizuführenden Konsens, die kommunikative Kompetenz, mehr den Wechsel der Perspektiven oder die kollaborative Konstruktion von Bedeutungen fokussieren, sind entwickelt worden und finden ihre Entsprechungen in den Beratungskonzepten.

Zweifellos und für den naiven Betrachter selbstverständlich geschieht Kommunikation hauptsächlich in Sprache. Nonverbale, unmittelbar verständliche, aber schwer bewusst kontrollierbare Anteile spielen jedoch eine große Rolle bei der gegenseitigen Verständigung. Kommunikative Handlungen werden durch Mimik, Blickverhalten, parasprachliche Mittel und Körperhaltung gesteuert, soziale Rollen oder das Selbst dargestellt und gewünschte Eindrücke vermittelt. Dem Berater nützt die Kenntnis nonverbaler Kommunikationsmittel, um die Botschaften seines Klienten zu verstehen, sein eigenes Verhalten zu kontrollieren und sich auf den Klienten einzustellen.

2.1 Kommunikationstheorien und Modelle

Beratung geschieht in Interaktion und verbaler Kommunikation zwischen Ratsuchendem und Berater in einem wechselseitigen Prozess. Impulse aus den verschiedensten Wissenschaften, der Philosophie, der Soziologie, der Sprachpsychologie, der Sozialpsychologie, der Technologie, um nur einige zu nennen, bestimmen die heutige Kommunikationspsychologie, die wiederum für viele Anwendungsbereiche, wie Medienwissenschaften, Werbung und eben auch Beratung Grundlagen schafft. Erkenntnisse aus der Kommunikationspsychologie sind hilfreich, wenn man ver-

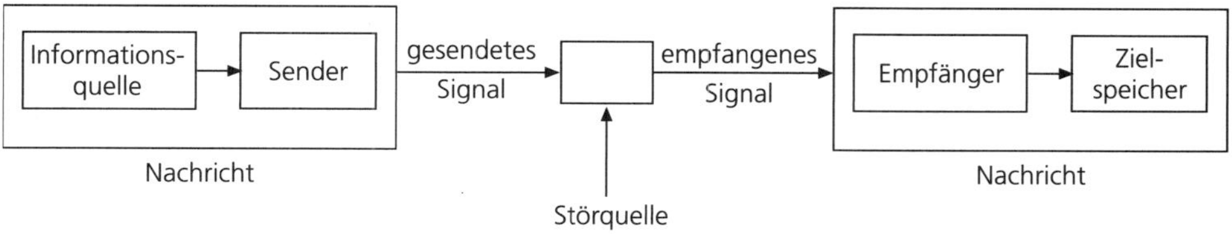

Abb. 1: Kommunikationsmodell von Shannon & Weaver (1949)

stehen will, was im Beratungsprozess geschieht, warum sich Ratsuchende unverstanden fühlen können, Berater manchmal glauben, „gegen eine Wand zu reden", vermeintliche Klarstellungen doch nicht klar sind und Missverständnisse auftreten.

Der Begriff „Kommunikation", abgeleitet aus dem lateinischen „communicare", was u. a. „miteinander besprechen, mitteilen" bedeutet, ist im Deutschen über die Nachrichtentechnik zu seiner heutigen Bedeutung und Verbreitung gekommen, obwohl er schon lange bekannt war. So sind frühe Kommunikationsmodelle auch der Nachrichtentechnik entlehnt.

Sender-Empfänger-Modell

In dem bereits 1949 entwickelten, aber heute noch oft als grundlegend angenommenen Modell (siehe Abbildung 1) wird von einer Informationsquelle ausgegangen, einem Sender mit einem gewissen Vorrat an Zeichen, mit dem er seine Nachricht verschlüsselt, über einen Informationskanal weitergibt an einen Empfänger, der ebenfalls einen Vorrat an Zeichen hat, mit dem er die Nachricht entschlüsselt und in seinen Informationsspeicher aufnimmt. Sender und Empfänger müssen natürlich die gleiche Kodierung verwenden, wenn sie erfolgreich kommunizieren wollen, und auf dem Weg der Übertragung können Störungen auftreten, die die ordnungsgemäße Weitergabe der Information gefährden (Shannon/Weaver 1949). In diesem rein technologischen Modell geht es hauptsächlich um die Übertragung, die Kanalkapazität, also die Menge und Güte der Daten, die übermittelt werden kann. Inwieweit die Zeichen bei Sender/Sprecher und Empfänger/Hörer tatsächlich identisch sind, wird ebenso vernachlässigt, wie die wechselseitige Abhängigkeit, indem jeder Sender gleichzeitig Empfänger sein kann (Herrmann 1985). Welche Bedeutung und welche Funktion die Kommunikation für Sender und Empfänger hat, wird in diesem technischen Modell ebenfalls nicht beachtet, die Bedeutung ist eine Eigenschaft der Botschaft selbst. Das war von den Autoren als Mitarbeiter der „Bell Telephone Laboratories", denen es um eine möglichst störungsfreie Übertragung ging, auch nicht anders beabsichtigt (Frindte 2001).

Besonderheiten menschlicher Kommunikation

Neben der Übertragung von Nachrichten, wie es das Modell von Shannon und Weaver darstellt, zeichnet sich menschliche Kommunikation aber durch Besonderheiten aus, die über die reine Übermittlung klar definierter Botschaften hinausgehen. Kommunikation ist immer eingebettet in den Lebenskontext der Personen, die miteinander kommunizieren. Ihre je eigenen Erfahrungen, Einstellungen, Absichten und Motive fließen in ihr Kommunikationsverhalten ein. Kulturelle Regeln bestimmen, wer mit wem wie reden darf. Mit fremden Personen bleibt man zurückhaltender, gibt ihnen nicht alles preis und wartet erst einmal ab, „mit wem man es zu tun hat". Mit einem guten Freund kann man anders reden als mit seinem Chef und zu Hause in vertrauter Umgebung anders als im Büro.

Uneindeutigkeit von Begriffen

Sprachliche Begriffe sind nicht eindeutig. Der gleiche Sachverhalt kann unterschiedlich ausgedrückt werden. Man kann sagen: „Ich fühle mich nicht wohl" oder „Es geht mir schlecht", um einen momentanen psychischen oder physischen Zustand zu beschreiben. Dasselbe Wort kann unterschiedliche Bedeutungen haben und wird nur aus dem Kontext verständlich. „Wann kommt der nächste Zug?", hat auf dem Bahnsteig sicher eine andere Bedeutung als bei einem Schachspiel. Wie man einen Satz versteht, hängt von einer Vielzahl von zusätzlichen expliziten (konkret ausgedrückten) und impliziten (gemeinten, nicht ausgedrückten) Informationen ab, die für seine Interpretation nötig sind. Die Bedeutung einer Äußerung kann also nie allein wörtlich verstanden werden, sondern ergibt sich aus der wörtlichen Bedeutung und einem nicht vollkommen bestimmbaren Komplex von Hintergrundannahmen (Searle 1985). Wegen dieses Backgrounds, der Hintergrundannahmen, kann eine Wortbedeutung nie völlig erklärt werden, weil jede Explikation eine neue nach sich zöge, so dass eine unendliche Spirale von weiteren Explikationen entstünde.

Erwerb von Begriffen

Die unterschiedlichen Erfahrungen, die Menschen mit den Wortbedeutungen in ihrer Sozialisation machen, und in welchem Kontext sie sie lernen, bedingen, dass sprachliche Begriffe nicht für alle Menschen einer Sprachgemeinschaft in ihrer Bedeutung völlig gleich sind.

Wenn die Mutter zu ihrem Kind, das ihr zeigen möchte, was es gemalt hat, sagt: „Ich komme gleich!", dann aber auf sich warten lässt, wird das Kind daraus entnehmen, dass „gleich" nicht „sofort" ist, und fortan damit rechnen, dass jemand, der „Ich komme gleich" sagt, damit eine höchst unbestimmte Aussage macht und irgendwann und womöglich gar nicht, aber sicher nicht sofort kommt.

Auch konkrete Begriffe werden im Kontext erworben. Die Bedeutung des Wortes „Hund“ beispielsweise lernt und differenziert ein Kind, je nachdem welchen Exemplaren es im Laufe seiner Entwicklung begegnet ist. Dennoch können zwei Personen, die niemals den gleichen Hunden begegnet sind, sich über Hunde verständigen, weil sie aus diesen Erfahrungen so etwas wie einen „Durchschnittshund“ gebildet haben, der die typischen Merkmale aller Hunde hat, die sie je gesehen haben. Die Bildung solcher „Prototypen“ lässt sich schon im Säuglingsalter nachweisen (zusammenfassend siehe z.B. Goswami 1998). Schwieriger wird es mit der Übereinstimmung, wenn die Begriffe abstrakter sind. „Liebe, Ehre, Vaterland“ wird von verschiedenen Personen und in unterschiedlichen gesellschaftlichen Epochen sicher anders verstanden. Neben einer Kernbedeutung, in der alle Sprachbenutzer übereinstimmen, gibt es individuelle und kategorielle Randbedeutungen, die die Begriffe uneindeutig werden lassen (Rosch 1978). Dazu kommt, dass jeder Begriff neben seiner Denotation, der inhaltlichen Bedeutung, auch eine Konnotation hat, einen gefühlsmäßigen Beiklang, der seine Bedeutung färbt und etwas über die Einstellung seines Benutzers preisgibt. Es ist ein Unterschied, ob man „Frau“, „Dame“ oder „Weib“ sagt, obwohl jedes Mal eine erwachsene, weibliche Person gemeint ist.

Auch im Beratungsprozess haben die von Ratsuchendem und Berater verwendeten Begriffe unterschiedliche Konnotationen, die gefühlshafte Anmutungen auslösen und die Einstellung zueinander verändern können.

Übertragungskanäle

Die Botschaften menschlicher Kommunikation werden über mehrere Übertragungskanäle, der Sprache, der Mimik und der Gestik, gleichzeitig übermittelt. Diese ergänzen sich, können sich aber auch widersprechen. Während einer einzigen sprachlichen Mitteilung können mehrere nonverbale Botschaften gesendet werden.

Während ich meinem Gegenüber einen Vorschlag für die Gestaltung unseres nächsten Treffens mache, kann ich nacheinander und gleichzeitig denken: „Der sieht aber heute schlecht aus, hoffentlich wird er bis dahin nicht krank“, „Der hat es ja auch nicht leicht mit seiner Frau“, „Hoffentlich fängt er jetzt nicht gleich wieder von seinen Problemen an!“, „Wie kann ich schnell das Gespräch beenden?“ aber auch „Hoffentlich kriege ich meinen Bus noch!“, „Ich hätte mal wieder Lust auf Spaghetti!“ oder „Ich freue mich auf heute Abend!“ Alle diese Gedanken werden kurzfristig in meiner Mimik und Gestik zu sehen sein. Wenn ich es zu weit treibe, wird mein Gegenüber den Eindruck gewinnen, ich sei nicht bei der Sache, höre nicht zu, interessiere mich nicht wirklich für ihn und er könnte irritiert fragen, ob er mir „etwas getan" habe.

Organon-Modell

Psychologische Kommunikationstheorien gehen daher über die reine Datenübertragung hinaus und berücksichtigen die Besonderheiten der menschlichen Kommunikation, die sich nicht in einem technischen Modell darstellen lässt. Eine frühe Theorie ist das von Karl Bühler bereits 1934 als Sprachtheorie entworfene Organon-Modell (Bühler 1965, siehe Abbildung 2). „Organon" stammt aus dem Griechischen und bedeutet „Werkzeug, Hilfsmittel". Im Mittelpunkt dieses Modells steht die Sprache als wahrnehmbare Abfolge von im Allgemeinen akustischen Signalen, also sprachlichen Zeichen. Diese stehen in Relation zu „dem Einen", einem Sender, und „dem Anderen", einem Empfänger, und den „Dingen". Die Dinge sind die Ereignisse und Sachverhalte, über die sich Sender und Empfänger verständigen wollen, wobei sie sich der sprachlichen Zeichen bedienen. Da Sender und Empfänger Menschen sind, haben sie unterschiedlich entwickelte psycho-physische Systeme, unterscheiden sich also in ihren Persönlichkeiten und ihrer körperlichen Konstitution, wie beispielsweise der Verarbeitungsgeschwindigkeit, der Aufnahmefähigkeit, der psychischen Wachheit. Sie werden daher die Zeichen entsprechend ihrer Entwicklung und momentanen Befindlichkeit unterschiedlich benutzen.

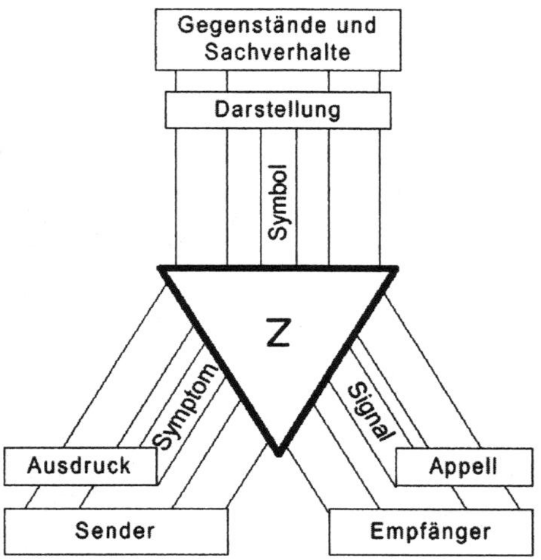

Abb. 2:
Das Organon-Modell von Karl Bühler (1934)

Die sprachlichen Zeichen haben in Bühlers Modell drei grundlegende Funktionen, je nachdem welche Relation in diesem Dreieck betrachtet wird. Sie sind Symbole, wenn sie stellvertretend für die Dinge, die Gegenstände und Sachverhalte stehen, die sie darstellen. Das (sprachliche) Zeichen ist aber auch Symptom, Anzeichen, für das, was der Sender mit dem Zeichen ausdrückt und dabei von sich selbst preisgibt. So könnte er beispielsweise den gleichen Gegenstand als „Antlitz", „Gesicht", „Fresse" oder „Visage" bezeichnen und würde damit je nach Gesamtzusammenhang seine innere Einstellung, seine Zugehörigkeit zu einer sozialen Gruppe oder sein Selbstverständnis offenbaren. Sprache hat damit Ausdrucksfunktion. Auf der dritten Seite des Dreiecks ist Sprache ein Signal, weil der Empfänger in irgendeiner Weise durch das Zeichen gesteuert wird, der eine beim anderen etwas erreichen oder verändern will. Er fordert ihn zu einer Handlung auf oder macht ihn zum „Mitwisser“ seiner Einstellung. Das Zeichen hat dann Appellfunktion. In jeder Kommunikation sind alle drei Funktionen der Zeichen vorhanden, allerdings in unterschiedlicher Ausprägung. Der Sprecher benutzt die Zeichen wie ein Handwerker sein Werkzeug, um mit dem Empfänger über die „Dinge“, Gegenstände, Sachverhalte, zu kommunizieren und ihn zu Handlungen zu veranlassen. Heute würde man den Sprecher als „Anwender“ oder „User“ bezeichnen, der seine „Tools“ zweckgerichtet auswählt und den Bedürfnissen der Verständigung anpasst. Dieses Sender-Empfänger-Modell legt eine bewusste Wahl der sprachlichen Zeichen nahe, die in der Kommunikation mit anderen jedoch nicht von vornherein gegeben ist.

Symbolischer Interaktionismus

Im „Symbolischen Interaktionismus“ (Joas 1989; Mead 1968), einem sozialpsychologischen Modell, werden nicht die einzelnen Gesprächspartner, die mal als Sender, mal als Empfänger fungieren, betrachtet, sondern die Interaktionen selbst werden fokussiert, indem beide Partner als aufeinander bezogen angesehen werden und in gegenseitiger Abhängigkeit ihre Kommunikationshandlung aufeinander abstimmen. Die Partner übernehmen im Gespräch jeweils die Perspektive des anderen, um sie zu bewerten und mögliche Reaktionen vorwegzunehmen. Durch diese wechselseitige Handlungsvorwegnahme entsteht ein ausbalancierter Zusammenhang von Handlungen verschiedener Personen. Eine Interaktion ist symbolisch, wenn sie für etwas steht, das interpretiert werden kann, und damit den Eindruck des Verstehens vermittelt.

B

Wenn ich bei einem Schlag auf die Schulter reflexartig zurückschlage, habe ich noch nicht symbolisch interagiert. Wenn ich jedoch durch meine Kenntnis des „Schlägers“, von dem ich weiß, dass er zu groben Späßen neigt, diesen Schlag nicht als „Angriff“, sondern als freundschaftliche Geste interpretiere und ihn freundlich anlache, in der Annahme, dass er sich freut, mich zu sehen und mit mir ein Schwätzchen halten möchte, handelt es sich um eine symbolische Interaktion, die mehr enthält als den bloßen „Schlagabtausch“, nämlich meine Interpretation des Verhaltens meines Freundes, die Übernahme seiner Perspektive und die Vorwegnahme seiner weiteren Handlungen.

Die Bedeutung einer Äußerung entsteht im Interaktionsprozess. Das Verhalten des einen Gesprächsteilnehmers ist abhängig vom Verhalten des anderen, diese Abhängigkeit berücksichtigen beide in ihrem Verhalten und können sich so gegenseitig kontrollieren und den Interaktionsprozess aufeinander abstimmen. Solche Interdependenzen (Abhängigkeiten) lassen sich in dem in unterschiedlichen Versionen vorliegenden so genannten Gefangenendilemma darstellen, dessen für beide optimale Lösung davon abhängt, wie gut der eine Gefangene das Verhalten des anderen vorhersehen, auf sein eigenes Verhalten beziehen und darauf vertrauen kann.

Das Gefangenendilemma

„Ein Staatsanwalt hält zwei Männer in Untersuchungshaft, die des Raubs verdächtig sind. Die gegen die beiden vorliegenden Indizien reichen aber nicht aus, um den Fall vor Gericht zu bringen. Er lässt sich die beiden Gefangenen vorführen und teilt ihnen unverblümt mit, dass er zu ihrer Anklage ein Geständnis brauche. Ferner erklärt er ihnen, dass er sie dann, wenn beide den Raubüberfall leugnen, nur wegen illegalen Waffenbesitzes zur Anklage bringen kann und dass sie schlimmstenfalls zu je sechs Monaten Gefängnis verurteilt werden könnten. Gestehen beide aber die Tat ein, so werde er dafür sorgen, dass sie nur das Mindestmaß für Raub, nämlich zwei Jahre Gefängnis bekommen. Wenn aber nur einer ein Geständnis ablegt, der andere aber weiterhin die Tat leugnet, würde der Geständige damit Kronzeuge und ginge frei aus, während der andere das Höchstmaß, nämlich 20 Jahre erhalten würde. Ohne ihnen die Möglichkeit zur Aussprache zu geben, schickt er die Gefangenen in getrennte Zellen zurück und macht damit jede Kommunikation zwischen ihnen unmöglich." (Watzlawick 1998, S. 103f)

Die Entscheidung der beiden Gefangenen, ob sie „singen" oder nicht, ist abhängig davon, welche Intentionen sie dem anderen unterstellen und aus welcher Perspektive er handeln wird. Die Bedeutung der kommunizierten Inhalte wird in einem solchen „Perspektiven-Übernahme-Modell" aus der wahrgenommenen Perspektive des Adressaten abgeleitet (Krauss/Fussel 1996). Kommunikation bedeutet dann das Identifizieren oder Erschaffen eines gemeinsamen Kontextes, um Botschaften zu produzieren und zu verstehen.

Wenn man Kommunikationsprozesse betrachtet, kommt es nicht allein darauf an, was der „Sender" aussendet und wie gut die Übertragung funktioniert. Das Gelingen eines Kommunikationsprozesses hängt viel mehr von der gemeinsamen Situationsdefinition der kommunizierenden Personen ab, die weit mehr beinhaltet als das reine Übermitteln von Nachrichten.

Theorie der kommunikativen Kompetenz

Kommunikatives Handeln dient vor allem zwei Aspekten, der Verwirklichung von Zwecken, also der Durchführung eines Handlungsplans, und der Auslegung einer Situation und dem Erzielen eines Einverständnisses. Der Erfolg des Handelns und der durch Verständigung herbeigeführte Konsens sind Kriterien für Geoder Misslingen der Situationsbewältigung. Habermas (1981) hat in seiner Theorie der kommunikativen Kompetenz diese Anforderung als „Geltungsansprüche“ formuliert. Der Anspruch der „Wahrheit“ meint dabei, dass das Behauptete mit Tatsachen übereinstimmen muss, die vom Partner ebenfalls als existierend angesehen werden, also der „objektiven Welt“ angehören, über die wahre Aussagen möglich sind. Der Anspruch der „Angemessenheit“ meint, dass der Sprecher sich innerhalb anerkannter sozialer Normen und Werte bewegen muss, in einer „sozialen Welt“, in der interpersonale Beziehungen legitim geregelt sind. Der Anspruch der „Aufrichtigkeit“ bedeutet, dass die tatsächlichen Absichten ausgedrückt werden, der Partner nicht getäuscht wird und die innere Befindlichkeit ehrlich artikuliert ist, also seine „subjektive Welt“ darstellt. Innerhalb des Bezugsrahmens dieser drei Welten interpretieren und definieren Sprecher und Hörer ihre kommunikative Handlungssituation. Dann bedeutet „Verständigung“ die Einigung über die Gültigkeit einer Äußerung und „Einverständnis“ die intersubjektive Anerkennung des Geltungsanspruchs, den der Sprecher erhebt. Wenn ein Kommunikationspartner überwiegend einem Geltungsanspruch zustimmt, impliziert das auch die Zustimmung zu den beiden anderen. Die Geltungsansprüche hängen also interaktiv zusammen. Stimmen sie nicht überein, kann kein Konsens zustande kommen. Kommunikation ist dann strategisch: offen strategisch, wenn Druck und Macht ausgeübt wird, verdeckt strategisch, wenn getäuscht oder manipuliert wird.

Kommunikation auf der Baustelle vor der Frühstückspause

Der Vorarbeiter wendet sich an einen „Neuen“: „Mach dich auf die Socken zum Bierholen und komm in ein paar Minuten zurück!“ Das bevorstehende Frühstück ist das Thema, die Versorgung mit Bier das auf dieses Thema bezogene Ziel. Die Aufforderung bezieht sich auf die „soziale Welt“ der Rechte und Pflichten. Der „Neue“ kann sich aufgrund seines Status' schlecht entziehen. Er selbst dürfte den Vorarbeiter nicht so auffordern. Wenn der Ausschank zu Fuß nicht zu erreichen ist, wird der Neue vielleicht antworten: „Aber ich habe keinen Wagen!“ Das bezieht sich auf die „objektive Welt" der Tatsachen. Das würden die Kollegen akzeptieren und nach Lösungen suchen, z. B. sagen: „Du kannst meinen nehmen!" Der „Neue" könnte auch sagen: „Ich habe heute keinen Durst!" Das bezieht sich auf seine „subjektive Welt", wäre zwar eine ehrliche Aussage, würde aber den Unmut und erstaunte Blicke der Kollegen hervorrufen, weil die Regeln der Hierarchie und des Zusammenlebens auf der Baustelle nicht eingehalten sind. Der „Neue" muss wissen und berücksichtigen, dass Bier zum Frühstück auf dem Bau eine Regel ohne Ausnahme ist und dass gewöhnlich ein „Neuer" zum Bierholen geschickt wird. Will er sich einen Platz bei den Kollegen erobern, wird er sich schnell auf den Weg machen. (nach Habermas 1981, S. 185ff)

Kommunikative Kompetenz haben Sprecher dann, wenn sie unterscheiden können, wann und wie sie auf andere so wirken, dass sie sich verständigen können. Wenn bei Beachtung der Geltungsansprüche dennoch Störungen auftreten, kann durch „Reparaturversuche" Verständigung erreicht werden. Der „Neue" könnte nachfragen, ob das so üblich ist, die anderen könnten ihm erklären, dass derartige ungeschriebene Regeln gelten. Helfen Reparaturversuche nicht, könnte in einem Diskurs Übereinstimmung in den Geltungsansprüchen hergestellt werden und ein Konflikt oder ein Problem gelöst werden.

Auch in professionellen Beratungsgesprächen gelten die Ansprüche von Wahrheit, Angemessenheit und Aufrichtigkeit, auf deren Grundlage Beratung als Erreichen eines Zieles und Herstellen von Einvernehmen überhaupt nur möglich ist.

Konversationsmaxime

Ähnliche Ansprüche formuliert der englische Philosoph Grice (1975) in seinen Kooperationsprinzipien mit den vier Basisregeln oder Konversationsmaximen:

- Qualitätsmaxime: Botschaften sollten ein Maximum an Qualität, also Wahrheit und Aufrichtigkeit beinhalten.
- Quantitätsmaxime: Botschaften sollten so viele Informationen wie notwendig enthalten, aber auch nicht mehr als nötig, also nicht redundant sein.
- Relevanzmaxime: Botschaften sollten relevant sein und Bedeutung für den Gegenstand des Gesprächs haben.
- Klarheitsmaxime: Botschaften sollten klar, deutlich und eindeutig sein.

Im Alltag werden diese Maximen oft nicht eingehalten, man nimmt es mit der Aufrichtigkeit manchmal nicht so genau, wiederholt die gleichen Inhalte mehrmals und kommt von „Hölzchen auf Stöckchen“. Soll eine Beratungssituation gelingen, sollte jedoch zumindest der Berater sich an die Maximen halten, aufrichtig zu sein, nicht zu viel, aber auch nicht zu wenig zu reden, nicht vom Thema abzukommen und sich klar auszudrücken. Die Maximen von Grice fokussieren den rationalen Informationsaustausch, die reine Übermittlung von Botschaften, also die Symbolfunktion des Organon-Modells, während die Aspekte von Ausdruck und Appell kaum berücksichtigt werden. Grice macht ebenso wie Habermas darauf aufmerksam, dass ohne die Bereitschaft zur Verständigung Kommunikation ihren Sinn verfehlt. Die Qualitätsmaxime, ebenso wie der Habermas'sche Aufrichtigkeitsanspruch stellen hohe Anforderungen an den Berater, wenn die Lebensführung des Klienten seinen eigenen Normen und Wertvorstellungen entgegensteht.

Dialogmodelle

In den so genannten Dialogmodellen (Krauss/Fussel 1996) werden weniger individuelle Motive, Haltungen oder Voraussetzungen der beiden Partner betrachtet, die in der wechselseitigen Perspektivenübernahme erfasst werden und die die Kommunikationshandlung steuern, sondern der kommunikative Prozess selbst steht im Mittelpunkt der Betrachtung. Nicht die Übermittlung von Informationen, sondern das Herstellen von Intersubjektivität ist in diesen Modellen Ziel der Kommunikation. Im Dialog konstruieren die Partner ihre gemeinsame Wirklichkeit nach Gesetzmäßigkeiten, die sie nicht miteinander aushandeln, sondern die sich aus der Natur der Kommunikationshandlung ergeben.

Konversationsanalyse

Diese Prozesse der Wechselseitigkeit werden in Konversationsanalysen untersucht (Atkinson et al. 1984; H. Sacks et al. 1974). Das zentrale Ziel solcher Analysen ist, die Kompetenzen zu beschreiben und zu erklären, die Sprecher nutzen und auf die sie sich verlassen, wenn sie an sozialen Interaktionen teilnehmen. Die unausgesprochenen Regeln, nach denen Partner im Gespräch Beiträge einbringen, Themen aufwerfen, fortführen, wechseln oder auch das Gespräch beenden können, sind dabei Gegenstand der Analyse. Es werden typische Muster von beispielsweise Begrüßungen, Verabschiedungen oder auch komplexen Verkaufs-, Bewerbungs- oder eben Beratungsgesprächen herausgearbeitet. Sogar Alltagsgespräche laufen in erkennbar geordneten Mustern ab, auch wenn sie uns manchmal chaotisch erscheinen. Die Konversationsanalyse ist allerdings eher eine sozialwissenschaftliche Methode der Analyse von Interaktionen als ein Modell menschlicher Kommunikation. Dennoch gibt sie wertvolle Hinweise, wie (Beratungs)gespräche strukturiert sind.

kollaborative Kommunikation

Im Modell der kollaborativen Kommunikation (Clark/Wilkes-Gibbs 1986) unternehmen Sprecher und Hörer alle Anstrengungen, um sicherzustellen, dass sie dasselbe Konzept der Bedeutung jeder Botschaft haben, bevor sie zur nächsten übergehen. Sie unterscheiden eine Phase der Präsentation einer Botschaft und eine der Akzeptanz, in der die Kommunikationspartner zu einem übereinstimmenden Verständnis kommen. In der Präsentationsphase können die Partner die Aussage gemeinsam konstruieren, indem beispielsweise der Sprecher eine kleine Pause macht: „Ich kenne Sie doch, Sie sind Susanne...“, wobei er seine Stimme erhebt und die Gesprächspartnerin den Nachnamen nennt. In der Phase der Akzeptanz versichern sich beide Partner, dass der andere richtig verstanden hat, indem sie eine gemeinsame Basis (common grounding) annehmen oder herstellen. Der Dialog „Ist Peter bei Susi?“ – „Das rote Auto steht vor der Tür!“, kann nur verstanden werden, wenn beide Partner wissen, dass Peter ein rotes Auto hat und Susi gewöhnlich mit seinem Auto besucht. Falls der Partner das nicht weiß, muss er nachfragen, um die gemeinsame Basis herzustellen und die Äußerung zu akzeptieren, bevor der Dialog voranschreitet. Missverständnisse können auftreten, wenn keine gemeinsame Basis entsteht. Dies lässt sich allerdings im kollaborativen Modell nicht ausreichend erklären, denn das Fehlen der gemeinsamen Basis setzt eine eigene Perspektive der jeweiligen Partner voraus, die der Kollaboration widerspricht.

Axiome menschlicher Kommunikation

Das wohl bekannteste und verbreitetste Modell menschlicher Kommunikation ist das von Watzlawick, Beavin und Jackson (1967). Die Autoren haben einen sehr weiten Begriff von Kommunikation und unterscheiden ausdrücklich nicht zwischen symbolisch-intentionaler Kommunikation (sprachlicher Kommunikation) und Ausdrucksverhalten. Watzlawick et al. haben jedoch keine vollständige und in allen Punkten empirisch prüfbare Theorie entwickelt, sondern beschreiben kommunikative Beziehungen, die für sie eine logische Konsistenz haben (Frindte 2001). Sie formulieren fünf Axiome, also aus sich heraus evidente, nicht zu beweisende Grundsätze:

- Verhalten ist immer auch Kommunikation. Da es kein Gegenteil von Verhalten, kein Nichtverhalten gibt, ist es unmöglich, nicht zu kommunizieren. Auch wenn man schweigt oder sich abwendet, drückt man etwas aus, kommuniziert beispielsweise Desinteresse.
- Jede Kommunikation hat einen Inhalts- und einen Beziehungsaspekt. Sie besteht immer aus dem, was gesagt wird, dem Inhalt, und – meist nonverbalen – Hinweisen darauf, wie die Aussage gemeint ist, wodurch die Beziehung definiert wird. Der Beziehungsaspekt bestimmt, wie der Inhalt einer Botschaft zu verstehen ist. Wenn z. B. die Mutter zärtlich und mit einem lächelnden Gesicht zu ihrem Kind sagt: „Du kleiner Räuber", ist klar, dass sie nicht davon ausgeht, dass das Kind strafbare Handlungen begeht. In jeder Kommunikation sind immer beide Aspekte enthalten, auch wenn sie in verschiedenen Situationen ein unterschiedliches Gewicht haben können. Wenn Inhalts- und Beziehungsaspekt nicht übereinstimmen, kann das Verwirrung stiften. Diese Situation wird auch „double bind" genannt. Die geschiedene Mutter sagt beispielsweise mit einem bösen Gesicht und in barschem Tonfall zu Sohn oder Tochter: „Ich habe nichts dagegen, wenn du deinen Vater besuchst", so dass das Kind nicht weiß, auf welche der widersprüchlichen Informationen es reagieren soll. Es sitzt in der Falle und kann es letztlich nur falsch machen.
- Jede Kommunikation wird aus der unterschiedlichen Sicht der beiden Partner strukturiert. Diese „Interpunktion" genannte Gliederung der Ereignisabfolge geschieht nach den Vorstellungen, Erfahrungen und Einstellungen der Partner. Jede Kommunikationshandlung lässt sich als Reaktion auf eine vorausgehende Handlung verstehen, so dass die Partner Anfang und Ende einer Kommunikationskette subjektiv setzen. Wegen dieses Sachverhaltes lässt sich trefflich streiten, wenn die Frau meckert, weil der Mann sich zurückzieht und der Mann sich zurückzieht, weil die Frau meckert.
- Menschliche Kommunikation kann in digitaler und analoger Weise erfolgen. Die digitale Kodierung geschieht durch konventionelle Zeichen, deren Bedeutung annähernd festliegt und die als Einheiten voneinander abgrenzbar sind, also der Sprache. Die digitale Kommunikation begleiten analog nonverbale Informationen, die ihre Bedeutung untermauern und Befindlichkeiten transportieren. Nonverbale, analoge Zeichen sind weni-

ger eindeutig, flüchtiger, gehen ineinander über und lassen sich schwer festmachen, so dass daraus viele Missverständnisse zu erklären sind. Sie eignen sich vorzüglich zur Manipulation und Steuerung anderer Personen, wobei der Urheber sich von jeder Verantwortung reinwaschen kann, indem er zutreffend behauptet, das, weswegen der andere verstimmt ist, nie gesagt zu haben.
- Kommunikation ist entweder symmetrisch oder komplementär. Je nach Verhältnis, in dem die Kommunikationspartner zueinander stehen, können sie gleichberechtigt, also symmetrisch, kommunizieren oder komplementär. Dann ist der eine abhängig von den Vorgaben des anderen über Gesprächsdauer, Redebeiträge, Zeit und Raum, er ist ihm untergeordnet. Der Angestellte ist abhängig davon, ob der Chef gerade mit ihm reden möchte oder nicht. Der Schüler sollte warten, ob der Lehrer ihn zu Wort kommen lässt. Der Prüfling muss sich dem vom Prüfer bestimmten Verlauf der Prüfung unterordnen. Mann und Frau oder Freunde handeln ihre Beiträge im Gespräch dagegen gleichberechtigt aus.

Watzlawick et al. (1967) haben aus ihrer praktisch-therapeutischen Arbeit ein sehr eingängiges Modell geschaffen, das sich großer Beliebtheit erfreut, weil es plausibel erscheint und unmittelbar einleuchtet, allerdings ist es rein beschreibend und berücksichtigt beispielsweise nicht, dass auch Sprache wegen der Konnotationen nicht eindeutig ist, während manche nonverbalen Zeichen durchaus eindeutig sein können („Stinkefinger“, Vogel zeigen). Auch ist die Gleichsetzung von Verhalten und Kommunikation nicht gerechtfertigt, denn jede Kommunikation ist zwar Verhalten, aber nicht jedes Verhalten ist Kommunikation (Girgensohn-Marchand 1996). Die von Watzlawick et al. (1967) selbst als provisorisch bezeichneten Formulierungen erheben jedoch weder Anspruch auf Vollständigkeit noch auf Endgültigkeit. Der theoretischen Schwäche stellen Watzlawick et al. (1967) die praktische Nützlichkeit gegenüber.

vier Seiten einer Nachricht

In Weiterentwicklung des Organon-Modells und des Modells von Watzlawick und Mitarbeitern hat Schulz von Thun (1981, 1989, 1998; Thomann/Schulz von Thun 1988), ebenfalls eher beschreibend-orientierend, besonders das zweite Axiom Watzlawicks et al. erweitert. Danach hat jede Mitteilung vier Seiten, die vier Seiten einer Nachricht (siehe Abbildung 3). Sie hat immer eine Sachebene, die Information, die sie enthält. Daneben gibt der Sprecher immer etwas von sich selbst preis, die Selbstoffenbarung oder Selbstkundgabe. Die Nachricht enthält Informationen, wie der Sprecher die Beziehung zum Gesprächspartner definiert, die Beziehungsseite, und welche Erwartung er an ihn hat, die Appellseite. Alle Aspekte sind in der Nachricht enthalten, können aber ein unterschiedliches Gewicht haben. Der Gesprächspartner kann nun seinerseits auf vier Ohren hören, und im Idealfall stimmen die Ebenen bei Hörer und Sprecher überein.

Willi sitzt zu Hause auf der Couch und sieht fern. Er sagt: „Emma, das Bier ist alle!" Auf der Sachebene ist das die Information, dass kein Bier mehr zur Verfügung steht. Auf der Selbstoffenbarungsebene drückt er aus, dass er noch Durst hat und ihn nach mehr Bier gelüstet. Auf der Beziehungsebene wird klar, dass Emma dazu auserkoren ist, ihm zu Diensten zu sein, und auf der Appellebene, dass sie ihm das Bier holen soll. Emma ihrerseits kann sich selbst als Dienerin ihres Mannes begreifen, in den Keller sprinten und dafür sorgen, dass er wieder Bier hat. Dann ist der Familienfriede gewahrt. Sie kann aber auch anders . . .

Schwierig wird die Kommunikation, wenn einer der beiden Partner „gewohnheitsmäßig" mit einem bestimmten Mund spricht oder auf einem bestimmten Ohr bevorzugt hört. Dann können sich Kommunikationsstile herausbilden, auf deren Grundlage man dauerhaft streiten kann, ohne den Kreislauf je durchbrechen zu können.

Die verschiedenen Theorien und Modelle (siehe Tabelle 2) zeigen, dass Kommunikation nicht eindeutig ist, dass sie immer Mehrdeutigkeiten und Interpretationsspielräume beinhaltet, die die Verständigung erschweren. Ein Wunder, dass wir uns überhaupt verständigen und verstehen können.

Abb. 3: Vier Seiten einer Nachricht (nach Schulz von Thun 1981)

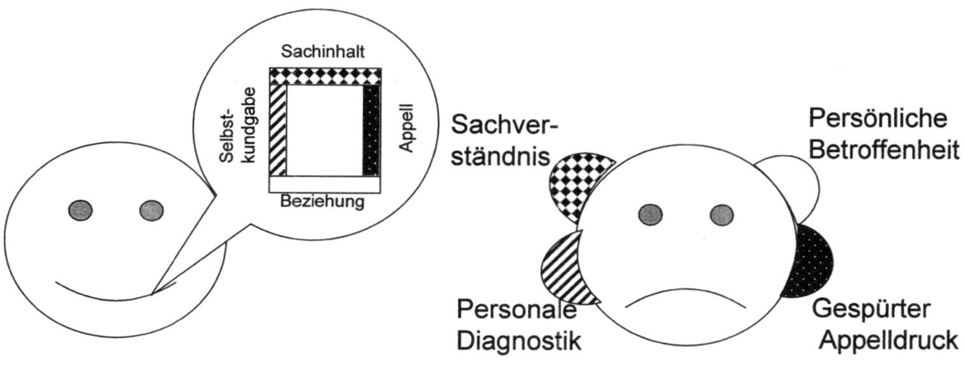

Tab. 2: Kommunikationsmodelle

	Modell	**Fokus**
Shannon & Weaver	Encoder-Decoder	Übermittlung von Nachrichten
Bühler	Organon	Aspekte der Sprache
Grice	Kooperationsprinzip	rationaler Informationsaustausch
Mead	Perspektivenübernahme	Interaktion im gemeinsamen Kontext
Habermas	kommunikatives Handeln	Situationsdefinition, Herstellen von Konsens
Watzlawick	Dialog	Prozess, Herstellen von Intersubjektivität
Clark & Wilkes-Gibbs	kollaborativ	Konstruktion von Bedeutung auf gemeinsamer Basis

Einen wesentlichen Anteil an einerseits der Verdeutlichung des Gesagten und andererseits an der Ambiguität (Mehrdeutigkeit) hat die nonverbale Kommunikation, die daher im Folgenden genauer betrachtet werden soll.

2.2 Nonverbale Kommunikation

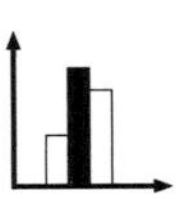

Kommunikation geschieht immer auf mehreren Kanälen gleichzeitig und nur in der Zusammenschau aller Kanäle können kommunikative Interaktionen interpretiert werden. Die in Kommunikationstrainings häufig zitierten Untersuchungen von Mehrabian (1980) ergaben, dass nur etwa 7 % der emotionalen Bedeutung einer Botschaft durch Sprache vermittelt werden, mehr als 38 % Prozent durch sprachbegleitende Merkmale wie Tonhöhe, Sprachmelodie, Betonung und über 55 % durch weiteres nonverbales Verhalten wie Gesten, Körperhaltung oder Gesichtsausdruck.

Nonverbale Signale entziehen sich dabei meist der bewussten Kontrolle. Sie laufen automatisch ab und sind in ihrer Bedeutung unbestimmter als verbale Äußerungen. Während Sprache nur eine bestimmte Anzahl von Wörtern für einen Sachverhalt zulässt, die zudem durch grammatische Regeln weiter eingeschränkt werden, kann man sich eines praktisch unbegrenzten Vorrats an nonverbalen Zeichen bedienen (Delhees 1994). Sie werden unmittelbar verstanden, obwohl sie noch weniger eindeutig sind als die sprachlichen Zeichen. Mit nonverbalen Mitteln werden hauptsächlich Einstellungen, Emotionen, Sympathie und Antipathie kommuniziert, die sich sprachlich nicht so gut ausdrücken lassen und oft auch aufgrund unausgesprochener Regeln des sozialen Miteinanders nicht ausgedrückt werden dürfen. In professionellen Beziehungen wird geradezu verlangt, dass der Berater sich der Preisgabe seiner persönlichen Bewertung seines Klienten und dessen Problemen enthält. Dass dies nicht immer einfach ist und oft nicht gut gelingt, liegt in der Natur der nonverbalen Kommunikation, die weniger bewusst gesteuert werden kann.

Eigenschaften nonverbaler Zeichen

Jeder Mensch hat ein Bild von sich selbst entwickelt, seinen Interaktionspartnern, der Welt, in der er lebt, und den Anforderungen, die bestimmte soziale Situationen an ihn stellen. Dieses Bild hat er in sozialen Begegnungen mit anderen gewonnen. Er überprüft es in seinen sozialen Interaktionen ständig und revidiert es dabei. Was er von sich und seinen Interaktionspartnern hält, kommt in der nonverbalen Kommunikation zum Ausdruck. Er betont bestimmte Verhaltensweisen und vermeidet andere, er gibt sich lässig, selbstbewusst, schüchtern oder streng, je nachdem, welches Bild er von sich in der Situation hat und welchen Eindruck er beim anderen – mehr oder weniger bewusst – erzeugen will. Der Eindruck, den die Person macht, entspricht dabei ihrem Bild von sich selbst und den anderen in dieser Situation (Forgas 1995).

Eindruckssteuerung

Goffman (1969) vergleicht in seinem „dramaturgischen Modell" Alltagsinteraktionen mit einem Theaterspiel, bei dem man eine Rolle ausfüllt, sich in Szene setzt, sich hinter den Kulissen vorbereitet und sein Kostüm auswählt, um eine so gute Vorstellung abzugeben, dass die Darstellung für Wirklichkeit gehalten wird.

dramaturgisches Modell

Wenn jemand aus der Rolle fällt, sich in einer sozialen Situation nicht angemessen verhält, im Restaurant lauthals rülpst, in einer Konferenz einschläft oder mit seiner Frau auf der Straße heftig streitet, ruft das bei den anderen Peinlichkeit hervor. Viele Filme leben von solchen Situationen. Die Beobachter werden dann schnell versuchen, die Fassade wieder herzustellen, indem sie das Rülpsen „überhören“, den Schläfer verstohlen wecken oder an den Streitenden schnell vorbeigehen.

Rollenerwartung

In jeder sozialen Situation werden mit diesen Rollen Erwartungen verknüpft. Eine Frau kann sich als Mutter, Ehefrau, Lehrerin oder Kundin eines Fitness-Studios unterschiedlich verhalten und manchmal geraten verschiedene Rollen in Konflikt. Rollen sind auch abhängig von sozialen Ordnungen. Je höher der Rang einer Person bewertet wird, desto stärker ist er den Rollenerwartungen unterworfen und desto tiefer ist der Fall, wenn er sie nicht erfüllt.

Auch Ratsuchender und Berater füllen bestimmte Rollen aus, mit denen sie unterschiedliche Erwartungen verknüpfen. So wird der Ratsuchende nicht damit rechnen, dass der Berater von seinen eigenen Problemen berichtet – was allerdings gelegentlich geschieht – und der Berater wäre sehr pikiert, wenn der Ratsuchende ihm Vorschläge für seine Vorgehensweise machen würde.

In sozialen Situationen versucht man also, den Eindruck, den andere von einem haben, so zu steuern, dass er mit dem, was man von sich präsentieren möchte, übereinstimmt. Das gelingt den verschiedenen Menschen mehr oder weniger gut und setzt voraus, dass man Wirkungen des Verhaltens und mögliche Reaktionen des Partners vorwegnehmen und sein Verhalten darauf einstellen kann. Der gute „Eindruckssteuerer“ weiß, was andere von ihm erwarten, wie ihre Urteile zustande kommen, was die jeweilige Situation verlangt und wie er gewünschte Reaktionen erzeugen kann, wie er als „ehrlich“, „freundlich“ oder „vertrauenswürdig“ erscheint. Er hat damit eine hohe soziale Intelligenz, das bedeutet aber nicht unbedingt, dass er diese zum Wohle anderer einsetzt. Er kann seine Fähigkeit auch zu Manipulation und Macht ausnutzen und dabei einen guten und harmlosen Eindruck hinterlassen.

Nicht nur dem durchschnittlichen „Menschenkenner“, sondern auch Beratern und Therapeuten fällt es schwer, die „Echtheit“ der Präsentation einer Person von sich selbst zu beurteilen. Die Annahme, sich vor Psychologen in Acht nehmen zu müssen, da sie einen sofort „durchschauen“, ist ein weit verbreitetes Vorurteil, entbehrt aber oft jeglicher Grundlage.

Blickverhalten

Eines der wirksamsten und wichtigsten nonverbalen Signale ist der Blick. Verliebte können sich stundenlang in die Augen sehen, die Augen sind das „Fenster zur Seele“. „Schau mir in die Augen, Kleines“, fordert nicht nur Humphrey Bogart in der legendären Szene aus „Casablanca“ auf. Man glaubt, Lügner können einem forschenden Blick nicht standhalten: Die Lüge steht ihm „ins Gesicht geschrieben“. Allerdings weiß das auch der Lügner und gute Eindruckssteuerer und wird versuchen, seinen Blick und seine Mimik unter Kontrolle zu halten, besonders wenn er annimmt, dass sein Gegenüber ausschließlich auf sein Gesicht achten wird (Ekman 2003). Der im Erkennen und der Verhörtaktik geschulte FBI-Agent wird daher eher auf periphere Körperpartien achten, wie Bewegungen von Händen und Füßen, die der Lügner nicht mehr unter Kontrolle hat, weil er sich auf die Wirkung seines Blickes und seiner Mimik konzentriert, während der naive Betrachter sich vom unschuldigen Blick betören lässt (Ekman 2003; Ekman/Friesen 1974).

Blicke steuern aber auch ganz profan den Sprecherwechsel in der Interaktion, das Turn-Taking. Das Maß des Blickkontakts ist in Interaktionen, ohne dass es den Partnern bewusst ist, genau ausbalanciert. Der Hörer schaut länger auf den Sprecher als umgekehrt, in zwei Dritteln der Interaktionszeit schaut einer zum anderen, ihre Blicke treffen sich jedoch nur selten und werden schnell wieder abgewendet. Das häufiger werdende Abwenden des Blickes während einer Interaktion signalisiert, dass das Gespräch demnächst beendet wird (Forgas 1995). „Inquisitorisch“ und für den Partner unangenehm wirkt, wenn das Gegenüber den Blick nicht abwendet. Desinteresse oder Schüchternheit werden vermittelt, wenn ein Partner den anderen nicht anschaut. Beides wirkt irritierend und wird automatisch entsprechend interpretiert. Das Blickverhalten ist jedoch nicht universell, sondern kulturabhängig und wird auch bestimmt von Intimitätsgrad, Rolle und Geschlecht der Partner.

Emotionsausdruck

Im Gesichtsausdruck glaubt man Emotionen weitaus besser ablesen zu können, als sie verbal zu vermitteln wären. Allerdings lassen sich nur die Grundemotionen wie Angst, Freude, Ekel, Überraschung, Wut und Trauer unmittelbar und überwiegend eindeutig zuordnen. Diese Ausdrucksreaktionen werden nicht gelernt, sondern treten auf entsprechende Reize spontan auf und werden auch beispielsweise von blind geborenen Kindern gezeigt (Birbaumer/Schmidt 2002).

Alle anderen Emotionen sind vermischt, stark vom sozialen Kontext und nicht zuletzt von Stimmungen des Beobachters abhängig. Allein der Sonnenschein reicht, um sich selbst und die anderen in einem helleren Licht erscheinen zu lassen und die Welt mit „anderen Augen" zu sehen, ganz zu schweigen von der sprichwörtlichen „rosaroten Brille" der Verliebten.

Erkennen von Emotionen

Im Gesicht gespiegelte „echte" Gefühlszustände werden durch andere neuronale Systeme gesteuert als willkürlich herbeigeführte (Damasio 1997), so dass man annehmen könnte, es sei leicht, sie zu unterscheiden. Dies trifft jedoch im Alltag nicht zu. Dort achtet man meist allein auf die groben, länger dauernden, die Makro-Ausdrücke. Dabei wird man kaum beispielsweise ein echtes von einem unechten Lachen unterscheiden können (Ekman 2003). Extrem kurze, kaum wahrnehmbare und sehr flüchtige Ausdrücke, die Mikro-Ausdrücke, hingegen „verraten" denjenigen, der etwas verbergen möchte.

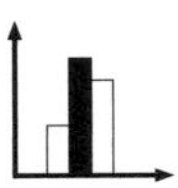

Ekman und Friesen (1969 nach Ekman 2003) konnten zeigen, dass Psychiater in klinischen Interviews anhand der Mikro-Ausdrücke mit einer hohen Wahrscheinlichkeit erkennen konnten, ob Patienten Suizidabsichten oder Halluzinationen zu verheimlichen suchten. Diese schwer wahrnehmbaren, weil äußerst flüchtigen Mikroausdrücke enthalten also doch Informationen über Lügen und Verheimlichen, die allerdings nur wenigen Beobachtern unmittelbar zugänglich sind.

Auch Ängstlichkeit, Ärger und andere Emotionen lassen sich durch das Achten auf Mikroausdrücke erkennen, allerdings sagen sie nichts darüber aus, was die Emotion verursacht. Ängstlichkeit oder Ärger können genauso bei einer falschen Anschuldigung empfunden werden wie bei einem „schlechten Gewissen" oder Furcht vor Entdeckung.

Anpassung von Ausdrucksreaktionen

Körpersprache, Mimik und Gestik sind höchst komplexe Vorgänge und geschehen meistens unbewusst. Man versteht sie, ohne dass man sagen kann, warum. Im Gespräch wird die Körpersprache der beiden Partner in „Interaktionssynchronie" koordiniert. Man reagiert nicht nur auf die Bewegungen des anderen, sondern nimmt sie bereits vorweg, so dass die Bewegungsmuster simultan ausgeführt werden (Ogston 1967 und Kendon 1970 nach Forgas 1995). Auch in den mimischen Ausdrucksreaktionen passen sich die Interaktionspartner aneinander an und regulieren sich gegenseitig (Bänninger-Huber/Salisch 1994). Möglicherweise spielen hier die kürzlich entdeckten Spiegelneuronen (Mirror neurons), die aktiviert werden, wenn wir andere beobachten, eine Rolle (Rizzolatti/Gallese 2002). Neuerdings werden sie nicht nur für die Imitation von Handlungen sondern grundsätzlich für die Fähigkeit zur Empathie verantwortlich gemacht.

Körperhaltung

Der Körperhaltung wird nicht nur in Kommunikations- und Präsentationstrainings viel Aufmerksamkeit geschenkt. Die Körperhaltung vermittelt auch dem naiven Betrachter schon von weitem, in welcher Verfassung sich das Gegenüber befindet. Eine zusammengesunkene Haltung mit hängenden Schultern und gesenktem Kopf signalisiert Trauer und Depression, eine aufrechte, offene Haltung Selbstbewusstsein und Kontaktbereitschaft. Die Körperhaltung ist ein deutlicher Ausdruck von Gefühlen und Befindlichkeit. Sie zeigt, wie sicher, souverän oder überlegen sich jemand fühlt, aber auch wie interessiert und aufmerksam er ist. Mehrabian (1972) unterscheidet drei Reizklassen:

- Unmittelbarkeitsreize wie Blickkontakt, Körperorientierung oder Berühren kommunizieren Sympathie und Antipathie.
- Entspanntheitsreize wie Einnehmen des Raumes beim Sitzen oder Stehen oder Anspannung der Hände vermitteln Status und soziale Kontrolle. Im Bewerbungsgespräch wird der Personalchef entspannter in seinem Sessel sitzen als der Bewerber, der tunlichst eine nicht verkrampfte, aber doch kontrollierte, nicht zu lässige Haltung einnehmen sollte.
- Aktivitätsreize wie Bewegungen und Gestik signalisieren Reaktionsbereitschaft und Aufmerksamkeit dem Partner gegenüber.

Wer wen wo berühren darf, ist konventionell und kulturell bestimmt. Berührungen können beruhigen, Trost spenden, Statusverhältnisse anzeigen oder auch einfach ritualisiert sein wie das Händeschütteln. Berührungen sagen etwas über das Verhältnis der Partner zueinander aus. Der Angestellte wird nicht dem Chef anerkennend auf die Schulter klopfen, Kinder, Menschen mit Behinderungen und Untergebene werden häufiger berührt. Allerdings haben auch Berührungen deutliche kulturelle Anteile (Forgas 1995). So berührt man sich in südeuropäischen Ländern wesentlich häufiger, was zu einer gewissen Irritierung führen kann, wenn eine griechische Studentin der Dozentin im Gespräch über den Arm streicht.

Raum und Territorium

Auch Raum und Territorium können nonverbal Einstellungen und Beziehungen kommunizieren und werden bestimmt durch die Intimität, die man dem Partner zugesteht. Kommt man sich zu nahe, ohne in einem entsprechenden Intimitätsverhältnis zu stehen, wird die Distanz wieder ausgeglichen. Lässt sich die Nähe zu fremden Personen nicht vermeiden, beispielsweise im Fahrstuhl, wird die Distanz durch Vermeiden des Blickkontakts gewahrt. Alle ziehen sich wenn möglich in eine Ecke zurück, schauen nach unten oder an die Decke, um den Blicken der anderen nicht zu begegnen.

parasprachlicher Ausdruck

Sprachlich Ausgedrücktes bekommt seinen Ausdrucksgehalt durch parasprachliche Mittel, also nichtverbale, stimmliche Äußerungen. Sie begleiten die gesprochene Sprache und geben Hinweise darauf, wie das Gesprochene zu verstehen ist. Tonfall, Rhythmus, Geschwindigkeit, Lautstärke, Stimmlage gehören ebenso dazu wie Lachen, Seufzen, Weinen, Gähnen oder Pfeifen. Manche Emotionen werden sehr deutlich von der Stimmführung transportiert, z. B. Zorn, Nervosität, Traurigkeit oder Glück. Auch Erregung oder Angst werden besonders wirksam in der Stimme dargestellt. Die Stimme ist dabei zuverlässiger als der Gesichtsausdruck, weil sie schwerer willkürlich gesteuert werden kann. Verbale Äußerungen, denen die parasprachlichen Begleitausdrücke fehlen, irritieren den Hörer.

B

Die Ansprache des Präsidenten

„Was war da los? Aus der Aphasie-Station drang, gerade als die Rede des Präsidenten (Reagan, S. N.) übertragen wurde, lautes Gelächter, und dabei waren doch alle so gespannt darauf gewesen ...

Da war er also, der alte Charmeur, der Schauspieler mit seiner routinierten Rhetorik, seiner Effekthascherei, seinen Appellen an die Emotionen – und alle Patienten wurden von Lachkrämpfen geschüttelt. Nein, nicht alle: einige sahen verwirrt aus, andere wirkten erregt, zwei oder drei machten einen besorgten Eindruck, aber die meisten amüsierten sich großartig. Die Worte des Präsidenten waren eindringlich wie immer, aber bei den Patienten riefen sie offenbar hauptsächlich Heiterkeit hervor. Was mochte in ihnen vorgehen? Verstanden sie ihn nicht? Oder verstanden sie ihn vielleicht nur zu gut?" Von einer Patientin mit einer totalen Agnosie, die gesprochene Sprache verstehen aber die parasprachlichen Merkmale nicht mehr wahrnehmen konnte, weswegen sie bewusst auf Haltung und Bewegung der Partner achten musste, berichtet Sacks: „Mit steinernem Gesicht hörte auch Emiliy D. der Rede des Präsidenten zu und unterlegte sie mit einer seltsamen Mischung aus verstärkten und fehlerhaften Wahrnehmungen – genau das Gegenteil von dem, was unsere Aphasie-Patienten taten. Die Rede bewegte sie nicht – kein gesprochenes Wort rief mehr eine Regung in ihr hervor – und alles, was Emotionen ausdrückte, seien es echte oder gespielte, ging völlig an ihr vorbei. War diese Frau, für die gesprochene Worte keine Gefühle mehr vermittelten, nun ebenso fasziniert und mitgerissen wie wir? Keineswegs. ‚Er ist nicht überzeugend', sagte sie. ‚Er spricht keine gute Prosa. Er gebraucht die falschen Worte. Entweder ist er hirngeschädigt, oder er hat etwas zu verbergen.' (...) Das war also das Paradoxon der Präsidentenrede. Wir ‚Normalen' wurden, zweifellos beeinflußt durch unseren Wunsch, hinters Licht geführt zu werden, tatsächlich und gründlich hinters Licht geführt. Die Täuschung durch die Worte war, im Verein mit der Täuschung durch den irreführenden Tonfall, so gekonnt, daß nur die Hirngeschädigten davon unbeeindruckt blieben." (O. Sacks 1987, S. 115ff)

Auch im Beratungsprozess unterliegen beide Partner den Wirkungen nonverbaler Botschaften. Während der geschulte Berater insbesondere auf die Gestik und Mimik seines Klienten achtet, um seine Ehrlichkeit und Betroffenheit zu interpretieren und Hinweise auf die beraterische Arbeit zu bekommen, vernachlässigt er häufig die Wirkung seiner eigenen nonverbalen Zeichen, die wiederum dem Ratsuchenden signalisieren, was der Berater von ihm und seinem Problem hält.

2.3 Übungsfragen zu Kapitel 2

7. Warum ist das Encoder-Decoder-Modell unzureichend?

8. Was zeichnet menschliche Kommunikation gegenüber technischer Kommunikation aus?

9. Wie entsteht der Bedeutungsumfang eines Wortes?

10. Welchen Vorteil hat ein Perspektivenübernahmemodell?

11. Was sind Geltungsansprüche und welche Funktion haben sie?

12. Was sind Konversationsmaximen?

13. Was sind Dialogmodelle?

14. Was ist eine Konversationsanalyse?

15. Wie heißen die fünf Axiome von Watzlawick et al.?

16. Was sind die vier Seiten einer Nachricht?

17. Was sind die Eigenarten nonverbaler Signale?

18. Was sind Rollenerwartungen?

19. Was ist Eindruckssteuerung?

20. Was wird durch Blicke transportiert?

21. Wie werden Emotionen ausgedrückt?

22. Was sind parasprachliche Mittel?

3 Theoretische Konzepte der Beratung

Psycho-soziale Beratung hat in ihrer Nähe zur Therapie ihre Techniken und Methoden aus psychologischen Theorien abgeleitet. Die drei wichtigsten, die psychoanalytische, die die Deutung unbewusster Konflikte anstrebt, die klientzentrierte, bei der die Beziehung zwischen Berater und Klient im Vordergrund steht, und die kognitiv-behaviorale Theorie, in der es um die Veränderung von Verhalten geht, werden in diesem Kapitel in ihren Grundzügen und ihren Einflüssen auf Beratungstechniken und -methoden dargestellt. Während die analytische und die klientzentrierte Therapie mit jeweils einem Namen verbunden sind, hat sich die kognitiv-behavioral orientierte Therapie aus unterschiedlichen Modellen entwickelt. Alle drei sehen Unterschiede zwischen Therapie und Beratung vorrangig in der Dauer der Zusammenarbeit und der Intensität der zu bearbeitenden Probleme, nicht aber in den zugrunde liegenden Erklärungsmustern.

Systemorientierte Ansätze erweitern den Blick auf soziale Gefüge, in denen Klienten leben. Frühe Konzepte sind orientiert am Gleichgewicht des Systems und der Vorstellung des „guten Funktionierens" und damit an der Lösung des Problems, die dysfunktionale Familie funktional werden zu lassen. In einem Perspektivenwandel in Therapie und Beratung sind nicht mehr die Probleme der Person der Ausgangspunkt, sondern mögliche Lösungen, die jedes System bereits in sich trägt. Neue Techniken, die nicht auf die Probleme, sondern an den gut funktionierenden Anteilen ausgerichtet sind, werden entwickelt. Mit der ressourcenorientierten Beratung entstehen Konzepte, die nicht mehr psychologischen Schulen verpflichtet sind, sondern in „pragmatischem Eklektizismus" alle Möglichkeiten nutzen, Ressourcen zu erhalten, zu wecken und zu etablieren.

3.1 Von „therapeutischen Schulen" abgeleitete Beratungskonzepte

3.1.1 Psychoanalytisch orientierte Beratung

Sigmund Freud
1856–1939

Kaum eine psychologische Theorie hat eine so weite Verbreitung im Alltagsgeschehen gefunden wie die Psychoanalyse. Häufig wird im Alltagsverständnis Psychotherapie gar mit Psychoanalyse gleichgesetzt. Von ihren Annahmen eines „ubiquitär-dynamischen Unbewussten" geht eine hohe Faszination aus. Die Vorstellung, neben dem, was dem Bewusstsein zugänglich ist, noch eine Seite zu haben, für die man keine Verantwortung übernehmen kann, scheint tröstlich und beängstigend zugleich. Mit kaum einer anderen Äußerung kann man seinen Partner so gut treffen, wie mit einem Hinweis auf seine unbewussten Tendenzen durch einen nicht aufgelösten Ödipuskonflikt, eine Identifikation mit dem Aggressor oder eine misslungene Sauberkeitserziehung, die nun einen zwanghaften Menschen hervorgebracht hat. Alltagspsychologische Erklärungsmuster sind durchsetzt von solchen simplifizierten Annahmen. Grundsätzlich macht die Dynamik der persönlichen Entwicklung im Sinne der Psychoanalyse aus, dass Menschen beständig mit Erlebnisinhalten konfrontiert sind, die sie unbewusst als bedrohlich erleben und deswegen aktiv vom Bereich des Bewusstwahrnehmbaren fernhalten müssen (Datler et al. 2004).

Das von Freud entwickelte System der Psychoanalyse ist allerdings wesentlich komplexer als diese schlagwortartigen Erklärungen. Es ist seit seiner ursprünglichen Konzeption zu Anfang des letzten Jahrhunderts in verschiedene Richtungen weiterentwickelt worden. Diese Entwicklungen aufzuzeigen, würde ein eigenes Buch füllen. An dieser Stelle soll daher nur auf die für das Verständnis analytischer Beratung notwendigen Grundgedanken eingegangen werden.

Bewusstseinsqualitäten

Freud unterscheidet drei Bewusstseinsqualitäten. Das Unbewusste ist dem Bewusstsein nicht oder nicht unmittelbar zugänglich. Es beinhaltet Triebe, Bedürfnisse und Inhalte, die aus anderen Persönlichkeitsbereichen „verdrängt" worden sind, nicht „zugelassen" werden. Dies geschieht ohne Beteiligung des Bewusstseins, so dass die Impulse weiter wirksam bleiben und als Symptome so verschleiert wieder auftauchen, dass sie in ihrer ursprünglichen Form nicht mehr erkannt werden können. Das Vorbewusste enthält dem Bewusstsein grundsätzlich zugängliche Inhalte, wie Wahrnehmungen, Gedanken, Entschlüsse, sozusagen Abgelegtes, das bei Bedarf hervorgeholt werden kann. Im Bewusstsein schließlich befindet sich alles das, was die Person über sich weiß.

drei Instanzen

Die Persönlichkeit hat drei Instanzen, das Es, das Ich und das Über-Ich. Die Inhalte und Funktionen des Es sind unbewusst. Das Es ist aber nicht identisch mit dem Unbewussten, da auch die anderen Instanzen unbewusste Anteile haben. Das Es enthält neben Trieb- und Bedürfnisimpulsen, die als „Primärprozesse“ auf sofortige Befriedigung drängen, vom Ich verdrängte, bedrohliche Vorstellungen und Affekte. Das Ich stellt den Realitätsbezug her, indem es Funktionen des Denkens, Wahrnehmens, Erinnerns, Fühlens und der Handlungssteuerung hat. Es koordiniert die Impulse aus dem Es mit den Erfordernissen der Umwelt und entscheidet, welche Bedürfnisse gefahrlos befriedigt werden können und welche als bedrohlich abgewiesen werden müssen. Es stellt die Verbindung zur Außenwelt her und folgt dem „Realitätsprinzip“. Im Über-Ich finden sich die Normen und Werte, die eine Person im Laufe ihrer Sozialisation, zunächst an den Eltern orientiert, verinnerlicht hat, die Vorstellungen von „Gut“ und „Böse“. Das Über-Ich enthält als strafende Instanz das Gewissen. Das Ich-Ideal als die Vorstellung, wie man sein möchte und sollte, ist ein weiterer Inhalt des Über-Ich. Das Über-Ich kontrolliert das Ich und das Es und strebt nach Moral und Perfektion. Die drei Instanzen stehen in beständigem Konflikt miteinander, so dass eine besondere Dynamik entsteht.

Sowohl in Therapie als auch in Beratung geht es darum, die aktuellen Probleme eines Klienten als Symptome für Konflikte zwischen Ich, Es und Über-Ich aufzufassen, zu deuten und damit aufzudecken. Impulse aus dem Es, die „unerwünscht“ sind, weil ihnen Bestrafung droht, werden abgewehrt und können sich einen anderen Weg, eine andere Gestalt suchen, die dem Ich nicht mehr als der ursprüngliche Impuls erkennbar ist, bei dem aber dennoch etwas „komisch“ bleibt und Angst macht. Dieser Zusammenhang kann es einem Klienten schwer machen, eine Lösung für ein anstehendes Problem zu finden, weil er bestimmte Anteile des Problems nicht sehen oder Lösungen nicht akzeptieren kann, wenn sie unbewussten Prozessen entgegenstehen.

freie Assoziation

Als Technik, Zugang zu diesen unbewussten Inhalten zu finden, wird die freie Assoziation eingesetzt, bei der der Klient ohne

Vorbehalte alles sagen soll, was ihm zu einem „Stichwort“ einfällt. Dadurch soll die Kontrolle des Unbewussten durch das Ich umgangen werden.

Deutung

Die Deutung dieser Assoziationen ist ein zentrales Merkmal psychoanalytischer Beratung. Dadurch werden Zusammenhänge im emotionalen Erleben des Klienten offenbar. Gleichzeitig werden neue Emotionen ausgelöst, die wiederum weiterer Deutung zugänglich sind. In diesem Prozess kann schließlich der verborgene Sinn von Symptomen aufgedeckt und Zugang zur inneren Welt des Ratsuchenden gefunden werden (Datler et al. 2004).

In der psychoanalytischen Beratung geht es also darum, die Bedeutung der Lebensschwierigkeit des Klienten aus seiner Biographie heraus zu verstehen und ihm zugänglich zu machen. Die unbewusste Bedeutung der aktuell schwierigen Lebenssituation bestimmt einen Teil der Problematik und ist Gegenstand des analytischen Prozesses. Die objektive und durch die äußeren Umstände bestimmte Bedeutung der Schwierigkeiten tritt demgegenüber in den Hintergrund (Argelander 1985). Dies bedeutet natürlich nicht, dass aktuelle, „objektive“ Lebensschwierigkeiten wie familiäre Situation oder finanzielle Sicherheit vernachlässigt würden, es geht aber um deren Deutung in Bezug auf die Dynamik der Problementwicklung und nicht um ihre „objektive“ Beurteilung.

Widerstand

Deutungen sind nicht immer angenehm, weil sie tabuisierte, schmerzliche oder peinliche, eben erfolgreich verdrängte Inhalte aussprechen. Dies kann bei Klienten zu Vermeidungsverhalten führen, indem bewusst Gedanken verschwiegen oder unbewusst weiter verdrängt werden, Deutungen nicht „angenommen“ werden können. Dies wird in der Analyse als „Widerstand“ bezeichnet. Widerstand soll nicht vermieden, sondern durch Deutung in den analytischen Prozess aufgenommen werden, da er ebenso wie die Symptome Hinweise auf innerpsychische Prozesse gibt.

Übertragung und Gegenübertragung

Der Erfolg der Beratung hängt davon ab, wie der Ratsuchende bewusst und unbewusst den Berater und die Zusammenarbeit mit ihm erlebt (Datler et al. 2004). Der Berater steht nämlich nach dem Konzept der Übertragung stellvertretend für frühere Bezugspersonen, die an der Entstehung seiner Symptome beteiligt waren. In der Beziehung zwischen Berater und Ratsuchendem können die früheren Konflikte mit diesen Bezugspersonen aktualisiert, erlebbar und einer Bearbeitung zugänglich gemacht werden. Im Prinzip zielt das gesamte analytische Setting darauf ab, eine solche Übertragungsbeziehung herzustellen. Allerdings entwickelt auch der Berater Gefühle, Vorstellungen und Phantasien, die als Gegenübertragung bezeichnet werden. Gegenübertragungen können dann den therapeutischen Prozess stören, demzufolge ist ein wichtiger Aspekt der analytischen Ausbildung das Erkennen und Kontrollieren der Gegenübertragungstendenzen.

Gerade in der psychoanalytischen Auffassung ist der Unterschied zwischen Therapie und Beratung kaum feststellbar. Psychoanalytische Beratung wird eher als quantitativer denn als qualitativer Unterschied zur Therapie gesehen (Rechtien 2004b), daher sind auch kaum explizite Beratungskonzepte entstanden.

Eines der wenigen psychoanalytisch fundierten und ausgearbeiteten Beratungskonzepte stammt von Houben (1975). Der Berater wendet sich im Beratungsprozess den konkreten Problemen des Ratsuchenden zu und versucht zu verstehen, warum gerade diese dem Ratsuchenden Schwierigkeiten bereiten. Er konfrontiert ihn Schritt um Schritt mit Widerständen und lenkt damit die Aufmerksamkeit auf die tief liegenden Hindernisse des Persönlichkeitswachstums des Klienten. Ähnlichkeiten der aktuellen Problemlage mit infantilen Konflikten können dazu führen, dass der Klient den Konflikt vermeidet und in eine defensive Regression ausweicht. Um das Problem befriedigend zu lösen, muss erarbeitet werden, welche subjektiv realisierbaren Handlungsmöglichkeiten jemand hat, um auf die vorgegebene Realität Einfluss zu nehmen und welche Risiken und Versagungen er dabei in Kauf nehmen muss.

Das diagnostische Gespräch geschieht in vier Stufen. Zunächst schildert der Klient das Problem frei und assoziiert anschließend seine Vorgeschichte. Der Berater achtet auf Anzeichen für emotionale Beteiligung, Widerstände, offensichtliche Lücken etc. Dann greift er Stichworte, „Schlüsselworte“, auf und regt zu weiteren Assoziationen an.

„Interviewer: ‚Sie sagten, Ihr Vater sei zu allen Leuten sehr nett.‘ Proband: ‚Ja, jetzt ist er es auch zu mir...‘ (Pause) I.: ‚Jetzt?‘ P.: ‚Früher hat er mich sehr knapp mit Taschengeld gehalten; ich hatte viel weniger als die anderen Jungen. Dabei mußte ich ganz schön mit anpacken. Jetzt bin ich froh, daß ich es getan habe, weil jeder sagt, daß ich es rasch zu was gebracht habe. Das verdanke ich dem Vater. Natürlich, früher hat er mich gelegentlich wütend gemacht, aber ich sagte nie ein böses Wort.‘ I: ‚Nie?‘ etc.“ (Houben 1975, S. 174)

Im letzten Schritt stellt er gezielte Fragen zur Problemlage, um über das beraterische oder therapeutische Vorgehen zu entscheiden. Das Ziel ist die Umstrukturierung psychischer Prozesse. Bei Beratung geht es um Entscheidungsprobleme, nicht um Neurosen oder Fehlentwicklungen. Ängste oder verdeckten Motive werden daher nur bearbeitet, wenn sie für die Problemlage wichtig sind. Ziel ist, bei Anpassungsproblemen die Entscheidungsfähigkeit wieder in Gang zu setzen, bevor es zu Instanzenkonflikten kommt. Widerstände werden im Beratungsprozess als bewusstseinsnäher und aktueller auf das Problem bezogen gesehen. Sie können daher eher konfrontativ angegangen werden als in der Therapie.

Wenn im Leben Umstände eintreten, die früheren Konfliktkonstellationen ähnlich sind, kann das zum Zusammenbruch von erworbenen Anpassungen führen, es kann zu krisenhaftem Versagen kommen.

„Ein Patient, der als Direktionssekretär in einem Unternehmen vorzügliche Arbeit leistete, geriet in eine depressive Arbeitsunlust, als – nach dem tödlichen Unfall eines Direktors – seine Kandidatur für dessen Nachfolge erwogen wurde. Aus der Exploration ergab sich, daß seine Eltern eine patriarchalische Ehe geführt hatten, die u. a. deswegen glücklich war, weil die Mutter ihren Mann verehrte, aus der Identifikation mit ihm narzißtischen Gewinn erzielte und so in der Lage war – unter Hintanstellung eigener Ansprüche –, seine Ansichten gelten zu lassen und seinen Wünschen sogar zuvorzukommen.

Beim Patienten selbst fiel ein markanter Knick in der Entwicklung auf. Nachdem er in der Kindheit häufig wegen eigenwilligen Benehmens Konflikte mit seinem Vater hatte, stellte sich – in zeitlichem Zusammenhang mit einem kränkenden Sexual-Erlebnis – in der frühen Pubertät ein friedliches Einvernehmen der beiden ein. Dies beruhte u. a. darauf, daß er, wie die Mutter, die Vorrangstellung des Vaters respektierte, und sich bis in Kleinigkeiten des täglichen Umgangs auf dessen Gewohnheiten einstellte, seine Wertungen und Normen voll übernahm. Durch diese Identifikation mit der Mutter konnte er sowohl die Inzestwünsche als auch die Rivalität seines ödipalen Konfliktes erfolgreich abwehren. Seine spätere Rolle als ‚zweiter Mann' kann als ein sekundär-autonomes Anpassungssystem angesehen werden, das sich durch Funktionswechsel aus dieser Abwehr entwickelte. Er galt als der eigentliche Manager des Unternehmens und zog doch keine Rivalität der Vorgesetzten auf sich, weil er zwar Aktivitäten, aber kaum eigene Initiative entwickelte, sondern es verstand, jene Maßnahmen einzuleiten, die von vornherein den Vorstellungen des Direktoriums entsprachen.

In diesem Fall waren einige Beratungsgespräche, in denen ihm Einsicht in die Zusammenhänge vermittelt wurde, ausreichend, um die depressive Störung zu beheben. Allerdings mag es sein, daß der Umstand, daß er von den beiden anderen Direktoren als Nachfolger des Verstorbenen empfohlen wurde – im Sinne seines Abwehrsystems – den raschen Erfolg begünstigt haben." (Houben 1975, S. 146f)

In diesem Fall wird das frühere Thema in der Beratung aufgegriffen und in der aktuellen Situation gedeutet. Beratung bedeutet Stärkung der Realitätsprüfung und Unterstützung neuen Verhaltens. Im Beratungsprozess werden Interpretationen des Klienten in Frage gestellt und alternative Interpretationen aufgezeigt.

3.1.2 Klientzentrierte/Personzentrierte Beratung

Carl Rogers 1902–1987 aus Pervin et al. 2005, S. 216)

Die klientzentrierte, nicht-direktive oder heute eher personzentrierte Beratung (Sander 2004) ist eng mit dem Namen Carl Rogers verbunden. Ihre Grundannahmen der Beziehung zwischen Berater und Ratsuchendem und den Techniken der Gesprächsführung gelten als „die" Beratungsmethode schlechthin.

Rogers ist neben Maslow, Fromm und Charlotte Bühler einer der Hauptvertreter der humanistischen Psychologie, der so genannten „dritten Kraft" neben der Psychoanalyse und dem Behaviorismus. Die humanistische Psychologie betont die Ganzheitlichkeit und Selbstentfaltung der menschlichen Psyche, die sich nur durch ein „organismisches Modell", also ein im Gegensatz zur eher mechanistischen Auffassung des (klassischen) Behaviorismus „lebendiges" Modell darstellen lasse (Städtler 1998). Grundlegend ist die Annahme einer das gesamte Entwicklungspotential eines Menschen aktualisierenden Tendenz als Motivationskraft, die den Organismus als Ganzes erhält, ihn wachsen und reifen lässt, der Aktualisierungstendenz.

Selbstaktualisierungstendenz

Weil der Mensch über die eigene Person, seine Erlebnisse und Erfahrungen reflektieren kann, nimmt er sie in ihrer Beziehung zu sich selbst wahr. Indem er diesen Erfahrungen Bedeutung verleiht, symbolisiert er sie. Auf dieser Grundlage entwickelt er eine Vorstellung von sich selbst, ein Selbstbild oder Selbst. Das Selbst beinhaltet die Wahrnehmung der Eigenschaften und Fähigkeiten, wie man sie sich selbst zuschreibt und für sich bewertet. Auf die Realität reagiert die Person wiederum so, wie sie diese aufgrund ihres Selbstkonzeptes wahrnimmt und definiert. Sie aktualisiert sich selbst. Die Selbstaktualisierungstendenz als Teil der Aktualisierungstendenz ist das Bestreben, das eigene Selbst zu verwirklichen, sich weiterzuentwickeln und eine Kongruenz von Umgebung und Selbst herzustellen.

Aktualisierungs- und Selbstaktualisierungstendenz sind normalerweise konstruktiv und gleichgerichtet. Äußere Bedingungen können jedoch bewirken, dass die Aktualisierungstendenz blockiert wird. Das kann für den Betroffenen selbst und für sein soziales Umfeld destruktiv sein.

Selbstbehauptungstendenz

Das Bestreben, das Selbstbild zu aktualisieren, also sich aufgrund von Erfahrungen weiterzuentwickeln, kann kollidieren mit dem Bestreben, ein einmal entwickeltes Selbstkonzept aufrechtzuerhalten: mit der Selbstbehauptungstendenz. Erfahrungen werden auch im Hinblick darauf bewertet, ob sie der Aufrechterhaltung des Selbstkonzeptes dienlich sind. Ein Aspekt des Selbst ist das Selbst-Ideal, das Wert- und Wunschvorstellungen über das Selbst beinhaltet, also vorgibt, wie man gerne sein möchte.

Dieser Bewertungsprozess kann zu einer Spaltung in der Aktualisierungstendenz führen. Je starrer das Selbst ist, umso mehr tendiert es dazu, neue Erfahrungen abzuwehren, sie nur verzerrt zu symbolisieren oder ganz zu verleugnen.

Jeder Mensch hat ein Bedürfnis nach Anerkennung. Er möchte als individuelles, liebenswertes, unverwechselbares Individuum gesehen und beachtet werden. Er hat ein Bedürfnis nach Selbstachtung, er möchte sich selbst Wert schätzen können und seinem Ich-Ideal entsprechen. Bei Diskrepanzen zwischen diesen Tendenzen und Bedürfnissen entstehen Spannungen und auf Dauer Angst. Um das Selbst zu behaupten, werden inkongruente, „unpassende“ Erfahrungen daher abgewehrt, so verzerrt wahrgenommen, dass sie mit dem Selbstkonzept übereinstimmen, oder ganz verleugnet (Schmid 1999).

B

Petra nimmt sich als liebevolle, soziale und um andere besorgte Person wahr und nicht als egoistisch oder machthungrig. Sie wird also die Erfahrungen symbolisieren, die ihrem Selbstbild entsprechen und andere ausblenden, verzerren oder abwehren, die nicht zu ihrem Selbstkonzept passen. Würde sie alle Erfahrungen integrieren, müsste sie erkennen, dass sie mit der Sorge um die Anderen auch ihre Macht über sie bewahren kann, um nicht selbst in eine schwache Position zu geraten. Durch diese Unvereinbarkeit entsteht eine Spannung, die Petra immer ausgleichen muss. Es kann also sein, dass sie hin und wieder Wut verspürt, wenn ein Anderer sich nicht umsorgen lassen will und ihre Fürsorge ablehnt. Sie kann diese

Erfahrung abwehren, indem sie ihre Wut, die nicht zum Bild des fürsorglichen Helfers „passt", in Mitleid verzerrt, verleugnet, die Ablehnung der Hilfe durch den Anderen als Ausdruck von dessen Hilflosigkeit umdeutet oder gar nicht bemerkt.

Inkongruenz

Probleme und Störungen entstehen durch die Inkongruenz von Selbst und nicht integrierbaren Erfahrungen. Anders als bei Therapiepatienten, die aufgrund ihrer Biographie ein „falsches Selbst" entwickeln, erlebt der Beratungsklient Inkongruenzen aufgrund belastender Lebensereignisse, die er nicht in Einklang mit seinen bisherigen Bewältigungsmöglichkeiten bringen kann, es mangelt ihm an Orientierungs- und Handlungsrepertoire (Sander 2004). Das Inkongruenzerleben ist ein wichtiger Motor für Veränderungen. In der Beratung werden diese Inkongruenzen auf verschiedenen Ebenen thematisiert. Auf der Ebene der Selbstinstanzen werden die Diskrepanzen zwischen Selbst und Ideal-Selbst, Erleben und Selbstkonzept, Handeln und Selbstkonzept verdeutlicht. Auf der Ebene der Wahrnehmung geht es um die Verdeutlichung, Konkretisierung und Differenzierung der Problemaspekte, die Konfrontation damit und das Aufzeigen alternativer Sichtweisen und Wahrnehmungen, auf der Ebene von Planung, Entscheidung und Handlung um das Aufzeigen und Ausprobieren von neuen Erfahrungen und Bewertungsmustern. Da immer von den Inkongruenzen der Person ausgegangen wird, die dem Klienten erlebbar gemacht werden und für deren Auflösung er selbst Wege findet, wobei der Berater Hilfestellung gibt, bleibt das Konzept personzentriert und beinhaltet keine von außen herangetragene Interventionsstrategie (Sander 2004).

Das Aktivieren des Erlebens, die Verbesserung der Erfahrungsmöglichkeiten des Klienten und die Beziehung zwischen Klient und Berater gehören zu den spezifischen Einflussfaktoren im Beratungsprozess. Wichtige Beratermerkmale sind Kongruenz, Empathie und Akzeptanz, die eine Atmosphäre schaffen, in der der Klient durch Vertrauen und Angstfreiheit eine Lösung seiner Probleme finden kann.

Kongruenz

Kongruenz bedeutet die Anforderung an den Berater, authentisch, echt zu sein, dem Ratsuchenden nichts „vorzuspielen", Kontakt zu seinen eigenen Gefühlen und Gedanken zu haben, sie zu akzeptieren und sich als Person in den Beratungsprozess einzubringen. Ablehnung und Missachtung des Klienten werden sich wegen der schwer kontrollierbaren nonverbalen Signale kaum verbergen lassen. Kongruenz bedeutet nicht grenzenlose

Offenheit, sondern Aufrichtigkeit. Der Berater muss nicht alles, was er empfindet, mitteilen, aber das, was er mitteilt, muss kongruent mit seinen Empfindungen sein.

Empathie

Empathie bezeichnet die Anforderung, das Problem aus der Perspektive des Ratsuchenden zu sehen, die innere Realität des Klienten wahrzunehmen, zu verstehen und dem Klienten mitzuteilen.

Akzeptanz

Akzeptanz bedeutet, den Klienten als Person mit der grundsätzlichen Fähigkeit, für sich selbst sorgen und sich weiterentwickeln zu können, zu sehen, ihn wert zu schätzen und damit seine Selbstachtung zu stärken.

Im Mittelpunkt steht also die größere Unabhängigkeit der Rat suchenden Person und nicht das Problem. Ziel der personzentrierten Beratung ist nicht, das Problem zu lösen, sondern dem Klienten zu helfen, sich zu entwickeln, um mit diesem und mit späteren Problemen fertig zu werden (Rogers 1972).

3.1.3 Kognitiv-behavioral orientierte Beratung

Die kognitiv-behavioral orientierte Beratung hat sich, ebenso wie die Verhaltenstherapie aus dem Behaviorismus entwickelt. Ähnlich wie die klientzentrierte beruht auch die kognitiv-behaviorale Beratung auf den Grundlagen und Techniken der Therapie, so dass eine Abgrenzung zwischen beiden nicht leicht fällt (Rechtien 2004b). Sowohl in Therapie als auch in Beratung steht nicht in erster Linie die „Heilung“, die Veränderung von allgemeinen Persönlichkeits- und Reaktionsmustern, sondern die Veränderung eines konkret umschriebenen Zielverhaltens im Vordergrund. Für Borg-Laufs (2004) ist das Verhältnis der kognitiv-behavioralen Beratung zur Therapie sogar umgekehrt: Nicht Beratung ist eine „kleine Therapie“, sondern im Kontext von Beratung kann das Problemfeld erweitert werden. Anders als in der Therapie, die sich nur auf eine Person bezieht, kann ihr gesamtes Umfeld in die Beratung einbezogen werden.

Sowohl Therapie als auch Beratung gehen von den Ergebnissen der Lernpsychologie aus, die klassisches und operantes Konditionieren als grundlegend für Veränderungen im Verhalten sieht.

klassisches Konditionieren

Klassisches Konditionieren geht auf den russischen Physiologen Pawlow zurück. Er konnte in Experimenten mit Hunden nachweisen, dass sich neutrale Reize an solche Reize koppeln, die auf jeden Fall eine Reaktion auslösen, eine unbedingte Reaktion. Die unbedingte Reaktion auf einen Reiz ist beispielsweise der Speichelfluss beim Anblick des Essens. Wenn man nun mehrmals kurz vor dem Darbieten des Essens regelmäßig ein Glöckchen ertönen lässt, reicht nach kurzer Zeit das Erklingen des Glöckchens aus, um den Speichel fließen zu lassen (Pawlow 1972).

Das Konzept ist auf den Menschen übertragen, erweitert und auch auf Reize ausgedehnt worden, die keine unbedingte Reaktion auslösen, sondern eine Reaktion nur wahrscheinlich machen. Manche Reize können leichter und manche schwerer durch Konditionieren verbunden werden (Bednorz/Schuster 2002). Hohe physiologische Erregung wie beispielsweise Angst oder Ärger lassen Merkmale der Angst oder Ärger auslösenden Situation leichter mit der Reaktion verbinden. Einzelne Merkmale, die an die Ursprungssituation erinnern, reichen dann aus, um die Person Angst oder Ärger empfinden zu lassen. Bei traumatischen Ereignissen genügt zur dauerhaften Konditionierung oft die einmalige Koppelung. Aber auch immer wiederkehrendes Zusammenauftreten beider Reize kann zu klassischer Konditionierung führen, beispielsweise wenn ein Vater seinen Sohn immer wieder mit einem Gürtel schlägt, genügt der Anblick des Gürtels, um Angst auszulösen. In der klassischen Konditionierung spielt der Stimulus die bedeutende Rolle.

operantes Konditionieren

Beim instrumentellen oder operanten Konditionieren bestimmen die Konsequenzen auf eine mehr oder weniger zufällig erfolgte Reaktion, wie wahrscheinlich das Wiederauftreten einer bestimmten Verhaltensweise ist. Nach der „Verhaltensgleichung“ von Kanfer und Phillips (1975) bewirkt ein (Hinweis)reiz (S) im Organismus (O) eine Reaktion (R), die in einer Kontingenz (K) zu einer Konsequenz (Verstärker)(C) steht. Die Kontingenz ist das Verhältnis von Reaktion zu Konsequenz, also wie wahrscheinlich es ist, dass die Konsequenz eintritt. Sowohl Stimulus als auch Konsequenz sind nicht immer eindeutig erkennbar und müssen in Verhaltensanalysen als auslösende und aufrechterhaltende Bedingungen bestimmt werden (Kanfer/Phillips 1975), wenn Verhalten durch gesteuerte Lernprozesse verändert werden soll. Die beiden Lernarten können auch gekoppelt werden, indem zunächst durch klassische Konditionierung beispielsweise Angst ausgelöst und später durch Vermeidungsverhalten, also negative Verstärkung, aufrechterhalten wird, wie es in dem Zweifaktorenmodell von Mowrer (1960) beschrieben wird.

Frühe therapeutische Verfahren, die auch in Beratungssituationen angewendet werden und am Verhalten selber ansetzen, sind das systematische Desensibilisieren, die Angstreduktion und die Selbstkontrolle oder Selbstregulation.

systematische Desensibilisierung

Bei der systematischen Desensibilisierung wird eine „Angsthierarchie" aufgestellt und gleichzeitig ein Entspannungstraining angewendet. Unter physischer Entspannung wird dann die Hierarchie von der am wenigsten Angst auslösenden bis zur die stärkste Angst hervorrufenden Situation in der Vorstellung (in sensu) und real (in vivo) stufenweise so dargeboten, dass der Klient sie gerade noch ertragen kann, bis auch die höchste Stufe keine Angst mehr auslöst. Die Desensibilisierung eignet sich gut bei Phobien, also eng umschriebenen Ängsten, die durch bestimmte Situationen wie Menschenansammlungen, freie Plätze oder geschlossene Räume oder Objekte, meist Tiere wie Spinnen oder Hunde ausgelöst werden.

Angstbewältigungstraining

Bei diffusen Ängsten lassen sich solche Hierarchien nicht aufstellen. Im Angstbewältigungstraining lernt der Klient, die ersten Anzeichen von Angst zu erkennen und mit Entspannung zu reagieren. Manchmal wird auch statt der stufenweisen Annäherung die totale Exposition (Flooding) gewählt, bei der der Klient dem höchsten Angst auslösenden Reiz über einen längeren Zeitraum ausgesetzt wird, so dass er nach dem Durchstehen dieser Extremsituation keine Angst mehr hat. Dieses Verfahren ist äußerst wirksam, aber auch sehr kritisch zu betrachten, da es ethisch bedenklich ist, eine Person ihrer Angst vollkommen auszusetzen.

Selbstkontrolle

Bei der Selbstkontrolle wird der Klient angeleitet, sein Verhalten selbst zu kontrollieren und sich selbst zu verstärken.

Mit der „kognitiven Wende" der sechziger Jahre des letzten Jahrhunderts rückten statt des konkreten Verhaltens mehr die Organismusvariablen in den Blick. Kognitive Prozesse der Bewertung äußerer Ereignisse, damit verbundene interne Repräsentanzen, innere Darstellungen, Gedanken und Gefühle, Planung, Bewertung und Überprüfung des Handels wurden wichtige Variablen (G. A. Miller et al. 1960).

Modelllernen

Beim Modell- oder Beobachtungslernen (Bandura 1970, 1977) muss die Person nicht selbst verstärkt werden, es genügt, wenn ein „Modell" positive Konsequenzen seines Handelns erfährt, Prestige hat und in einer emotionalen Beziehung zum Beobachter steht. Damit werden soziale Bedingungen des Lernens beschrieben und in ihrer sozialen Wechselwirkung erfasst, so dass auch der Aufbau komplexen Verhaltens erklärt werden kann. Der Mensch ist aktiv bei der Auswahl seiner Modelle, interpretiert seine Umwelt, verhält sich entsprechend dieser Interpretationen und ist damit auch zur Selbstregulation fähig. Sozial-kognitive Beratung bleibt also nicht auf einfache Verstärkerprogramme beschränkt, sondern beruht auf sozialer Einflussnahme und Umwertung der inneren Prozesse, also der Gedanken und Gefühle des Klienten.

Albert Bandura geb 1925 aus Pervin et al. 2005, S. 517)

unangemessene Gedanken

In der kognitiv-verhaltenstherapeutisch fundierten Beratung sollen unangemessene Bewertungen und Gedanken so verändert werden, dass konstruktives Verhalten ermöglicht wird. Nicht die Anlässe selbst rufen Gefühle von Versagen, Hilflosigkeit, Scham, Verzweiflung hervor, sondern die damit verbundenen Bewertungen, Einstellungen und Normen, die im Laufe der Sozialisation aufgebaut werden. Solche Muster können irrationale Gedanken über die eigene Person (Selbstattribution) sein, z. B. zu glauben, immer zu versagen, nie einen Ausweg zu finden oder für immer blamiert zu sein. In der Beratung können solche irrationalen Muster durch aktive, direktive und didaktische Fragetechniken aufgedeckt und die irrationalen Muster durch gezielte Vorstellungen möglicher Konsequenzen ersetzt werden (Ellis 1979).

Ein Student kommt in die psycho-soziale Beratungsstelle seiner Universität. Er hat es bisher nicht geschafft, einen dringend erforderlichen Schein zu erwerben. Dafür hätte er vor einer Gruppe von zehn Studierenden mit einem Schüler einen Test durchführen müssen. Er hat Angst, in der Situation mit dem fremden Schüler zu versagen, sich vor der Dozentin und den Kommilitonen zu blamieren und glaubt, sich nie mehr in der Uni blicken lassen zu können, weil ihn nun alle als Versager kennen. In seiner Not ruft er die Dozentin an, erklärt ihr seine Lage und bittet um Unterstützung. Es wird vereinbart, dass er stattdessen am Ende der nächsten Veranstaltung einen Kommilitonen testen dürfe, mit dem das Vorgehen vorher genau abgesprochen werde. Der junge Mann erscheint tatsächlich zur Veranstaltung, als er jedoch anfangen soll, liegen seine Bücher und Hefte noch auf dem Tisch, sein Platz aber ist leer!

kognitive Disputation

In einer „rationalen oder kognitiven Disputation“ (Ellis 1979) kann seine irrationale Überzeugung, dass alle nur auf ihn schauen und darauf bedacht sind, sein Versagen zu registrieren und zu bestätigen, aufgedeckt und „widerlegt“ werden. Er wird gezielt befragt, was seiner Meinung nach passiere, wenn er bei der Durchführung ins Stocken gerate oder Fehler mache, was das für Konsequenzen haben könne und welche Schlüsse er daraus ziehen müsse. Dabei werden alle Register von Konfrontation, Provokation, Übertreibung oder Aufzeigen von Paradoxien gezogen. Auf diese Weise kann er das Absurde seiner Befürchtungen erkennen und sehen, dass auch subjektiv als bedrohlich erlebte Konsequenzen vorhersehbar und zu bewältigen sind.

Selbstinstruktionstraining

Meichenbaum (1977; Meichenbaum/Goodman 1971) entwickelte ausgehend von der handlungsregulierenden Funktion der Sprache, wie Luria (1961) sie in zahlreichen Experimenten nachgewiesen hat, ein Selbstinstruktionstraining, bei dem ein Modell (der Berater) Handlungsabläufe verbal begleitet. Die verbalen Vorbilder werden vom Klienten übernommen und schließlich in eine „innere Selbstanweisung" überführt.

Selbstmanagement

Elaborierter, komplexer und für Beratungssituationen geeigneter ist das Selbstmanagement (Kanfer 1977; Kanfer et al. 1991). Verhaltensänderung wird als ein Prozess des Problemlösens verstanden, bei dem in einer Art Kosten-Nutzen-Kalkulation vor allem drei Typen von Erwartungen eine Rolle spielen:

- In Bezug auf die Situations-Ergebnis-Erwartungen wird reflektiert, welche Konsequenz die augenblickliche Situation für die Zukunft hat. Wenn die erwarteten Konsequenzen negativ sind, Misserfolg, Schaden oder Risiko bedeuten, wird die Motivation zur Veränderung hoch eingeschätzt.
- Die Situations-Verhaltens-Erwartungen beziehen sich auf den Glauben der Person, die Situation durch ihr Verhalten beeinflussen zu können. Glaubt sie keine Kontrolle, keine Selbstwirksamkeit, zu haben, entstehen Resignation, Angst und Hilflosigkeit.
- Die Verhaltens-Ergebnis-Erwartungen richten sich darauf, welche Auswirkung ein verändertes Verhalten haben wird und welche „Nebenwirkungen", psychische Kosten, es haben könnte, also welcher „Preis" zu zahlen sein wird.

Verhaltensänderungen sind dann zu erwarten, wenn bei diesen „Kalkulationen" auf lange Sicht die positiven Wirkungen überwiegen.

Lisa, neun Jahre alt, weigert sich seit einigen Wochen in die Schule zu gehen. Sie klagt wiederholt über Bauchschmerzen, ihr ist übel. Die Mutter begleitet sie manchmal in den Klassenraum, sobald sie jedoch die Klasse verlässt, bleibt auch Lisa nicht in der Schule. Sie macht „Theater", weint und klammert sich an die Mutter. Die Eltern sind nach kurzer Zeit ratlos. Selbstverständlich möchte Lisas Mutter, dass Lisa wieder zur Schule geht. Gleichzeitig möchte sie, dass es Lisa gut geht. Lisas Mutter spürt Druck von Seiten der Lehrerin, der Verwandtschaft und Bekanntschaft, weil sie Lisa nicht zur Schule bewegen kann. Sie sieht die weitere Schullaufbahn ihrer Tochter gefährdet, wenn sich ihr Verhalten nicht ändert. Lisa wollte vor einigen Wochen den Klassenraum verlassen, weil ihr übel war und sie sich übergeben musste. Die Lehrerin hatte das nicht erlaubt, sondern ihr geraten, in den Papierkorb zu spucken. Lisa hat diese Situation als äußerst peinlich empfunden. Sauberkeit und Ordnung spielen eine große Rolle in ihrer Familie. Sie ist das einzige Kind unter mehreren Erwachsenen. Die Großeltern leben in unmittelbarer Nähe. In Lisa werden große Erwartungen gesetzt, eine gute Schülerin zu sein und später einen angesehenen Beruf zu ergreifen. Lisas Mutter ist Erzieherin, hat aber für Lisa ihren Beruf aufgegeben. Sie ist empört, wie die Lehrerin Lisa behandelt hat. Sie selbst liest Lisa jeden Wunsch von den Augen ab und sorgt dafür, dass es ihr an nichts mangelt. Manchmal jedoch droht sie damit, Lisa in ein Internat zu geben, wenn sie nicht endlich wieder in die Schule geht.

Die Beratung von Lisas Mutter geschieht in mehreren Phasen, die nicht unbedingt linear aufeinander folgen müssen und ständig evaluiert werden (Borg-Laufs 2004; Kanfer et al. 1991). Zunächst wird die Problemlage beschrieben, die Erwartungen an die Beratung definiert und eine Arbeitsbeziehung aufgebaut. Die Veränderungsmotivation wird ausgelotet und erforderlichenfalls aufgebaut, wobei stärker von den positiven Zielen als von den vorhandenen negativen Verhaltensweisen ausgegangen wird. In der nachfolgenden Verhaltens- und Bedingungsanalyse wird geklärt, welche situativen und inneren Bedingungen zu dem Verhalten geführt haben, was es aufrechterhält und verhindert, dass eine Veränderung selbständig herbeigeführt werden kann. Dazu gehören vor allem auch Überzeugungen, Gedanken, Gefühle, Werte und Normen. Schließlich werden Ziele festgelegt, die kurzfristig erreicht werden können und langfristig die Lösung des Problems bedeuten. Auf dieser Grundlage werden Veränderungsmaßnahmen geplant und durchgeführt, wobei die Methoden der Verstärkung aber auch der kognitiven Umstrukturierung eingesetzt werden. Die Fortschritte im Hinblick auf das Ziel werden ständig evaluiert und nach Abschluss der Beratung sollte in größeren Abständen die Stabilität der erreichten Änderung überprüft werden.

Die Lösung von Lisas Problem gestaltete sich erfreulicherweise recht kurz und nachhaltig. Nachdem deutlich war, dass Lisa ihre Mutter konditioniert hatte und damit eine ungeheuere Macht in der ganzen Familie ausüben konnte, ließen sich die aufrechterhaltenden Bedingungen schnell ändern. Lisa geht wieder beständig zur Schule und ist eine gute Schülerin.

Psychoanalytisch orientierte Beratung hat die Deutung und Auflösung unbewusster Konflikte zum Ziel, die die Anpassung an Umweltanforderungen blockieren und Entscheidungen verhindern.

Personzentrierte Beratung ermöglicht in einer wertschätzenden und akzeptierenden Atmosphäre das Wachstum der Person und die Integration inkongruenter Erfahrungen und verhilft so Selbsthilfepotentiale zu wecken.

Behavioral-kognitive Beratung betrachtet aufrecht erhaltende Bedingungen und antizipierte Konsequenzen und Erwartungen und ermöglicht durch Um- und Neubewertung Verhaltensänderungen und Entscheidungen.

3.2 Systemorientierte Ansätze

3.2.1 Systemische Beratung

Menschen leben in sozialen Gefügen und in ständiger Kommunikation miteinander. Sie bilden dynamische Systeme im Spannungsfeld von Individualität und lebensweltlichem Kontext. Sie konstruieren ihre soziale Welt aus den wahrgenommenen Beziehungen innerhalb ihres Systems und definieren so ihre Zusammengehörigkeit (Brunner 2004). Systemische Therapie oder Beratung ist nicht wie die Psychoanalyse oder die klientzentrierte Beratung einem einzelnen Begründer zuzuordnen, sie ist aus mehr oder weniger gleichzeitigen Strömungen in ganz unterschiedlichen Wissenschaftsbereichen entstanden. Der Systemgedanke kam zunächst in den Naturwissenschaften, der Biologie, der Chemie, der Physik und der Physiologie auf und erlebte eine erste Hochzeit in der Kybernetik, der Steuerungslehre von technischen Systemen (Schlippe/Schweitzer 2003).

konstruktivistische Erkenntnistheorien

Entscheidende Einflüsse kamen auch aus den konstruktivistischen Erkenntnistheorien, die davon ausgehen, dass die „objektive Welt“ zwar vorhanden, aber prinzipiell unerfassbar ist. Menschen können wegen der Beschränktheit ihrer Sinnessysteme und der neuronalen Verarbeitungsprozesse nur Ausschnitte der Welt aufnehmen. Sie bilden sie nicht ab, „wie sie ist“, sondern konstruieren sie nach ihren Erfahrungen und verleihen ihr Bedeutung (Glasersfeld 1992; Luhmann 1990; Roth 1994; Watzlawick 1998). Mahoney (2003) nennt fünf Basisthemen des Konstruktivismus, die den theoretischen Hintergrund für Beratung und Therapie bilden:

- Menschliche Erfahrungen entstehen in dauernder aktiver Handlung.
- Ein großer Teil menschlicher Aktivität ist Ordnungsprozessen gewidmet, die Erfahrungsmuster schaffen und ihnen Bedeutung verleihen.
- Die Organisation persönlicher Aktivität ist grundsätzlich selbst-referenziell oder rekursiv (auf sich selbst bezogen). Menschliche Systeme organisieren sich einzigartig und dynamisch selbst.
- Selbstorganisationsfähigkeiten und Bedeutungen geschehen in einem sozial-symbolischen Prozess. Personen existieren in lebendigen Netzen von Beziehungen, die meist durch Sprache und Symbolsysteme vermittelt werden.
- Jedes menschliche Leben spiegelt die Prinzipien von dynamischer und dialektischer Entwicklung wider. Komplexe Veränderungen geschehen durch die Spannungen von Organisationserhaltung und Desorganisation. Dadurch entstehen Muster und Kreisläufe von Erfahrungen.

System

Ein System, also ein lebendiges Netz, ist ein Gefüge von Elementen, die aufeinander bezogen sind und sich durch dieses Aufeinanderbezogensein von der Umwelt unterscheiden. Es gibt ein „Innen“ und ein „Außen“. Die Beziehungen innerhalb des Systems sind intensiver und anders als außerhalb.

Systeme können nach vorhersagbaren Regeln funktionieren, vollständig durchschaubar und steuerbar sein, wie der Motor eines Autos. In dem Fall handelt es sich um ein nicht lebendes System, eine triviale Maschine. Systeme können aber auch nicht trivial, lebend sein. Sie wandeln sich ständig und organisieren sich selbst. Es gibt unendliche Möglichkeiten für Systeme, sich zu verhalten. In eigener Dynamik, eigener Logik strukturieren sie sich und bringen damit Ordnung in die vielfältigen Möglichkeiten.

strukturelle Familientherapie

Frühe systemische Beratungskonzepte folgten dem kybernetischen Modell, in dem es im Wesentlichen um das Gleichgewicht des Systems, die Homöostase geht. Schlüsselbegriffe sind Ganzheit, Organisation und Struktur (Papp 1989). Das System ist dabei mehr als die Summe der es konstituierenden Personen. Es ist höchst komplex und kann in verschiedene Subsysteme (Elternsystem, Kindersystem, männliche, weibliche Mitglieder, Musikliebhaber, Sportler) untergliedert werden, deren Grenzen starr, klar oder diffus sein können. In strukturellen (Familien-) therapien werden Grenzen geklärt und Subsysteme gestärkt (Minuchin 1977).

B

Die Eltern kommen mit Peter und Hans in die Beratung. Peter hat Schwierigkeiten in der Schule. Seine Mutter übt täglich bis zu vier Stunden mit ihm, da schreibe er jedes Diktat nahezu fehlerfrei, aber am nächsten Tag in der Schule macht er 50 bis 60 Fehler. Angefangen hat das im 2. Schuljahr, als die Lehrerin wechselte. Peter habe sie nicht gemocht, das könne die Mutter verstehen, sie habe sie auch nicht gemocht. Sie rege sich über die schlechten Noten so auf, dass sie nicht mehr schlafen könne. Die Mutter ist bei diesen Worten in Tränen, Peter blickt betreten auf den Boden, der Vater wirkt unbeteiligt und Hans interessiert sich für den Spiegel. Der Vater sagt, er habe kaum Zeit, sich um Peter zu kümmern, da er seit zwei Jahren im Außendienst arbeite. Seine Frau nehme einfach alles zu ernst.

Peter wird unruhig, wenn seine Mutter von ihrer Überlastung, ihren Schuldgefühlen und ihrem Ärger über ihren Mann spricht, und entspannt sich, wenn die Mutter davon berichtet, dass sie sich freut, wenn er mal mit einem Vierer nach Hause kommt. Peter kann während des gesamten Gesprächs nicht auf Fragen antworten, ohne zuvor zu seiner Mutter geblickt und sich sozusagen die Erlaubnis zum Sprechen geholt zu haben. Meist kommt die Mutter ihm zuvor. Peter schläft unter der Woche im Bett seines Vaters und lässt sich von der Mutter wie ein Kleinkind verwöhnen. (Verkürzt nach Stierlin et al. 1990, S. 90ff)

Im Verlauf der Familienberatung wurde u. a. herausgearbeitet, dass Peter mit seiner Mutter in einer symbiotischen Beziehung lebt, in der die Generationsschranke verwischt ist, und die Mutter zunehmend ihre Bedürfnisse an Peter statt an den Vater richtet. Im Wiederherstellen und Stärken der Subsysteme „Eltern" und „Kinder" werden Grenzen und Struktur im System aufgebaut.

Funktion von Symptomen

Jede Person trägt zur Bildung des Systems bei, ist Glied seiner Ganzheit und bestrebt, das System im Gleichgewicht zu halten. Alles Verhalten der Mitglieder des Systems, auch das „unerwünschte", ein Symptom, eine Störung, hat eine Funktion im System. Diese systemerhaltende Funktion verleiht jeder Verhaltensweise einen Sinn. Jede Veränderung an einem Teil bringt das System aus dem Gleichgewicht, bewirkt Veränderungen im ganzen System, das zu einem neuen Gleichgewicht finden muss. Eine Vorstellung von „gut funktionierenden" Familiensystemen lässt manche funktional und andere dysfunktional erscheinen.

strategische Familientherapie

In den strategischeren Therapien der Palo-Alto-Gruppe um Bateson und Watzlawick und der Mailänder Gruppe um Selvini-Palazzoli werden Interventionen eingesetzt, die das System so verstören, aus der Balance bringen, dass ein neues Gleichgewicht entsteht.

B

Eine Familie stellt sich wegen des delinquenten Verhaltens des Sohnes vor. Der Vater hatte sich beruflich verändert und war über längere Zeiten außer Haus, ebenso wie die Geschwister, die auswärts studierten. Die Mutter war über längere Zeit mit dem Sohn allein und die beiden entwickelten eine ungewöhnlich enge und vertraute Beziehung. „Die Mutter hatte sich auf ein geruhsames Leben an der Seite ihres Mannes gefreut, wenn die Kinder erst erwachsen wären, und wandte sich nun bitter enttäuscht und trostsuchend dem Sohn zu. Eine gute Ehefrau beklagte sich ihrer Meinung nach niemals bei ihrem Mann, und sie war stolz darauf, ihn in all den Jahren immer von den Problemen der Kinder abgeschirmt zu haben.

Der Sohn, der ein feines Gespür dafür besaß, daß seine Mutter unglücklich war, versuchte sie aufzuheitern, indem er ihr nahe blieb. Als die Last zu schwer für ihn wurde, ließ er sich auf ungesetzliche Handlungen ein. Die Mutter nahm es auf sich, die Dinge für ihn wieder in Ordnung zu bringen, bis ihr die Schwierigkeiten über den Kopf wuchsen und sie ihren Mann zu Hilfe rief. Dieser ließ daraufhin alles stehen und liegen, kam nach Hause und las dem Sohn die Leviten, der sich daraufhin eine Zeitlang zusammenriß, bis das Ganze wieder von vorne anfing.

Der Therapeut erklärte der Familie, gegenwärtig sei es wohl notwendig, daß der Sohn sein Verhalten fortsetze, weil dies seine Art sei, den Vater nach Hause und an die Seite seiner Mutter zu holen. Die Mutter könne das nicht selbst tun, weil sie es für einen Verrat an ihrer Rolle als gute Ehefrau halte. Der Vater könne es von sich aus ebenfalls nicht tun, denn er sei nicht so wie sein Sohn auf die emotionale Antenne der Frau eingestimmt und vermöge daher nicht zu erspüren, wann sie sich einsam fühlte. Da die Eltern nicht imstande seien, das eheliche Problem zu lösen, müsse der Sohn dieses Geschäft mit seinem delinquenten Verhalten wohl auch weiterhin besorgen.

Selbstverständlich war diese Erklärung für alle Familienmitglieder unannehmbar. Die Mutter rief: ‚Aber das ist ja lächerlich! Warum sollte unser Sohn weiterhin Schwierigkeiten haben, um unsere Ehe zu retten?' Der Vater sagte: ‚Das habe ich ja nun bestimmt nicht nötig, daß mein Sohn mir meine Angelegenheiten mit meiner Frau abnimmt' und der Sohn wurde heftig: ‚Sollen sie selbst sehen, wie sie fertig werden. Warum sollten sie mich da reinziehen?'" (Papp 1989, S. 50f) ... und mit dieser Rebellion gegen die Verschreibung begann ein Umdenken in der Familie.

Der Berater nimmt eine neutrale Position der „Allparteilichkeit“ ein. Er generiert Hypothesen über die Beziehungen im System beispielsweise durch „zirkuläres Befragen“, bei dem jeweils ein Familienmitglied darüber befragt wird, was ein anderes über ein drittes denkt. Dabei kann er gleichzeitig die verbalen Antworten des Befragten und die nonverbalen Beiträge der anderen wahrnehmen (Burnham 1995) und für seine Hypothesenbildung nutzen.

Einige Interventionsstrategien

Joining: Der Therapeut/Berater wird Teil des Systems, wodurch bereits ein neues System und ein Arbeitsbündnis entstehen.

Zirkuläres Fragen: Eine Person wird danach befragt, was eine andere über eine dritte denkt, so dass die Wahrnehmung der Personen und unterschiedliche Perspektiven deutlich werden.

Reflecting Team: Zwei oder mehrere Therapeuten/Berater beobachten die Beratungssituation meist hinter einer Einwegscheibe, manchmal aber auch im selben Raum, anschließend vertreten sie konträre Hypothesen und diskutieren deren Sinn und Nutzen in Anwesenheit der Klienten, indem sie deren Konflikt polarisieren.

Reframing: Symptome, Probleme, Beziehungen werden im Sinne der Erhaltung des Gleichgewichts umgedeutet und damit in einen neuen „Rahmen" gebracht, einer Schulschwänzerin wird beispielsweise gesagt, sie solle noch seltener zur Schule gehen, denn damit tue sie nur Gutes für die Familie, weil sie sie damit zusammenhalte.

Hypothetisieren: Durch hypothetische Fragen werden die Funktionen von Problemen im System deutlich, beispielsweise wird gefragt: „Was würde passieren, wenn Anna nicht mehr ins Bett macht?"

Hausaufgaben: Klienten werden angewiesen, bis zur nächsten Sitzung bestimmte Aufgaben auszuführen, beispielsweise zu notieren, was sich möglichst nicht verändern soll.

Verordnung von Ritualen: Die Klienten sollen z.B. auf verschieden farbige Karten schreiben, was als Gewinn und was als Verlust in einer bestimmten Situation erlebt wird, diese können dann aufgehoben, verbrannt oder mit anderen besprochen werden.

Paradoxe Verschreibungen: Ein Mitglied des Systems, meist der „Symptomträger", wird aufgefordert, das Symptom zu verstärken, beispielsweise soll eine Person, die über Einschlafschwierigkeiten klagt, alles tun, um wach zu bleiben.

Familienskulpturen: Eines oder mehrere Mitglieder weisen die anderen an, sich so zueinander aufzustellen, wie die Beziehung untereinander wahrgenommen wird.

Ein kybernetisches System kann also durch einen Beobachter von außen betrachtet und durch geeignete Interventionsstrategien, die das System „verstören" und zu neuen Gleichgewichtsbestrebungen zwingen, von einem Ist- in einen Sollzustand gebracht werden.

Kybernetik 2. Ordnung

Ab etwa 1980 rückte der Beobachter als Teil des Systems in den Blick und die Prinzipien der Kybernetik wurden auf die Kybernetik selbst angewandt (Kybernetik 2. Ordnung; Schiepek 1999). Auch der Beobachter steht in einem systemischen Zusammenhang zu dem System, das er beobachtet, und verändert es dementsprechend bereits durch seine Beobachtung. Der Berater konstruiert seine Wahrnehmung seiner Klienten aus den Interaktionen und der Kommunikation innerhalb des Systems, dessen Teil er ist. Er weiß daher nie, „wie die Klienten wirklich sind", sondern kennt sie nur in seiner eigenen, individuellen Realität.

lebende Systeme

Lebende Systeme generieren ihre eigenen Gesetzmäßigkeiten autonom und organisieren sich in Autopoiese selbst. Die aktuelle Struktur bestimmt dabei die Grenzen, innerhalb derer sich das System strukturell verändern kann (Maturana/Varela 1987). Ein Berater als ebensolches System kann also weder bestimmend noch belehrend auf ein anderes System (den Ratsuchenden) einwirken. Er kann in „struktureller Koppelung" Strukturveränderungen nur auslösen (Maturana/Varela 1987), indem sich zwei oder mehrere Systeme so organisieren, dass sie sich gegenseitig und zueinander passend „verstören", so dass sie gemeinsam „driften" (Schlippe/Schweitzer 2003).

Systeme organisieren und strukturieren sich also in wechselseitigen Beziehungen, die in der systemischen Beratung stärker fokussiert werden als die individuellen Kennzeichen der einzelnen Mitglieder. Die Verhaltensweisen des einen sind immer durch die Verhaltensweisen des anderen mitbedingt, sie sind in ihrer Zirkularität gleichzeitig Ursache und Wirkung, Täter und Opfer (Bamberger 2001).

Kommunikationsmuster

Beziehungen innerhalb des Systems und in den Subsystemen werden durch die Kommunikationsmuster deutlich. Das System kann sich in solchen Mustern „festfahren", so dass die Flexibilität des Systems, die es für die Anpassung an wechselnde Umweltanforderungen braucht, gefährdet ist. Die zirkulären Abfolgen dieser Muster (Das Kind macht keine Hausaufgaben, weil die Mutter meckert, die Mutter meckert, weil das Kind keine Hausaufgaben macht.) und die Eigendynamik der komplexen Verhaltenweisen werden in der systemischen Beratung thematisiert.

Was in der Beratung vom Ratsuchenden aufgenommen und verarbeitet wird, hängt von den bereits konstruierten Vorerfahrungen ab. Bestimmte Informationen werden als systemkonform ausgewählt, „passen", und werden nach eigenen Gesetzen integriert und andere, die nicht „passen", werden nicht aufgenommen. Die Möglichkeit zur konstruktiven Veränderung trägt das System also allein in sich.

Problemsystem

Soziale Systeme entstehen in Kommunikation. Sie werden durch Sprache (verbal und nonverbal) koordiniert und können sich nicht außerhalb dieser symbolisch vermittelten Realität bewegen (Schiepek 1999). In den frühen systemischen Konzepten wurde automatisch davon ausgegangen, dass Familien ein „natürliches" System sind. Die Mitglieder einer Familie können sich jedoch selbst nicht als zum System gehörig definieren, von Problemen unterschiedlich oder gar nicht betroffen sein. Andererseits können Probleme über die Familie hinausgehen. Der weitere Kontext wie beispielsweise die Nachbarschaft im Wohnumfeld, kulturelle oder ethnische Zugehörigkeiten können an Problemen beteiligt sein und zu „Problemsystemen" werden. Das System schafft in dieser Auffassung nicht das Problem, sondern das Problem schafft das System mit allen Personen, die am Problem beteiligt sind und darüber kommunizieren (Anderson 1999; Armbruster 1998). Sobald das Problem an den Therapeuten herangetragen wird, ist auch er Mitglied des Problemsystems. Alle im „Problemsystem" haben an die Therapie im Allgemeinen und den Therapeuten im Besonderen ihre eigenen, problembezogenen Überzeugungen, Vorstellungen und Erwartungen (Anderson 1999).

Ein Mann äußerte seinem Hausarzt gegenüber, er sei in großer Sorge um seine Frau, die er als ‚deprimiert', ‚distanziert', ‚nicht mehr die alte' bezeichnete. Da der Ehemann der Meinung war, seine Frau sollte einen Therapeuten konsultieren, vermittelte ihm der Hausarzt einen solchen. Daraufhin berichtete der Mann seiner Frau von dem Gespräch mit dem Hausarzt und daß der Therapeut sich zu einer Konsultation bereit erklärt habe. Bei ihrem Besuch teilte die Frau dem Therapeuten mit, sie sei keineswegs begeistert, hier zu sein, sondern nur ihrem Mann zuliebe gekommen. Sie ließ ihn wissen, sie sei ungeachtet der Behauptungen ihres Mannes ganz und gar nicht deprimiert und brauche keine Therapie. Was das veränderte Verhalten betraf, das ihr Mann als Depression beschrieben hatte, lautete ihre Erklärung ganz anders: Sie sah es im Zusammenhang damit, daß ihr Engagement in einer Bürgerinitiative nicht ohne Einfluß auf sie geblieben war. Man kann sich gut vorstellen, was sie von dem Therapeuten erwartete, der sie nur aus der Sicht des Ehemannes und des Hausarztes kannte." (Anderson 1999, S. 103)

B

Die Frau ist in ein Netzwerk von Beziehungen verwickelt. Die Berichte über die Ehefrau stellen Erzählungen über diese Beziehungen dar. Sie nimmt nun an, dass der Therapeut, bei dem alle diese Erzählungen „ankommen", Vorannahmen über sie hat, die wiederum ihre Art, sich beim Therapeuten darzustellen, beeinflusst. Der Therapeut gibt dieser Frau zu verstehen, dass er eine „Geschichte" von **ihr** hören will (Anderson 1999).

Im Kontext von „Problemen" entwickeln sich charakteristische Muster, die die Interaktionen der Mitglieder des Systems prägen und einschränken (Anderson 1999). Dieselbe Person kann Teil eines Problemsystems sein, beispielsweise kann ein Lehrer Probleme mit der Schulleitung und den Kollegen haben, in einem anderen, beispielsweise in seinem Freundeskreis, jedoch „funktionieren" (Schlippe/Schweitzer 2003).

Ziel systemischer Beratung

Kommunikationsstrukturen im System aufzudecken, den Beteiligten die unterschiedlichen Bedeutungen, die die einzelnen Mitglieder des Systems den Phänomenen geben, deutlich zu machen und damit den Anstoß für eine Veränderung der Dynamik des Systems zu geben, ist Ziel der Beratung. In der systemischen Beratung sind daher die Zeitabstände zwischen den Terminen meist groß, um dem „angestoßenen" System die Möglichkeit zu geben, sich selbst neu und anders zu organisieren. Hargens (2004) definiert sogar jedes Beratungsgespräch als ein „Erstgespräch", weil im Sinne der Interpunktionsregel von Watzlawick (Watzlawick et al. 1967) Anfang und Ende jeweils subjektiv neu gesetzt werden und durch die Selbstorganisation des Systems sich zu jedem Zeitpunkt ein anderes System präsentiert.

Strukturelle Sicht fokussiert Struktur von Systemen und Subsystemen und versucht, Strukturen (wieder) aufzubauen.

Strategische Sicht setzt Strategien ein, die das System „verstören" und zu Neuorganisation anregen.

Dialogische Sicht sieht Systeme durch Probleme entstanden (Problemsystem), die in (sprachlicher) Kommunikation entstehen.

3.2.2 Lösungsorientierte Beratung

Perspektivenwechsel

Die lösungsorientierte Beratung, aus der „Kurztherapie" entstanden (Berg 1992; de Shazer 1989, 1990), bringt durch eine neue Sichtweise eine Wende in die Beratungskonzepte, indem sie den Blick weg von den Problemen hin zu den Lösungen richtet. Jedes System hat mehr oder weniger gut funktionierende Anteile, die dafür sorgen, dass es weiter bestehen kann. Aus lösungsorientierter Sicht können die gut funktionierenden Bereiche genutzt werden, um an Lösungen zu arbeiten. Sie können zeigen, unter welchen Bedingungen Probleme unproblematisch sind. Lösungen zu finden, ist aus dieser Sicht Erfolg versprechender, als Probleme zum Verschwinden bringen zu wollen (de Shazer 1990). Im lösungsorientierten Vorgehen wird danach gefragt, was und wie erfolgreich bewältigt wird, und nicht, was zu Misserfolgen führt (Berg 1992). Eine Standardfrage lautet daher: „Was ist **kein** Problem für Sie?" (Bamberger 2004). Die als „Wunderfrage" bezeichnete Intervention, die Insoo Kim Berg zuerst eingesetzt hat, gilt als eine der stärksten Interventionstechniken.

B

„Insoo Kim Berg, Lebenspartnerin und Mitarbeiterin von Steve de Shazer, war mit einer völlig verzweifelten Klientin im Beratungsgespräch. Diese erlebte sich durch verschiedene Probleme in ihrer gesamten Lebenswelt so eingeschränkt, deprimiert und perspektivlos, dass ein Weiterleben eigentlich keinen Sinn mehr machte. ‚Mir könnte nur ein Wunder helfen ...', war ihr resignatives Fazit. Insoo Kim Berg fühlte sich von dieser Aussage ,elektrisiert' und nutzte sie sofort, um einen lösungsorientierten Perspektivenwechsel zu eröffnen: ,Darf ich Ihnen eine etwas ungewöhnliche Frage stellen, die außerdem einiges Nachdenken erfordert? ... Nehmen Sie einmal an, dass eines Nachts, während Sie schlafen, tatsächlich so ein Wunder geschieht ... und alle Ihre Probleme sind verschwunden ... ganz einfach so. Aber das passiert, während Sie schlafen und deswegen wissen Sie gar nicht, dass dieses Wunder stattgefunden hat. Wenn Sie nun morgens aufwachen und Ihren Tag beginnen, **woran** werden Sie merken, dass ein Wunder geschehen ist? Was wird dann **anders** sein? Was werden Sie dann **anders** bzw. **anderes** tun?'" (Bamberger 2004, S. 738)

Prinzipien der lösungsorientierten Beratung

Selbstverständlich kommt nur jemand zur Beratung, der ein Problem hat. In diesem Problem steckt jedoch bereits das Ziel, denn ein Problem kann nur ein Problem sein, wenn eine Diskrepanz zwischen dem momentanen und einem gewünschten Zustand, dem Ziel, erlebt wird. Es geht also von Anfang an darum, eine Lösung des Problems zu konstruieren (Prinzip der Lösungsorientierung). Bei der Konstruktion der Lösung wird alles genutzt, was die Klienten mitbringen, was sie bereits in unproblematischen Bereichen nutzen und was sie als erfolgreich erleben (Prinzip der Utilisation). Ebenso wie die Lösung konstruiert wird, ist auch das Problem eine Konstruktion. Der Berater weiß, dass Konstruktionen auch umkonstruiert werden können (Prinzip der Konstruktivität) und kennt Techniken, solche Umkonstruktionen auszulösen und einen Veränderungsprozess in Gang zu setzen (Prinzip der Veränderung). Es geht nicht um eine völlige Neustrukturierung und die Lösung aller Probleme. Daher soll die Intervention sich auf das Minimum beschränken, das zum Anstoß einer Umorganisation nötig ist (Prinzip der Minimalintervention) (vgl. Bamberger 2004; Sickendiek et al. 2002).

Dietrich

Um den Prozess der Lösungsfindung in Gang zu setzen, braucht es nach de Shazer (1990) keine Detailkenntnis der Problemlage, die Intervention muss lediglich in dem Sinne „passen", dass durch sie neue Verhaltensmuster aufgerufen werden können. „Was gebraucht wird, ist ein Dietrich, nicht aber der eine und einzige Schüssel, der für ‚dieses' spezifische Schloß gefertigt worden ist." (de Shazer 1990, S. 163)

Durch hypothetische Fragen, beispielsweise die „Wunderfrage", Fragen danach, wann ein Problem ausnahmsweise gemeistert wurde, formelhafte Aufgaben, Komplimente, die den Blick auf die gelungenen Lösungen und Stärken lenken, Vorhersagen im Sinne von „was würde passieren, wenn …" oder der „Jokerauftrag" („Mach, was du willst, aber mach was anders") wirken als „Lösungs-Dietriche", indem den Klienten ihre Selbstregulationsmöglichkeiten deutlich werden.

Bevor die Klienten zu einem ersten Gespräch beim Berater erscheinen, haben sie über ihre Problemlage nachgedacht und den Entschluss gefasst, eine Lösung zu suchen. Allein dadurch ändert sich bereits die Problemsicht. Im Erstgespräch kann der Berater danach fragen, was sich seit der Anmeldung verändert hat, was diese Veränderungen ausmacht und wie sie empfunden werden. Dadurch wird manchmal im Sinne der Minimalintervention bereits so viel angestoßen, dass kein zweiter Termin mehr nötig ist. Nach Bamberger (2001) soll der lösungsorientierte Berater sein:

- Entwickler von Möglichkeitssinn: der Klient wird angestoßen, mögliche Handlungsalternativen zu sehen, aus denen er wählen kann,
- Aktivierer von Ressourcen: zieldienliche Anteile der Persönlichkeit werden hervorgehoben und dadurch bewusst gemacht,
- Ermutiger für den ersten Schritt: jeder Schritt kann den Anstoß zur Neuorganisation geben,
- Bewunderer von Autonomie: der Mensch ist aktiver Gestalter seiner eigenen Existenz,
- Supervisor für die Interaktion mit der Außenwelt: er moderiert die Entwicklung des Klienten oder gestaltet sie mit,
- Förderer von Normalität: er sieht Probleme als etwas Normales, als Impuls für Weiterentwicklung, und
- Unterstützer von Selbstwirksamkeit: durch seine Anstöße wird dem Klienten bewusst, dass er sich selbst regulieren und dieses und die folgenden Probleme selbst lösen kann.

3.2.3 Ressourcenorientierte Beratung

Eng verbunden mit der lösungsorientierten Beratung, aber stärker die internen und externen Ressourcen fokussierend, ist die ressourcenorientierte Beratung. Die Abkehr von psychotherapeutischen Schulen hin zu eigenen Beratungskonzepten wird in diesem Ansatz besonders deutlich (Nestmann 2004d).

Ressourcen

Ressourcen sind allgemein Mittel, die zur Verfügung stehen, eine bestimmte Aufgabe oder Anforderung zu lösen. Ressourcen im psychologischen Sinn sind Kraft- und Energiequellen, Kompetenzen, die erworben wurden, Lösungsstrategien, die eingesetzt werden können. Ressourcen bedeuten also ein positives Potential, das zur Befriedigung der Bedürfnisse einer Person dient. Stehen genügend Ressourcen zur Verfügung, entsteht die Überzeugung, sein Leben selbst kontrollieren zu können, sich ausreichend in der Welt zu orientieren und seinen Selbstwert hoch einzuschätzen. Fehlen entscheidende Ressourcen, entstehen Stress und Überforderung (siehe Abbildung 4).

Jeder Mensch hat Ressourcen, die er mehr oder weniger gut nutzen kann. Nestmann (2004d, S. 713) zufolge sind auch „im schwerstgeschädigten Individuum, in der defizitärsten Umwelt und in den gestörtesten Mensch-Umwelt-Interaktionen förderbare Ressourcen einer Entwicklung von Personen- und Umweltsystemen zu finden.“ Ob ein vorhandenes Potential als Ressource genutzt werden kann, ist nicht von ihrem objektiven Vorhandensein, sondern von der subjektiven Bewertung der Person abhängig.

interne Ressourcen

Interne Ressourcen sind im Laufe der individuellen Entwicklung erworbene, kognitive Überzeugungssysteme. Dazu gehören das Gefühl der Selbstwirksamkeit, also der Überzeugung, sein

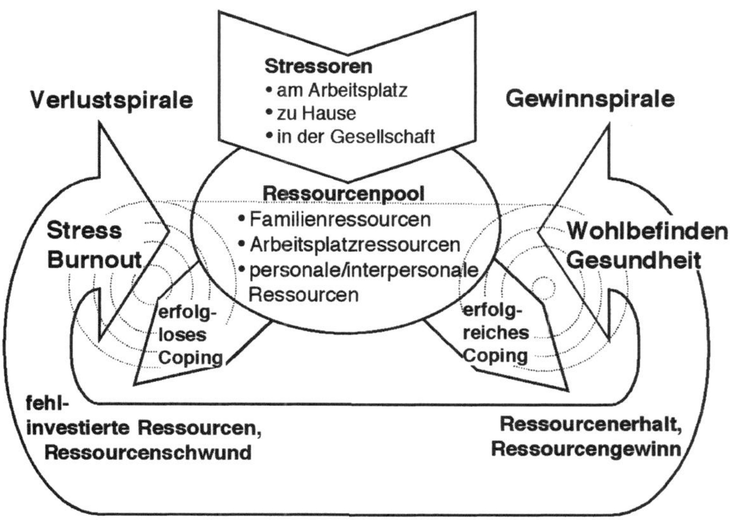

Abb. 4: Gewinn- und Verlustspirale (Buchwald/Hobfoll 2004, S. 225)

Schicksal selbst (mit)bestimmen zu können, in seiner Umwelt etwas bewirken zu können (Bandura 1977) und optimistisch auf die eigenen Stärken zu vertrauen.

Salutogenese

Antonovsky (1993) hat diese Merkmale in seinem Modell der Salutogenese verbunden, dessen Kernstück das Kohärenzgefühl ist (Bengel et al. 1998). Kohärenzgefühl wird verstanden als eine Grundhaltung, die Welt als sinnvoll und zusammenhängend zu erleben, die aus drei Komponenten besteht:

- dem Gefühl der Verstehbarkeit (Sense of comprehensibility), eine kognitive Komponente, die die Erwartung beschreibt, Umweltreize als geordnet, konsistent und strukturiert verarbeiten zu können,
- dem Gefühl der Handhabbarkeit (sense of manageability), eine emotional-kognitive Komponente, die das Vertrauen, Schwierigkeiten lösen zu können, kennzeichnet und
- dem Gefühl der Sinnhaftigkeit (sense of meaningfulness), eine motivationale Komponente, die die Überzeugung meint, dass die vom Leben gestellten Probleme es wert sind, für ihre Lösung Energie einzusetzen (vgl. Bengel et al. 1998).

Mit diesen Überzeugungen gehen Handlungsmuster, Bewältigungsstile, einher, die die Person-Umweltbezüge steuern und regulieren (Lenz 2003).

externe Ressourcen

Externe Ressourcen sind alle sozialen Bezüge wie Familie, Nachbarschaft, Freunde oder soziale Netzwerke, alle materiellen Güter wie Einkommen, Besitz oder Wohnung und kulturellen Mittel wie Bildung oder Ausbildung, die einer Person zur Verfügung stehen. Die Nutzung und Bewertung dieser externen Ressourcen hängt von den sozialen, emotionalen und intellektuellen Kompetenzen der Person ab, also den individuellen Handlungsressourcen (Lenz 2003). Besonders die externen Ressourcen sind nicht direkt kontrollierbar und auch nicht durch ihr bloßes Vorhandensein hilfreich (Pearson 1997). Verheiratet zu sein, wurde in den frühen Untersuchungen als Indikator für Unterstützung angesehen, im individuellen Fall kann der Ehepartner jedoch sogar eine Be- statt Entlastung sein. Großeltern in der Nähe zu haben, gilt als Unterstützungsressource, die Großmutter kann aber z. B. auch nicht bereit sein, das Enkelkind zu hüten, wenn die Tochter diese Hilfe benötigt. Hilfe anzufordern und anzunehmen ist immer auch mit psychischen Kosten verbunden, indem sich hilfsbedürftige Personen noch schwächer erleben oder Kompetenzen abgegeben werden müssen, was einen Verlust der Kontrollüberzeugung bedeuten kann und das Gefühl, den Helfern ausgeliefert zu sein. Es gilt also, die individuellen Unterstützungspräferenzen und -bedürfnisse der Klienten herauszuarbeiten und nach den Eigenarten der Personen zu fragen, die diese Unterstützung bereitstellen können (Pearson 1997).

In der ressourcenorientierten Beratung werden entweder vorhandene Ressourcen geweckt und/oder neu bewertet oder neue Ressourcen etabliert. Letztlich kann auch der Berater eine Ressource sein, auf die der Klient zurückgreifen kann.

Ressourcenerhalt

In den Konzepten Selbstwirksamkeit und Salutogenese wird deutlich, dass das Leben eines Menschen, seine Entwicklung, seine Lebensqualität, von diesen Ressourcen abhängig ist. Sie zu haben und vor allem zu erhalten ist daher (über)lebensnotwendig und ein wichtiges Handlungsmotiv des Menschen (Hobfoll 1988, 1989). Ressourcen können Gegenstände (Nahrungsmittel, Kleidung, Häuser usw.), Bedingungen (Status, Beruf, Staatsbürgerschaft, Ehe usw.) oder Energien (Geld, Zeit, Wissen usw.) sein, die Zugang zu anderen Ressourcen verschaffen. Wenn notwendige Ressourcen fehlen, vorhandene verloren gehen oder ihr Verlust befürchtet wird, werden Menschen anfällig für psychische Probleme, verletzlich, krank und erleben Stress. Dies gilt auch, wenn Ressourcen eingesetzt werden und der erhoffte Gewinn ausbleibt oder Ressourceneinsatz und erzielter Gewinn in einem Missverhältnis stehen.

Beratung bedeutet in diesem Konzept die Hilfe oder Unterstützung bei der Erweiterung oder gezielten Nutzung von vorhandenen Ressourcen (Nestmann 2004d). Klienten können unsicher sein, ob benötigte Ressourcen vorhanden oder ausreichend sind, eine Anforderungssituation zu bewältigen. Der Verlust von Ressourcen kann drohen oder gerade erfolgt sein. Menschen schaffen sich aktiv Ressourcenvorräte, die zur Alltagsbewältigung wichtig sind, auf die in Belastungs- und Stresssituationen zurückgegriffen werden kann und die zum Erwerb neuer Ressourcen eingesetzt werden können. Dabei gilt das „Matthiasprinzip" („Wer hat, dem wird gegeben"): Personen mit einem hohen Ressourcenkapital können auf dieser Grundlage mehr neue Ressourcen gewinnen und sind weniger von Ressourcenverlust bedroht. Bei geringen Reserven kann es oft nur um das Stoppen des Verlustes gehen, der letztlich die Existenz bedroht. Gerade der Ressourcenverlust erscheint als besonders bedrohlich (Hobfoll 1988).

B

Herr Müller verliert seine Arbeit. Mit der nun reichlich vorhandenen Freizeit kann er auch aufgrund akuten Geldmangels nicht viel anfangen. Er sitzt den ganzen Tag vor dem Fernseher und raucht und trinkt, um seinen „Frust" zu übertönen. Die Kinder, mit denen er früher nach der Arbeit gespielt hat, „nerven" ihn und reagieren mit „Aufsässigkeit" und Schulschwierigkeiten. Die Lehrerin erwartet, dass er das „abstellt". Seine Frau meckert, weil er ihr im Weg sitzt und nichts tut. Sie verlässt ihn. Der Haushalt wächst ihm über den Kopf. Bald hat er kein sauberes Hemd mehr im Schrank. Die Abzahlung für sein Haus kann er nicht mehr aufbringen, es wird unter Wert versteigert, er kann gerade die Hypotheken ablösen. Mit seinen früheren Kollegen hat er keinen Kontakt mehr, weil er nicht mehr „mitreden" kann. Wenn er sich irgendwo bewirbt, hat er nach dem langen „Nichtstun" keine Chance mehr, andere Bewerber werden eingestellt.

Ressourcenorientierte Beratung leugnet nicht Defizite oder Risiken, die Menschen belasten und bedrohen, sie setzt jedoch ein Gegengewicht durch das Aufzeigen von Stärken und Chancen, die ausgleichend und bewältigungsförderlich genutzt werden können. Allerdings wird das Aufzeigen von Stärken und Chancen immer schwieriger, je weiter die Verlustspirale sich nach unten gedreht hat. Es ist also wichtig, sie frühzeitig zu stoppen. Das Ressourcenkonzept versteht sich daher auch präventiv (Nestmann 2004d).

?

3.3 Übungsfragen zu Kapitel 3

23. Worauf richtet ein psychoanalytisch orientierter Berater seinen Blick?

24. Was sind die wichtigsten Faktoren in der personzentrierten Beratung?

25. Worauf richtet der kognitiv-behavioral orientierte Berater seine Aufmerksamkeit?

26. Nennen Sie einige kognitiv-behaviorale Techniken!

27. Was ist ein System?

28. Was ist eine dysfunktionale Familie?

29. Nennen Sie einige Strategien der Familientherapie!

30. Wie entsteht ein Problemsystem?

31. Worauf stützen lösungsorientierte Berater ihre Intervention?

32. Was sind Ressourcen?

4 Der Beratungsprozess

Die Themen dieses Kapitels sind alle mit dem Beratungsprozess zusammenhängenden Aspekte. Dazu gehört zunächst das Setting, also die organisatorischen, institutionellen Hintergründe von Beratungsstellen, ihre weltanschauliche Ausrichtung, die Ausstattung und ihr Ort sowie die konkrete Ausgestaltung der Beratungssituation. Diese Rahmenbedingungen wirken auf den Beratungsprozess förderlich oder hinderlich ein. Eine besondere Konstellation von Beratungen ist die Arbeit in Gruppen, in denen sich eine eigene Dynamik entwickelt. Mehr vom Beratungsanlass einer akuten Krise, eines Notfalls bestimmt, ist die Krisenintervention als Sonderform der Beratung.

Der Veränderungsprozess in jedem Setting lässt sich strukturieren nach erstem Kontakt, Problemdefinition und -bearbeitung und Beendigung der Beratungsbeziehung. Jede Phase hat ihre eigene Qualität und ihre „Stolperstellen".

Kompetente Beratung braucht prozessorientierte Diagnostik, um Hypothesen über Veränderungsmöglichkeiten zu bilden und den Erfolg von Interventionen zu überprüfen. Verhaltensbeobachtung ist dabei das entscheidende Mittel der Diagnostik. Schließlich werden allgemeine und spezifische Beratungstechniken vorgestellt.

4.1 Settings

Rahmenbedingungen

Informelle, gelegentliche Beratung kann überall dort stattfinden, wo zwei oder mehr Menschen aufeinander treffen, von denen einer glaubt, vom Informationsvorsprung des anderen profitieren zu können. Professionelle Beratung dagegen geschieht meist in eigens dafür eingerichteten Räumen, in räumlich-zeitlichen Settings. Erkenntnisse der Interaktions- und Kommunikationspsychologie spielen bei deren Arrangement eine ebenso wichtige Rolle wie die Erfahrungen der Berater und die Erfordernisse des Beratungszieles. Eng gefasst werden unter dem Begriff Setting allein die kommunikativen Bedingungen einer Beratungssituation verstanden. Theoriegeleitet und zielorientiert wird entschieden, ob eine Einzel-, Paar- oder Familienberatung oder die Teilnahme an einer Beratungsgruppe indiziert ist. Ein Berater kann allein oder im Team mit dem Klienten arbeiten. Wenn die Beratung im Team geschieht oder eine Gruppenberatung vorgesehen ist, kann die Gruppenzusammensetzung und Geschlechterkonstellation von Beratern und Klienten eine bedeutsame Variable für die Motivation, den Verlauf und den Erfolg der Beratung sein (Eckstein/Fröhlig 2000). Zum methodischen Setting gehört auch die Frage von Dauer und Frequenz der Beratungsgespräche. Beratung kann auch außerhalb von speziellen Beratungsstellen und dafür vorgesehenen Räumen in der täglichen Arbeit beispielsweise in der Sozialpädagogischen Familienhilfe (SPFH), der Frühförderung behinderter oder von Behinderung bedrohter Kinder oder der Betreuung psychisch kranker Menschen einen wesentlichen Teil der sozialpädagogischen Arbeit ausmachen.

In einem weiteren Verständis des Begriffs gehören die Ausstattung und die institutionelle Einbindung einer Beratungsstelle zum Setting. Das Setting eines Beratungsprozesses kann daher auf drei Ebenen betrachtet werden (Großmaß 2004a):

- auf der institutionellen Ebene, bei der es um die Zugehörigkeit zu einem Träger, die Finanzierung und die Zusammengehörigkeit mit anderen Organisationen geht,
- der sächlichen Ebene von Ort und Ausstattung der Beratungsstelle und
- der methodischen Ebene, der konkreten Ausgestaltung der Beratungssituation.

Weltbild

Träger von Beratungsstellen im psycho-sozialen Bereich der Familien-, Ehe- und Lebensberatung sind häufig die großen Kirchen. Sie transportieren ein bestimmtes Weltbild, das den weltanschaulichen Gesamtrahmen vorgibt, in dem sich die Beratung bewegen kann. Einzelne Berater oder Beratungsstellen sind dieser Weltanschauung verpflichtet. In der Regel bestätigen die Mitarbeiter bei ihrer Einstellung, die religiösen Leitgedanken des jeweiligen Trägers zu achten und sind meist auch verpflichtet, ihre persönliche Lebensführung nach diesen Werten und Normen zu gestalten. Grundsätzlich wird bei der Inanspruchnahme dieser Beratungsstellen zwar niemand wegen seiner Konfession abgewiesen, dennoch drückt sich die Haltung des Trägers atmosphärisch aus, was von den potentiellen Klienten wahrgenommen wird. Die weltanschauliche Grundhaltung spricht sie an oder stößt sie ab. Bestimmte Themen werden durch die konfessionelle Orientierung näher gelegt als andere, die möglicherweise aus dem gleichen Grund eher vermieden werden. Für die Auswahl oder Ablehnung einer Beratungsstelle reicht schon, dass der Klient dem Berater eine für ihn mit der Grundhaltung assoziierte Einstellung zu normativen Fragen unterstellt, die de facto gar nicht vorhanden sein muss. Allerdings ist bei kirchlichen oder von anderen Weltanschauungen getragenen Beratungsstellen dieser Hintergrund allein durch die Trägerschaft klar. Die impliziten Norm- und Wertvorstellungen von nicht explizit weltanschaulich gebundenen Beratern fließen ebenfalls in den Beratungsprozess ein, dann jedoch meist ohne dass sie dem Klienten klar und transparent sind (Dietzfelbinger et al. 2003).

Beratungsstellen, die Kliniken oder anderen medizinisch orientierten Großeinrichtungen angegliedert sind, etwa die Sozialpädiatrischen Zentren im Bereich der Frühförderung, Beratungsstellen der Gesundheitsfürsorge, der Abhängigen-Beratung, rekrutieren ihr Klientel wiederum aus medizinischen Bereichen. Häufig werden hier die Klienten von behandelnden Ärzten zugewiesen. Die Organisationsformen sind miteinander verbunden, man weiß um die Existenz der anderen Stellen und die medizinische Ausrichtung scheint eine bestimmte Arbeitsweise zu garantieren.

Frei beruflich arbeitende Berater sind eher ihrem eigenen Gewissen und den ethischen Richtlinien ihres Berufsstandes verpflichtet und brauchen bei ihrer Arbeit nicht eigene Maßstäbe mit denen des Trägers in Einklang zu halten. Demgegenüber ist dem Ratsuchenden jedoch nicht von vornherein deutlich, welche Ideologie der Berater möglicherweise vertritt. Eine institutionelle Einbindung in öffentliche Trägerschaften erweckt beim Ratsuchenden eher den Eindruck von Seriosität ungeachtet der Kompetenzen der einzelnen Mitarbeiter.

Normen und Werte

Beratungsangebote gleich welcher Trägerschaft haben immer auch eine gesellschaftliche Komponente, die gesellschaftliche Norm- und Wertvorstellungen, Vorstellungen von Gesundheit und Krankheit, Anpassung und Abweichung als Zielrichtung der Beratung definieren. Eine Drogenberatung macht nur Sinn, wenn Drogenkonsum von der Gesellschaft als Abweichung angesehen wird, vom Klienten selbst – oder im Fall von Abhängigkeiten meist vom näheren Umfeld, oft auch von Institutionen (Gericht, Jugendamt) – als Minderanpassung definiert wird. Schwangerenkonflikt-Beratung ist überwiegend unter den bestehenden gesetzlichen Voraussetzungen für einen Schwangerschaftsabbruch ein Beratungsanlass (Koschorke 2004). Nicht allein Familienberatung in sozialen Brennpunkten, Beratung von Familien mit Migrationshintergrund, Beratung von Frauen, die in Abhängigkeit und Gewalt leben, alle Beratungsanlässe enthalten implizit die Normen und Werte unserer Kultur, auch wenn für alle gültige Normen einer anzustrebenden Lebensführung heute Geschichte sind. Ohne das Erleben einer Diskrepanz zwischen der individuellen Situation und diesen Normen und Werten, sei es von den Betroffenen selbst oder von Beobachtern, wäre kein Beratungsanlass gegeben.

Beratungsort

Auf der Ebene von Ort und Ausstattung (Großmaß 2004a) ist ausschlaggebend, ob das Angebot einer Beratungsstelle von der Zielgruppe angenommen wird, wo Beratungsstellen oder -praxen angesiedelt sind. Der Ratsuchende muss eine innere Schwelle überschreiten, um ein Beratungsangebot anzunehmen, er hat einen „Leidensdruck". Er muss aber auch eine äußere Schwelle überschreiten, die durch die Zugänglichkeit der Beratungsstelle höher oder niedriger ist. Die Beratungsstelle sollte möglichst in dem Stadtteil liegen, in dem der Bedarf entsteht. Beispielsweise macht eine psycho-soziale Beratungsstelle für Personen und Familien mit Migrationshintergrund nur dort Sinn, wo sie bevorzugt wohnen. Andererseits können Beratungsstellen auch gemieden werden, wenn Klienten sich durch das Betreten des entsprechenden Hauses möglicherweise mit ihrer im Umfeld verschwiegenen Problematik „outen", wie dies bei Drogen- und Alkoholabhängigen-Beratungsstellen, bei psycho-sexuellen Beratungsstellen oder Schwangerenkonflikt-Beratungsstellen der Fall sein kann. Dann muss eine Beratungsstelle einerseits leicht auffindbar, andererseits aber dezent in ihrer äußeren Gestaltung sein.

Beratungen und Betreuungen, die eher von außen an die Betroffenen herangetragen werden, weil die Gesellschaft ein Interesse an einer Auflösung oder Verbesserung der Problemlage hat, wie im Rahmen der Jugendhilfe, der Familienhilfe, der Abhängigenberatung, der Betreuung psychisch kranker Menschen, erfolgen oft nicht in Beratungsstellen mit ihrer „Komm-Struktur", sondern in „Geh-Strukturen“, bei denen die Berater ihre Klientel aufsuchen.

Einrichtung und Ausstattung

Auch Einrichtung und Ausstattung einer Beratungsstelle hängen von der Zielgruppe und der Thematik ihres Angebotes ab. Zu prunkvoll eingerichtete Enterieurs schrecken manche Klienten ab, wenn sie es nicht gewohnt sind, sich in solchen Räumen zu bewegen, und ungepflegte, ärmliche und beengte Räume vermitteln den Eindruck fehlender Professionalität und Seriosität. Zur Wahrung der Vertraulichkeit muss es akustisch abgedichtete Räume geben, in denen ohne unfreiwillige Zuhörer gesprochen werden kann. Störungen durch Telefon oder andere Mitarbeiter während der Beratungsgespräche müssen unbedingt vermieden werden. Auch sollten Telefongespräche, die an der Rezeption geführt werden, nicht im gesamten Wartebereich mitzuhören sein.

telefonische Anmeldung

Viele Menschen haben eine Scheu vor Telefonaten mit fremden Personen, zumal wenn es um persönliche Probleme geht, die bei einer Anmeldung zur Beratung bereits ansatzweise offenbart werden müssen. Große und institutionell eingebundene Beratungsstellen haben oft zu den üblichen Geschäftszeiten erreichbare Mitarbeiter, die den ersten telefonischen Kontakt entgegennehmen. Hier hängt das Zustandekommen eines Beratungsbündnisses dann sehr von diesem ersten Kontakt ab. Daher sollten diese Mitarbeiter Fachkenntnisse haben und in der Gesprächsführung geschult sein. Freie Beratungsstellen laufen oft im „Einmannbetrieb“, bei dem ein Anrufbeantworter die Anfrage aufzeichnet oder ansagt, dass nur zu bestimmten Zeiten Anrufe entgegengenommen werden können. Dies kann unentschlossene und unsichere Ratsuchende manchmal bereits im Vorfeld abschrecken.

Atmosphäre und Stil

Der Stil und die Arbeitsweise einer Beratungsstelle werden auch sichtbar durch die Materialien, Informationsblätter, Plakate und Hinweise, die im öffentlichen Wartebereich ausgelegt und aufgehängt werden. Auch damit werden Einstellungen, die die Stelle prägen, vermittelt, die dem Klienten den Einstieg in eine bestimmte Beratungsstelle erleichtern oder erschweren können.

Hemmschwelle

Ort und Ausstattung einer Beratungsstelle oder -praxis bestimmen die Hemmschwelle mit, die der Klient überwinden muss, wenn er Beratung in Anspruch nehmen will. Niederschwellige Angebote sind oft im öffentlichen Raum angesiedelt und mit anderen Aktivitäten verbunden, beispielsweise Kursangebote oder Treffen für Mütter mit Kleinkindern zu Kaffee, Kuchen und

Spielen, um auf Angebote der Frühförderung aufmerksam zu machen und ihre Annahme zu erleichtern. In Teestuben für psychisch kranke Menschen oder in Jugendzentren können die Mitarbeiter Veränderungen bei den Personen wahrnehmen, Problemlagen ansprechen und Tipps für Hilfsangebote geben.

Ist die Schwelle in die Beratungsstelle hinein überschritten, tritt die institutionelle, örtliche und ausstattungsmäßige Attraktivität gegenüber der Beziehung zur Person des Beraters in den Hintergrund. Jetzt wird das, was üblicherweise als Setting bezeichnet wird, die individuelle Arbeit in der Kommunikation mit dem Klienten, bedeutsam.

Gewöhnlich geht man davon aus, dass eine Person einen Berater aufsucht, weil sie ein Problem hat, für dessen Lösung ihr nicht genügend Bewältigungsmöglichkeiten zur Verfügung stehen, oder weil sie der Orientierung für ihre Zukunftsplanung bedarf. Im Falle der Orientierung geht es oft um das Vermitteln von Informationen, Möglichkeiten und Rechten, bei denen die weltanschauliche Ausrichtung der Beratungsstelle deutlich wird und die Anlass zu weiteren Beratungen geben können.

Einzelberatung

Einzelberatung als klassische Form der Beratung bedeutet in der Vorstellung der meisten Klienten eine Zweierbeziehung zwischen Berater und Ratsuchendem. Der Berater ist ausschließlich für den Klienten und seine Problemlage zuständig. Dieser kann sich, wenn eine Vertrauensbasis hergestellt ist, dem Berater öffnen und auch Vertrautes, Peinliches und Schwieriges berichten. Einzelberatung ist indiziert, wenn dem Ratsuchenden seine Probleme oder Konflikte peinlich sind und/oder er fürchtet, Rollenerwartungen nicht zu entsprechen. Auch wenn gerade sozial-unsicheres Verhalten oder Beziehungsprobleme Thema sind, kann in der Einzelberatung ein Schonraum liegen. Einzelberatung ist auch dann günstiger, wenn ein Klient gezielt die Hilfe eines Experten zu einer speziellen Frage sucht (Sickendiek et al. 2002).

Einzelberatung in Gruppen

Einzelberatung kann jedoch auch in Gruppen geschehen und muss von Gruppenberatung unterschieden werden (Rechtien 2004a). Besonders Sachinformationen und Orientierungen können statt in Einzelgesprächen einer größeren Anzahl von Personen gleichzeitig vermittelt werden, beispielsweise als Ernährungsberatung, Beratung zum Umgang und zur Pflege von chronisch Kranken, von Aphasiepatienten oder behinderten Kindern. Dabei erhält der Einzelne in Anwesenheit anderer Personen seine Informationen. Zwar kann die Anwesenheit der anderen

Personen manche Teilnehmer möglicherweise daran hindern, Fragen zu stellen und damit seine Informationen individuell zu erweitern, grundsätzlich jedoch verändert die Anwesenheit der anderen Personen den Informationsfluss nicht wesentlich.

4.2 Beratung in Gruppen

Gruppe

Um bei einer Ansammlung von Menschen von einer Gruppe zu sprechen, müssen nach Rechtien (2004a) mehrere Merkmale erfüllt sein, die allerdings in verschiedenen Gruppen in ihrer Gewichtung variieren können. Die Anzahl der Personen ist relativ klein (drei bis 25 Personen). Sie stehen in unmittelbarem Kontakt zueinander, haben gemeinsame Ziele, Normen und Werte, befinden sich in verschiedenen aufeinander bezogenen Rollen, Funktionen und Positionen und die Zusammensetzung der Gruppe überdauert einen gewissen, nicht näher definierten Zeitraum. Das Geschehen in der Gruppe ist von ihrem jeweiligen Ziel beeinflusst. Gruppen, die von ihrem Auftrag bestimmt werden, eine Arbeitsleistung zu erbringen oder ein Produkt herzustellen, bezeichnet man häufig als Team. Sie gehen oft auseinander oder formieren sich neu, wenn der Auftrag erfüllt ist. Andere Gruppen sind stärker identitätsorientiert, indem ihre Mitglieder ein gemeinsames Interesse, Hobby oder eine Aktivität verfolgen.

informelle Gruppen

Informelle Gruppen bilden sich spontan aus Mitgliedern, die ein gleiches Interesse, einen gleichen Hintergrund haben, beispielsweise Hobbygruppen oder besonders unter Jugendlichen so genannte peer groups. Regeln werden in informellen Gruppen nicht ausgehandelt, sondern entstehen in stillschweigender Übereinkunft im Umgang miteinander. Besonders die informellen Gruppen lassen ein starkes „Wir-Gefühl" entstehen, mit dem sich die Gruppe nach außen abgrenzt. Die einzelnen Mitglieder identifizieren sich mit der Gruppe, verhalten sich den unausgesprochenen Normen konform und werden sanktioniert bis hin zum Ausschluss, wenn sie dagegen verstoßen.

formelle Gruppen

Formelle Gruppen, Vereine, Arbeitsteams, Klassen, haben festgelegte Regeln, die oft als Satzungen niedergelegt sind. Einzelne Mitglieder füllen dabei festgelegte Rollen aus (Leiter, Schriftwart, Kassenwart etc.).

Auch eine Familie ist eine Gruppe und könnte als „natürliche" Gruppe bezeichnet werden. Sie hat zwar die Merkmale einer informellen Gruppe, ihre Mitglieder wählen sich die Gruppe jedoch nicht aus.

Beratungsgruppen

Beratungsgruppen finden sich unter dem Interesse, gemeinsam Lösungen für meist ähnlich gelagerte Probleme zu finden, beispielsweise den Rückfall in den Alkoholkonsum zu vermeiden, Verlust einer geliebten Person zu verarbeiten, die Erkrankung eines Familienmitglieds zu bewältigen oder sich mit der Behinderung eines Kindes auseinander zu setzen. Bei diesen Gruppen geht es um die individuellen Probleme und Fragen der Mitglieder. Die Gruppe dient ihnen als Rückhalt. Es werden Lösungswege aufgezeigt, die andere bereits erfolgreich gegangen sind. Informationen können ausgetauscht werden. Die Gruppe hilft, das Gefühl, im gesamten Umfeld allein ein solches Problem zu haben, zu überwinden, und es können gemeinsam Lösungen für die Probleme einzelner Mitglieder gefunden werden. „Selbsterfahrungsgruppen“ (Encounter Groups) können auch ohne thematische Gebundenheit den Fokus auf das Erleben der eigenen Person legen, auf die Auseinandersetzung mit sich selbst und die Möglichkeit sich und andere in einem geschützten Rahmen besser kennen und verstehen zu lernen.

Gruppenberatung

Gruppenberatung findet meist in geschlossenen Gruppen statt. Sie werden zum Zweck der Beratung gegründet und bleiben über einen bestimmten Zeitraum erhalten. Ausscheidende Mitglieder werden nicht ersetzt. Form und Inhalt der Zusammenarbeit werden durch einige, wenige Regeln bestimmt. Wenn keine ausgesprochenen Regeln aufgestellt oder durch das Verhalten des Gruppenleiters vermittelt werden, kommt es nach einer Orientierungsphase zu einer „Machtkampfphase“, in der die Positionen, Regeln und Gruppennormen sich etablieren. Erst dann kann die eigentliche Gruppenarbeit beginnen (Eckstein/ Fröhlig 2000). Die Anzahl der Mitglieder liegt bei einer Gruppenberatung zwischen fünf und zehn Personen.

Rollen in der Gruppe

In jeder Gruppe gibt es Rollen, die besondere Erwartungen beinhalten und jeweils eine oder mehrere komplementäre Rollen implizieren. Ohne die komplementären Rollen kann eine Rolle nicht ausgefüllt werden. Ein Gruppenleiter braucht beispielsweise Gruppenmitglieder, um Leiter sein zu können. Neben den festgelegten Rollen kann es noch Quasi-Rollen geben, etwa wenn ein Gruppenmitglied durch permanentes Reden die Gruppe bestimmt. Dies kann er aber nur, wenn die anderen Mitglieder ihn reden lassen. Ein „Sündenbock“ braucht Gruppenmitglieder, die ihm die „Sünden“ zuschreiben, ein „Widersacher“ Personen oder Sachverhalte, denen er sich widersetzen kann, ein „Außenseiter“ Mitglieder, die ihn nicht akzeptieren.

Die Rollenstrukturen innerhalb der Gruppe zu erkennen und zu reflektieren, ist eine der Techniken der Gruppenberatung. Dies geschieht meist über das Herausarbeiten der Kommunikationsstrukturen, die sich im Gruppenprozess schnell ausbilden und stabilisieren. Dabei wird beachtet, wer mit wem kommuniziert, wer welche Informationen bekommt und welche Rollen die Mitglieder einnehmen.

Der Berater oder andere Gruppenmitglieder können als Lernmodelle genutzt werden. Festgefahrene, rigide Interaktionsmuster können erkannt und verändert werden, beispielsweise kann sich jemand immer angegriffen fühlen, sich nie festlegen, immer ausweichen oder immer dominieren wollen, was dann auch in der Gruppe deutlich wird und dort aufgegriffen werden kann.

Für eine Gruppenberatung spricht, dass psycho-soziale Probleme der Kommunikation und Interaktion auch im psycho-sozialen Rahmen gelöst werden sollen und emotionale Abhängigkeiten von einem Berater seltener sind als in der Einzelsituation.

4.3 Krisenintervention

normative und nicht normative Krisen

Kleinere und größere Krisen werden im Alltag häufig erlebt. Meist werden darunter negative Ereignisse verstanden, die die Person kurz- oder längerfristig beeinträchtigen. Krisen im psychologischen Sinn sind Ereignisse, die die bis dahin gewonnenen Handlungskompetenzen und -strategien in Frage stellen, die Person in einen Zustand von Belastung bringen, der sich deutlich von der Normalbefindlichkeit abhebt und sie zu einer grundlegenden Veränderung ihres Lebensplans nötigen (Keupp 2004). Krisen können normativ sein, im Lebenslauf zu erwartende Ereignisse wie Schuleintritt, Berufseintritt, Familiengründung oder Eintritt in das Rentenalter, bei denen eine Neuordnung der gewohnten Lebensführung nötig ist. Auf normative Krisen kann man sich bis zu einem gewissen Grad vorbereiten, weil man mit dem Eintritt des Ereignisses rechnen kann. Krisen können nicht normativ sein wie Trennung, Tod eines geliebten Menschen, Verlust des Arbeitsplatzes, existentielle Bedrohungen oder Eintritt von schweren Erkrankungen. Von diesen Ereignissen weiß man zwar, dass sie eintreten könnten, sie sind aber nicht kalkulierbar und nicht zwingend (vgl. Filipp 1995). Ereignisse werden zur Krise und als Stress erlebt, wenn vorhandene Ressourcen in einem Missverhältnis zu den Anforderungen stehen, für die die gewohnten Bewältigungsstrategien nicht ausreichen (Keupp 2004; Kunz et al. 2004; R. S. Lazarus 1995; R. Schwarzer 2000). Auch normative Krisen können daher individuell als Überforderung erlebt werden. Eine Krise kann jedoch auch eine Herausforderung sein, und ihre Bewältigung zur positiven Weiterentwicklung der Person beitragen.

Krisenerleben

Mit dem Krisenerleben verbunden sind eine plötzliche Verengung der Wahrnehmung, ein „Tunnelblick“, Angst, Unsicherheit und Verwirrtheit. Wertesysteme können ebenso zusammenbrechen wie Handlungs- und Problemlösefähigkeiten. Die Handlungsorganisation zerfällt, die Person ist in einem emotionalen Ausnahmezustand und beherrscht von Selbstzweifeln. Eine Krise erfasst damit praktisch alle Bereiche der Persönlichkeit (Kunz et al. 2004). Die Destabilisierung der Person kann in Abhängigkeit von der Art der Krise, den personalen und externen Ressourcen und den damit verbundenen Bewältigungsmöglichkeiten unterschiedlich lange dauern.

Krisenarbeit

Krisenarbeit ist präventiv in dem Sinne, dass sie die Person stabilisiert und die Gefahr von Suizid oder dauerhaften Störungen vermindert. In einer akut bedrohlichen Situation wird engmaschig und kurzfristig Einfluss von außen genommen, um die Entwicklung zu einer potentiellen Katastrophe aufzuhalten. Die akute Belastung wird reduziert durch Aufspüren verborgener Selbsthilfekräfte, Entlastung durch sofort wirksame Maßnahmen und direkt zugängliche Ressourcen, Aufzeigen anderer Perspektiven oder Kontaktknüpfen zu vertrauten Personen (Rupp 2004). Krisenarbeit ist daher zunächst konzentriert auf eine kurzfristige Hilfe und kann mit der Vermittlung in längerfristige Angebote enden. Um qualifiziert arbeiten zu können, braucht der Krisenberater daher den Überblick über entsprechende Stellen, an die er verweisen kann.

Herr W. wird von der Notschlafstelle überwiesen. Er klagt über Suizidgedanken in Verbindung mit einem seit drei Monaten zunehmenden Alkoholkonsum. Er sei durch Spielsucht hoch verschuldet, habe seine Arbeit verloren, seine Wohnungseinrichtung sei gepfändet, seine Frau habe ihn verlassen, seinen Sohn sehe er kaum. Niemand könne ihm helfen. Er habe von der Brücke springen wollen, aber es sei jemand vorbei gekommen.

Früher sei er Redakteur gewesen, jetzt wage er kaum noch, jemanden anzusprechen. Er schäme sich sehr für seinen sozialen Abstieg. ... Der Aufenthalt im „Obdachlosenasysl" habe ihn schwer gekränkt. Wegen seiner Suizidalität soll er stationär eingewiesen werden. Er bezweifelt, als Wohnungsloser dort aufgenommen zu werden. Mit dem Oberarzt, mit dem Sachbearbeiter des Sozialamtes und dem der Notschlafstelle wird die Versorgung während des Klinikaufenthaltes abgesichert. (nach Behnsen 2004 S. 164f)

Rahmenbedingung der Krisenintervention

Akute Krisen- oder Notfallintervention ist niedrig schwellig. Sie wird multiprofessionell von vielen Berufsgruppen, Psychologen, Pädagogen, Theologen, Sozialpädagogen, Rettungs- und Pflegekräften, geschulten Laien, häufig anonym, angeboten, beispielsweise in der Telefonseelsorge. Sie sollte rund um die Uhr erreichbar sein, besonders an Wochenenden und Feiertagen, wenn die Gefahr von krisenhaften Zuspitzungen im persönlichen Umfeld besonders hoch ist.

telefonische Krisenhilfe

In der telefonischen Krisenhilfe werden häufig geschulte Laien eingesetzt. Laien fehlt die Distanziertheit der Professionellen, sie werden vom Klienten eher als gleichberechtigt angesehen und sie pathologisieren nicht (Schürmann 2004).

Krisenintervention ist kurzzeitig, bis eine gewisse Stabilität für weitere Beratung oder Therapie gegeben ist. Es kann bei einmaligen Gesprächen bleiben, wie in der Telefonberatung üblich, es kann sich aber auch um mehrere Gespräche bis zur Stabilisierung des Klienten handeln. Oft wird der zentrale Hilfebedarf im Krisengespräch herausgearbeitet oder zur Inanspruchnahme weiterer Hilfen wird motiviert.

Ein wesentliches Merkmal der Krise ist das Erleben von Ausweglosigkeit und Hoffnungslosigkeit, von dem der Klient sich überwältigt fühlt. Der Krisenberater hört aktiv und teilnehmend zu und akzeptiert die Hoffnungslosigkeit des Klienten, stellt aber dem seine Zuversicht gegenüber und entwickelt so Erwartungen, dass sich die Situation verbessern kann, was als wesentlicher Wirkfaktor von Interventionen gilt (Schürmann 2004).

Krisenberatung

Krisenberatung im Unterschied zur Krisenintervention ist eher längerfristig und nähert sich den Merkmalen der Beratung. Krisen erscheinen dann nicht mehr als akut und existentiell bedrohliche Ereignisse, sondern als Folge von nicht normativen kritischen Lebensereignissen. Krisenberatung kann beispielsweise für Angehörige von chronisch oder unheilbar kranken Menschen, von Aphasikern, Demenzkranken und anderen, die Lebensentwürfe zerstörende Ereignissen eine wichtige Hilfe sein, wenn Informationen über den Zustand, den angemessenen Umgang mit den Angehörigen gegeben werden und auf die individuellen Ressourcen verwiesen wird.

4.4 Der Veränderungsprozess

Prozess

Veränderung geschieht meist nicht plötzlich „von heute auf morgen“, sondern bahnt sich in einem manchmal langwierigen Prozess an. Der Begriff „Prozess“ wird in der Literatur allerdings nicht einheitlich verwendet, wie McLeod (2004) ausführt: In einer sehr weit gefassten Definition ist jede Aktivität, die eine Veränderung beinhaltet, ein Prozess. Alles, was in der Beratung geschieht und Veränderungen auslöst, ist damit dem Beratungsprozess zuzuschreiben, auch wenn vieles unbeabsichtigt und unkontrolliert geschieht. Eine zweite, eingeschränktere Bedeutung bezieht sich auf den kontrollierten Einsatz der Mittel, mit denen beraterische Effekte erzielt werden sollen. Mehr den konstruktivistischen Theorien verhaftet, meint Prozess in einer weiteren Bedeutung die Veränderungsfähigkeit des Klienten selbst, die durch den Berater angestoßen wird. Mittel werden dann nicht kontrolliert eingesetzt, sondern in Co-Konstruktion mit dem Klienten entwickelt. Eine vierte Bedeutung schließlich meint den Prozess der Integration schwieriger Erfahrungen des Klienten in sein Selbstkonzept (McLeod 2004).

Der Beratungsprozess wird üblicherweise in Beginn, Mitte und Ende unterteilt: die Definition der Problemlage, die konstruktive Veränderung und das Erreichen des Beratungszieles.

telefonischer Erstkontakt

Der erste Kontakt zwischen Klienten und professionellem Berater findet meist bei einer telefonischen Anmeldung statt. Hier werden erste Weichen gestellt. Der anrufende Klient hat sich entschlossen, eine Beratung in Anspruch zu nehmen. Möglicherweise hat er eine Empfehlung von Freunden, Bekannten, seinem Arzt oder einer anderen Person seines Umfelds, möglicherweise hat er jedoch die Anschrift aus dem Branchen- oder einem Therapeutenverzeichnis und keinerlei Kenntnisse über den Berater.

Bei diesem ersten Kontakt muss geklärt werden, ob die Problematik des Anrufers in den Kompetenzbereich des Beraters fällt, wie dringlich das Anliegen ist, ob der Berater die dafür erforderliche Zeit hat und ob er dem Klienten ein Angebot machen kann. Um das zu entscheiden, braucht er inhaltliche Angaben vom Klienten über seine Problemlage. Andererseits kann er sich dem Klienten gegenüber nicht bereits an dieser Stelle mit einer Bewertung des Problems äußern, auch wenn der Klient das möglicherweise einfordert.

Die Arbeitsweise des Beraters sollte erklärt und die Gestaltung und zu erwartende Anzahl der Beratungstermine und – nicht zuletzt – die Frage der Kosten, die auf den Ratsuchenden zukommen, sollte angesprochen werden (Dryden/Feltham 1994). Viele Ratsuchende sind verunsichert, es hat sie möglicherweise Überwindung gekostet, in der Beratungsstelle anzurufen. Daher geraten sie häufig aus dem Konzept und vergessen nahe liegende Fragen. Der Ratsuchende braucht eine Entscheidungshilfe, ob das Angebot des Beraters für ihn passend ist, so dass der Berater wichtige Fragen der zukünftigen Arbeit möglicherweise selbst ansprechen muss.

erster Gesprächskontakt

Entscheiden sich Ratsuchender und Berater zu einem ersten Gesprächskontakt, so werden hier die Rahmenbedingungen noch einmal deutlich erläutert. Dazu gehört auch die Aufklärung über die Schweigepflicht und ihre Grenzen. Berater, die in Teams von Beratungsstellen arbeiten, tauschen sich häufig untereinander aus. Jeder Berater ist zur Supervision verpflichtet, will er gute Arbeit leisten. Dem Klienten sind solche Gepflogenheiten oft nicht bekannt, so dass er im Vorhinein über die Bedeutung von Supervision und das Ausmaß der Informationsweitergabe aufgeklärt werden sollte. Dann kann der Klient entscheiden, welche Informationen er geben will (Dryden/Feltham 1994).

Vertrauensbildung

Die Entscheidungsfreiheit des Klienten kann jedoch auch eingeschränkt sein. In der Sozialpädagogischen Familienhilfe beispielsweise, die meist im Auftrag von Jugendämtern arbeitet und aus öffentlichen Kassen bezahlt wird, kann der Familienhelfer in Konflikt geraten, weil einerseits das Vertrauen der Familie in den Helfer eine wichtige Voraussetzung für die Zusammenarbeit ist, andererseits die bewilligenden Stellen als Grundlage für ihre Entscheidung Informationen über die Notwendigkeit der Hilfe brauchen. Diese Konstellation muss bereits zu Anfang der Arbeit deutlich angesprochen werden.

Dem Klienten muss mitgeteilt werden, ob weitere Personen am Beratungsprozess beteiligt sein werden und das Einverständnis zu den heute üblichen Video- oder Tonbandaufzeichnungen muss erfragt werden. Es versteht sich von selbst, dass dabei auch die weitere Verwendung des Materials und seine Archivierung angesprochen werden müssen.

Für die Beurteilung der Motivation des Klienten, tatsächlich eine Veränderung herbeiführen zu wollen und sich auf ein Beratungsangebot einlassen zu können, ist wichtig, auf wessen Veranlassung der Berater aufgesucht wird, ob der Klient selbst den Beratungsbedarf sieht oder ob er von Familienmitgliedern, Ämtern oder Gerichten „geschickt“ wurde.

Vorstellungen des Klienten

In jedem Fall bringt der Klient mehr oder weniger zutreffende und klare Vorstellungen darüber mit, was in einer Beratung geschieht und was er von ihr erwartet. Manche Klienten sind „alte Hasen“, die bereits diverse Berater und Therapeuten kennen. Sie bewerten ihre Erfahrungen oft negativ, sonst würden sie nicht zu einem neuen Berater kommen, oder aber sie haben zu anderen Anlässen gute Erfahrungen gemacht und sehen die Inanspruchnahme von Beratungsangeboten als Chance zur Persönlichkeitsentwicklung. Manche Klienten suchen so lange nach neuen Beratern, bis sie einen finden, der ihre Einstellungen teilt und unterstützt. Dies ist häufig bei Lebensgestaltungen der Fall, die einer besonderen moralischen Bewertung der allgemeinen Bevölkerung unterliegen wie z.B. lesbische oder schwule Orientierung (McLeod 2004).

Welche Erfahrungen Klienten mit anderen Beratungsstellen gemacht haben, ist wichtig, um Hinweise auf Verhaltensmuster, Bewertungen und Erwartungen des Klienten zu erhalten, ihm möglicherweise auf eine andere Art zu begegnen, nicht aber, um zur „Kollegenschelte“ auszuholen. Viele Klienten haben nur diffuse Vorstellungen von dem, was sie in der Beratungssituation erwartet, dennoch haben sie Phantasien und auch Ängste entwickelt, die es anzusprechen gilt. Manche sind angesichts der Professionalität des Beraters und seines Umfelds eingeschüchtert und können ihre Vorstellungen nicht artikulieren. Manche Klienten erscheinen nach einem ersten Gespräch nicht wieder. Das kann auch daran liegen, dass sie nicht bekommen haben, was sie wünschten und brauchten. Jede dritte Beratungsbegegnung endet aus den unterschiedlichsten Gründen durch Nichterscheinen der Klienten (McLeod 2004).

Aushandeln von Zielen und Erwartungen

Im Erstkontakt ist es daher außerordentlich wichtig, Zielvorstellungen und Erwartungen des Klienten und Angebot des Beraters miteinander auszuhandeln. Möglicherweise steht am Ende des ersten Kontakts das Weiterverweisen an andere Stellen, die zur Lösung des vorliegenden Problems kompetenter sind, weil dort über das entsprechende Expertenwissen verfügt wird, beispielsweise in der Drogenberatung, bei psychiatrischen Erkrankungen oder bei Behinderungen. Manchmal ist der Rat zu einer Therapie erforderlich, weil die Problemlage mit einer Beratung nicht zu lösen ist.

Am Ende des Erstgesprächs sollte also eine klare Abmachung über die Bedingungen der Beratung, das Vorgehen des Beraters, die gemeinsam erarbeiteten Ziele, die Rahmenbedingungen und das Honorar stehen.

Problemdefinition und Arbeitsbündnis

Die Problemdefinition bestimmt den weiteren Verlauf des Beratungsprozesses und die gemeinsame Arbeit von Berater und Klient. Geht es darum, Orientierung für eine anstehende Entscheidung zu finden, wird der Berater gemeinsam mit dem Klienten erarbeiten, welche Hindernisse ihm die Entscheidung schwer machen oder ihr entgegenstehen und welche Wege mit welchen Vor- und Nachteilen gangbar sind. Der Berater hört aufmerksam zu und achtet dabei auf verdeckte Befürchtungen und Ängste, deren Wahrnehmung er dem Klienten vermitteln kann. Er hilft so, die Problemlage zu strukturieren und den Klienten die Lösung finden zu lassen.

Befindet sich der Ratsuchende in einer Lebenskrise, wird es darum gehen, vorhandene Ressourcen aufzudecken oder externe vorübergehend zu installieren, um damit Strategien zur Bewältigung der Krise verfügbar zu machen und die Chance zur Neuordnung, die in jeder Krise steckt, positiv zu nutzen.

Hat sich bis zur dritten Sitzung kein tragfähiges Arbeitsbündnis über Ziele, Aufgaben und Beziehung etablieren lassen, wird es sich meist auch nicht mehr entwickeln (McLeod 2004). Dann muss gemeinsam mit dem Klienten über einen Abbruch der Beratung oder einen Verweis an andere Berater nachgedacht werden.

Unabhängigkeit des Klienten

Das grundsätzliche Ziel einer jeden Beratung ist die „Hilfe zur Selbsthilfe“, die Fähigkeit des Klienten, sein Leben wieder selbst in die Hand nehmen zu können, zu stützen oder wieder aufzubauen. Daher ist es ungeachtet der Dauer des Beratungsprozesses wichtig, sich mit dessen Ende auseinander zu setzen, schließlich soll der Klient unabhängig vom Berater werden. Beratende Beziehungen haben etwas Vertrautes, weil viele intime Dinge zur Sprache kommen. Nicht nur der Klient kann sich an den Berater gewöhnen, sondern auch der Berater an seinen Klienten. Der Berater kann sich für den Klienten unentbehrlich machen und ihn so an sich binden. Daher sollte bereits am Anfang bestimmt werden, welche Veränderungen beim Klienten von Berater und Klient als Ende der Beratung interpretiert würden. In einer Beratungssituation können und müssen nicht alle Probleme des Klienten gelöst werden.

Ende des Beratungsprozesses

In der Endphase der Beratung geht es darum, die erarbeiteten Veränderungen der Situationsdefinition und Verhaltensmuster in den Alltag umzusetzen, das Erreichte aufrechtzuerhalten und Rückfällen vorzubeugen. Manchmal wird das Ende einer Beratung jedoch auch von außen gesetzt, weil eine Institution oder Beratungsstelle überlastet ist oder die Kosten nicht mehr abgedeckt sind.

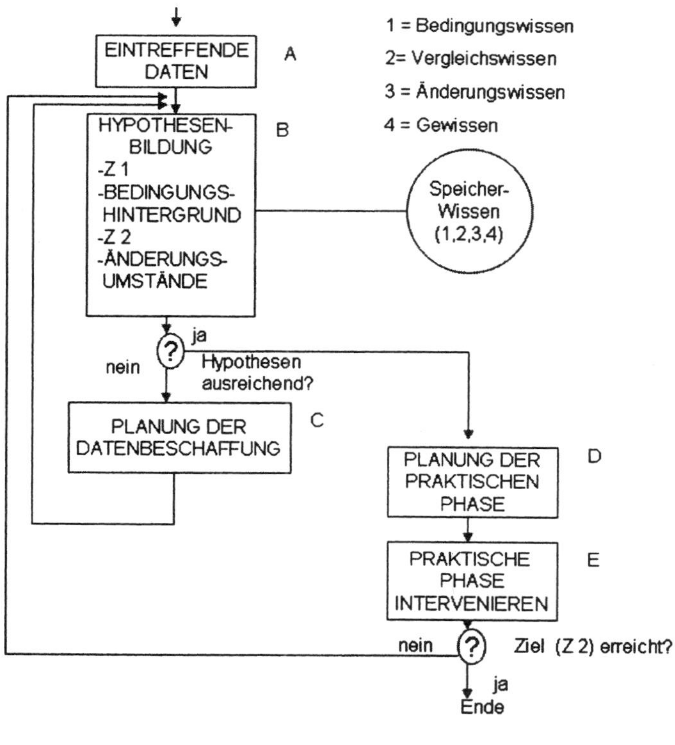

Abb. 5: Kaminskis Konzept der Beratungsplanung (Bürgi/Eberhart 2004, S. 82)

4.5 Diagnostik in der Beratung

Eine Beratungssituation ohne Diagnose des Problems, des Veränderungsprozesses, des Erfolges, der Ressourcennutzung, der Handlungskompetenzen des Klienten ist kaum vorstellbar, dennoch wird Diagnostik in Beratungskontexten selten explizit angesprochen. Viele Berater lehnen Diagnostik ab, die sie dann allerdings in einem sehr eingeschränkten Sinn von klinischer Zustandsdiagnose verstehen (Bürgi/Eberhart 2004; Laireiter 2000a). In der Therapie dagegen ist Diagnostik von nach ICD klassifizierbaren Störung von Krankheitswert unabdingbare Voraussetzung für die Kostenübernahme (Großmaß 2004b). Es existieren für die klinischen Diagnosen zahlreiche standardisierte Fragebögen, Ratingskalen und Testverfahren (Brähler et al. 2002; Klann et al. 2003). Aber auch in der professionellen Beratung diagnostiziert der Berater implizit oder explizit fortwährend, um hypothesengeleitet Entscheidungen im Beratungsprozess zu treffen (Steller/Dahle 2001).

Hypothesenbildung

Der Berater nimmt die vom Klienten ungeordnet und mehr oder weniger zufällig präsentierten Daten auf (siehe Abbildung 5). Er bildet daraus Hypothesen über den momentanen Zustand des Klienten, sein Zustandekommen und über die Lösungen des Problems, die Ziele der Beratung. Für diese Hypothesenbildung aktiviert er sein psychologisches Wissen über die Bedingungen psychischen Geschehens, er vergleicht die aktuelle Problematik des Klienten mit ihm bekannten Problemen und deren Lösungen einschließlich seiner Kenntnisse darüber, was Veränderungen bewirken kann. Darüber hinaus wird sein Wissen über Professionalität und ethische Haltung wirksam. Wenn er seine Hypothesen als ausreichend bewertet, plant er sein praktisches Vorgehen, interveniert und beendet den Prozess, wenn das Ziel erreicht ist. Bewertet er seine Hypothesen als nicht ausreichend für eine Intervention, plant er die Beschaffung weiterer Informationen.

Anamnese

Eine wichtige Informationsquelle zur Hypothesenbildung ist die biographische Anamnese, die Befragung zur Geschichte des Klienten. Je nach psychologischem Hintergrund und Verursachungshypothesen werden dabei unterschiedliche Informationen erfragt. So ist der Psychoanalytiker an frühkindlichen Konflikten interessiert, der Gesprächstherapeut an Inkongruenzen, der Verhaltenstherapeut an auslösenden und aufrechterhaltenden Bedingungen. In jedem Fall aber stellt der Klient sich selbst mit seinen alltagspsychologischen Erklärungsmustern dar, erzählt seine „Geschichte", wie sie für ihn logisch und sinnvoll ist und ihm Identität und Ordnung gibt. Im Konzept der „sozialpädagogisch-hermeneutischen Diagnosen" von Mollenhauer und Uhlendorff werden mit einem Interviewleitfaden die Lebens-, Entwicklungs- und Konfliktthemen des Klienten für die Jugendhilfe erfasst und gedeutet, um sie zur Veränderung zu nutzen (vgl. Krumenacker 2004).

Entscheidungsprozesse

Der Berater ist in einem ständigen Diagnose- und Entscheidungsprozess. Er muss entscheiden, ob der Klient beratungs- oder therapiebedürftig ist. Er muss den Beratungsanlass erkennen, entscheiden, ob sein Klient möglicherweise suizidgefährdet ist, die Problemlage dramatisiert oder herunterspielt. Implizit nutzt er sein Wissen über Kommunikations- und Interaktionsprozesse, um den Beratungsprozess an die Bedürfnisse seines Klienten anzupassen und in seinem Verlauf immer wieder zu revidieren. Er trifft Entscheidungen über die Art der Kommunikation, seine Wortwahl, seine Anpassung an die wahrgenommene Verständnis- und Belastungsfähigkeit seines Klienten. Er wählt seine Interventionsstrategien aus, beispielsweise ob er den Klienten konfrontieren kann oder schonen muss. Er erfasst, ob der Klient ehrlich ist, wichtige Dinge verschweigt, im Prozess vorankommt oder stagniert und schließlich muss er überprüfen, ob seine Intervention bzw. seine Beratung erfolgreich war. Am Ende des Beratungsprozesses steht eine evaluative Diagnostik, bei der die Ausgangslage mit der erreichten Veränderung verglichen wird. Alle diese Prozesse machen eine fortlaufende diagnostische Bewertung des Beratungsprozesses nötig, auch wenn keine standardisierten Diagnoseinstrumente angewendet werden.

Beobachterfehler

Das prominente Mittel dieser Diagnostik ist die Verhaltensbeobachtung des geschulten Beraters. Die Wahrnehmung und Beurteilung von Personen und Situationen, vor allem wenn sie unsystematisch geschieht, können jedoch so genannte Beobachtungsfehler beeinträchtigen. Beobachtungsfehler beruhen im Wesentlichen auf der Subjektivität der menschlichen Wahrnehmung, also ihrer Selektion, Organisation, Akzentuierung und Fixierung. Es können nicht alle Reize, die auf den Menschen eintreffen, aufgenommen und verarbeitet werden, bestimmte Reize werden ausgewählt, die wichtig, besonders stark, mit Erwartungen und Vorerfahrungen verbunden sind (Selektion). Menschen sind immer bestrebt, dem Wahrgenommenen einen Sinn zu verleihen, Reize in sinnvoller Ordnung zu organisieren, dabei auch Nicht-Vorhandenes zu ergänzen oder Störendes zu „übersehen" um eine geordnete Gestalt zu organisieren (Organisation).

Motive spielen eine Rolle, besonders Hervorstechendes, im Moment Bedeutsames wird hervorgehoben (Akzentuierung). So sieht man, wenn man Hunger hat, eher eine Bäckerei als ein Schuhgeschäft. Wenn einmal eine bestimmte Wahrnehmung einer Person zugeordnet wurde, neigt man dazu, diese Wahrnehmung immer wieder zu machen. Wenn man einmal einen Klienten als „unsicher" klassifiziert hat, wird man im Folgenden eher Unsicherheiten beim Klienten wahrnehmen, als Wahrnehmungen, die für Sicherheit sprechen (Fixation).

Diese Eigenarten der menschlichen Wahrnehmung dienen im Alltag einer schnellen und sicheren Orientierung, können jedoch im Beratungsgeschehen, die Einschätzung des Klienten verzerren und den Zugang zu ihm erschweren.

Einige Beobachtungsfehler

Vom Beobachter ausgehend:

- **Halo-Effekt:** Eine zentrale Eigenschaft strahlt auf andere aus.
- **Erster Eindruck:** Der erste Eindruck von einer Person bestimmt die weitere Wahrnehmung dieser Person, wird als „typisch" angesehen.
- **Mildefehler:** Man neigt dazu, sich extremer Bewertungen zu enthalten und Personen milde zu beurteilen.
- **Einstellungsfehler:** Die eigene Einstellung wirkt sich auf die Beobachtung und Interpretation aus. Eine sehr Ruhe bedürftige Person wird schon eine durchschnittliche Lautstärke als „Lärm" empfinden, ein sehr ordentlicher Mensch geringe Unordnung als „Durcheinander".
- **Projektion:** Eigene Eigenschaften oder Gefühle werden dem anderen unterstellt.
- **Splitter-Balken-Effekt:** Eine bei einem selbst nur geringfügig ausgeprägte, unangenehme Eigenschaft wird beim anderen als ungeheuer groß gesehen.
- **Logischer Fehler:** Bestimmte Merkmale werden als zusammengehörig betrachtet (Wer lügt, der stiehlt.).

- **Implizite Persönlichkeitstheorien:** Aus den Erfahrungen mit Menschen entsteht ein System von Überzeugungen darüber, wie Merkmale und Eigenschaften von Personen miteinander zusammenhängen.

Vom Beobachteten ausgehend:

- **Hawthorne-Effekt:** Allein die Tatsache, dass man beobachtet wird, führt zu einer Verbesserung/Veränderung des Verhaltens.
- **Soziale Erwünschtheit:** Man weiß, wie man sich der Norm entsprechend verhalten sollte und stellt sich normentsprechend dar.
- **Konformität in der Gruppe:** Innerhalb einer bestimmten Gruppe gibt es „ungeschriebene Gesetze", nach denen sich die Mitglieder so verhalten, wie sie es außerhalb der Gruppe nicht tun würden.
- **Beeinflussung durch Autoritäten:** Wenn Personen mit hohem Ansehen anwesend sind, verhält man sich mit den Normen und Werten konformer, als wenn keine Autoritätsperson anwesend ist. Kinder verhalten sich beispielsweise in Anwesenheit des Lehrers angepasster als ohne ihn.
- **Einstellung auf den Beobachter:** Man glaubt zu wissen, was der Berater sehen oder hören möchte, und verhält sich entsprechend.

Der Berater kann sich auch standardisierter Mittel bedienen, um die Problemlage, den Lebenskontext und die Leistungsfähigkeit seines Klienten zu erfassen. Dies wird bei der Schullaufbahnberatung oder der Berufsfindungsberatung unerlässlich sein, aber auch in der Drogenberatung macht eine standardisierte Erfassung der Problemlage über die subjektive Einschätzung des Klienten hinaus häufig Sinn.

Zusammenfassend kann man also drei Formen der Diagnostik im Beratungsprozess ableiten (Hofer/Papastefanou 1996): die treatment-vorbereitende, in der es um die Problemerfassung geht, die treatment-begleitende, mit der der Veränderungsprozess überwacht wird, und die treatment-abschließende Diagnostik, die die Feststellung der Zielerreichung und Übertragung in Alltagssituationen beinhaltet.

4.6 Techniken und Methoden

4.6.1 Konzeptübergreifende Techniken und Methoden

Auch wenn sich die Techniken und Methoden der Beratung im Wesentlichen aus den zugrunde liegenden psychologischen Erklärungsmustern und den dahinter liegenden Menschenbildern zum Zustandekommen von Problemen und Störungen spezifisch entwickelt haben, gibt es doch einige übergreifende Merkmale. Diese werden umso deutlicher je mehr Beratungswissen in eigenen, von therapeutischen Verfahren unabhängigen Konzepten entwickelt wird. Allerdings sollte man auch nicht dem Trugschluss unterliegen, dass das Erlernen und Beherrschen der Techniken und Methoden den „guten Berater" ausmacht und den Erfolg einer Beratung garantiert (Sickendiek et al. 2002).

Reaktionsmöglichkeiten des Beraters

Zu allererst ist der Berater ein aktiver Zuhörer, der dem Klienten durch Wohlwollen und Enthaltsamkeit von Bewertungen ermöglicht, seine Problemsicht darzustellen. Hill (1989 nach McLeod 2004) hat eine Liste verbaler Reaktionsmöglichkeiten des Beraters herausgearbeitet, die häufig eingesetzt werden und sich als hilfreich erwiesen haben:

- Die Zustimmung des Beraters zu den Ausführungen des Klienten bietet emotionale Unterstützung, Anerkennung und Verstärkung. Sie transportiert Verständnis und Sympathie und kann helfen, Ängste abzubauen.
- Der Berater gibt aus seiner fachlichen Expertise Informationen über die problematischen Sachverhalte. Er stellt damit Fakten und Ressourcen zur Verfügung, die der Klient zur Lösung seines Problems nutzen kann.
- Direkte Anleitungen in Form von „Hausaufgaben" oder „Verschreibungen" werden insbesondere in der lösungsorientierten Beratung gegeben, kommen aber auch in der Erziehungsberatung vor, wenn Erziehungsmittel diskutiert werden und dienen Veränderungsanstößen.
- Offene Fragen des Beraters ermöglichen dem Klienten, seine Sicht der Dinge in dem Zusammenhang, wie er ihn erlebt, und in seinen eigenen Erklärungsmustern darzulegen.

Techniken der Gesprächsführung

Für den Ablauf des konkreten Interaktionsprozesses bedeutsamer sind Techniken der Gesprächsführung:

- Bei der Paraphrasierung werden dem Klienten seine verbalen und nonverbalen Äußerungen gespiegelt, ohne dass sie gedeutet oder erweitert werden.
- Bei der Interpretation werden mögliche Ursachen, alternative Bedeutungszuschreibungen oder neue Grundlagen benannt, vom Klienten isoliert wahrgenommene Ereignisse neu miteinander verbunden oder heutige Erlebnisse mit früheren verknüpft.
- Bei der Konfrontation wird auf einen Widerspruch hingewiesen, ohne jedoch die Gründe dafür zu nennen. Dieser Widerspruch kann zwischen verbalen und nonverbalen Mitteilungen bestehen oder Worte und Verhaltensweisen des Klienten können nicht in Einklang sein. Der Klient kann zwei Ereignisse berichten, die nicht vereinbar sind, oder es kann eine Diskrepanz zwischen der Wahrnehmung des Klienten und der des Beraters bestehen (McLeod 2004).

Dass der Berater dem Klienten Informationen vorenthält, ergibt sich schon allein aus seiner professionellen Distanz, die ihm persönliche Bewertungen des Klientenverhaltens verbietet. Aber auch der Klient verbirgt selbstverständlich Gedanken, Gefühle und Absichten, er schweigt, wenn er befürchtet, missverstanden zu werden, wenn er glaubt, etwas sei irrelevant oder wenn ihm Dinge peinlich oder schmerzlich sind. Beide sind daher permanent auch damit beschäftigt, ihre nonverbalen Botschaften unter Kontrolle zu bekommen. Eine produktive Strategie den Beratungsprozess zu optimieren kann daher das Achten darauf, was nicht gesagt wird, sein (McLeod 2004).

common factors von Interventionenen

Grawe, Donati und Bernauer (1995) sehen in Therapie- und Beratungsprozessen vier Wirkfaktoren allgemeiner Art (common factors):

- Die aktive Hilfe des Beraters zur Problembewältigung vermittelt dem Klienten eine reale Erfahrung, dass seine Situation sich zum Positiven wenden kann.
- Die Klärungsarbeit lässt den Klienten sich selbst, seine Bedingungen und Motive erkennen.
- Die Aktualisierung des Problems lässt es im Hier und Jetzt erfahrbar, tatsächlich erlebt und aktuell bearbeitet werden.
- Das Arbeiten mit Potentialen und Stärken lässt eigene Kompetenzen spüren und Selbständigkeit lernen.

Beratung als sprachlicher Prozess

Beratung geschieht immer in Kommunikation, deren Regeln jeder Berater kennt und anwendet und die sich in den allgemeinen Techniken niederschlagen. Aber nicht nur der Berater bedient sich bestimmter sprachlicher Mittel, auch der Rat suchende Klient hat eine eigene Sprache, bedient sich bestimmter Begriffe, Metaphern und Erzählstrukturen, aus denen er seine Sicht der Dinge in „Geschichten" konstruiert. Beratung ist damit nicht nur ein kommunikativer, sondern auch ein explizit sprachlicher Prozess (Anderson 1999; Bürgi/Eberhart 2004; Engel/Sickendiek 2004; Mahoney 2003).

Wissen über die Welt kann auf zwei Arten erworben werden: Es können abstrakte Realitätsmodelle entworfen werden, wie das in der Wissenschaft üblich ist, und es kann durch Narration (Erzählen) ein Wissen entstehen, bei dem durch den Prozess des Erzählens dem eigenen Leben und der Welt ein Sinn gegeben wird. Im Zusammenspiel beider Wissensarten, den wissenschaftlichen Abstraktionen und den Alltagsgeschichten entsteht „wirkliches Wissen" über die Welt (Bruner 1990).

Geschichten

Geschichten (Narrationen) haben nach Gergen (1999) immer ein Ziel, etwas, das erklärt oder berichtet werden soll, das als „gut" oder „schlecht" bewertet werden kann. Von diesem Ziel her bestimmt sich, was für die Geschichte wichtig ist und was nicht. Das Ziel bestimmt auch die Ordnung, in der die Ereignisse berichtet werden. Meist ist das eine zeitliche Ordnung. Um aus einer Ansammlung von Ereignissen eine „Geschichte" werden zu lassen, werden auch Beziehungen zwischen den Ereignissen mitgeteilt.

B

„Stellen Sie sich als Zeugen eines Verbrechens vor und Sie befinden sich im Zeugenstand. Sie sollen beschreiben, was in der Nacht des 6. Juni geschah. Sie antworten: ‚Blau ... vier ... Schuh ... ich ... Haare' und verstummen dann. Sie werden wieder gefragt: ‚Nein, nein, nein ... hören Sie gut zu ... erzählen Sie mir genau, was wirklich passierte.' Sie wiederholen sich und machen das noch mal, während der Anwalt zunehmend ärgerlich wird. Schließlich brüllt der Richter: ‚Ich setze Sie wegen Missachtung des Gerichts fest!' (...) In der westlichen Tradition hat der Richter ganz Recht. In dieser Tradition muss man eine richtige Geschichte erzählen." (Gergen 1999, S. 68, Übersetzung S. N.)

Eine Geschichte besitzt eine dramatische Qualität, vermittelt Spannungen und Gefühle sowie Informationen über den Erzähler, sie hat eine Moral und eine Aussage (McLeod 2004). Der Klient wählt bestimmte Ereignisse seines Lebens aus, erzählt sie in Geschichten, die immer wiederholt werden, und lässt andere mögliche Geschichten aus (Schlippe/Schweitzer 2003). In den Geschichten seines Lebens, die der Klient erzählt – und wie er sie erzählt – wird seine Sicht der Welt und welche Bedeutung er den Ereignissen gibt, deutlich.

Worte sind Zauber

„In der analytischen Behandlung geht nichts anderes vor als ein Austausch von Worten zwischen dem Analysierten und dem Arzt. Der Patient spricht, erzählt von vergangenen Erlebnissen und gegenwärtigen Eindrücken, klagt, bekennt seine Wünsche und Gefühlsregungen. Der Arzt hört zu, sucht die Gedankengänge des Patienten zu dirigieren, mahnt, drängt seine Aufmerksamkeit nach gewissen Richtungen, gibt ihm Aufklärungen und beobachtet die Reaktion von Verständnis oder Ablehnung, welche er so beim Kranken hervorruft . . . Worte waren ursprünglich Zauber, und das Wort hat noch viel von seiner alten Zauberkraft bewahrt. Durch Worte kann ein Mensch den anderen selig machen oder zur Verzweiflung treiben, durch Worte überträgt der Lehrer sein Wissen auf die Schüler, durch Worte reißt der Redner die Versammlung der Zuhörer mit sich fort und bestimmt ihre Urteile und Entscheidungen. Worte rufen Affekte hervor und sind das allgemeine Mittel zur Beeinflussung der Menschen untereinander. Wir werden also die Verwendung der Worte in der Psychotherapie nicht geringschätzen und werden zufrieden sein, wenn wir Zuhörer der Worte sein können, die zwischen dem Analytiker und seinem Patienten gewechselt werden."
(Freud 1994, S. 15)

Umgang mit Geschichten

Wie mit diesen Geschichten umgegangen wird, ob sie analytisch genutzt werden, um unbewusste Beziehungsthemen zu verstehen (Luborsky et al. 1992), kognitiv-verhaltenstherapeutisch orientiert, um kognitive Schemata oder Strukturen zu spiegeln (Russell/van den Broek 1992), ob konstruktivistisch Metaphern eingesetzt werden, um lösungsorientiert Geschichten zu unterstützen (de Shazer 1989) oder ob Probleme von der Eigenschaft der Person weg nach außen verlagert (externalisiert), gleichsam personifiziert, dabei dekonstruiert und dann gemeinsam mit dem Berater neu konstruiert werden (Payne 2000; White/Epston 1990), hängt vom jeweiligen Konzept des Beraters ab. In jedem Fall ist Beratung ein sprachliches Ereignis, durch das im Dialog ein

Raum eröffnet wird, in dem in einer gemeinsamen Konstruktion Wissen und Erkenntnis entstehen (Anderson 1999; Engel/Sickendiek 2004; Parry/Doan 1994).

4.6.2 Konzeptspezifische Techniken und Methoden

analytische Techniken

Neben den allgemeinen Techniken und Methoden professioneller Beratung gibt es selbstverständlich auch solche, die in spezifischen Beratungskonzepten entstanden sind und dort ihre theoretische Einbettung finden. So sind mit der tiefenpsychologisch fundierten Beratung freie Assoziation, das Deuten von Übertragung, Widerstand und Abwehrmechanismen und die Traumarbeit unlöslich verbunden und erhalten aus dieser Theorie ihren Sinn.

Verhaltenstherapeutische Techniken

Aus verhaltenstheoretisch orientiertem Vorgehen stammt der Gedankenstopp, die Anweisung an sich selbst, störende Gedanken abzubrechen. In Imaginationstechniken stellt der Klient sich beispielsweise unangenehme Situationen vor und beschreibt die dabei auftretenden negativen Gedanken. Bei der Dreispaltenliste werden neben der Problemsituation auch die dabei auftretenden Gedanken und Gefühle protokolliert. (vgl. u.a. Borg-Laufs 2004; Kanfer et al. 1991; Nestmann 2004b).

gruppentherapeutische Techniken

Aus gruppenpsychotherapeutischen Verfahren wie u.a. Transaktionsanalyse (Berne 1967), Gestalttherapie (Perls et al. 1995) oder Psychodrama (Moreno 1959) stammen eine Vielzahl von Techniken. Die bekannteste und wohl am weitesten verbreitete ist das Rollenspiel, bei dem Konflikte eines Gruppenteilnehmers in verteilten Rollen gespielt werden, wobei der Teilnehmer meist die Perspektive wechselt und die Rolle seines Kontrahenten einnimmt. Beim Doppeln übernimmt ein „Doppelgänger" oder der Berater die Rolle des Hauptakteurs und zeigt so neue Aspekte auf. Aus der Gestalttherapie stammt der „leere Stuhl", auf den der Klient seinen Dialogpartner „setzt" und wechselweise seine eigene Perspektive und die des Partners einnimmt. Auf dem „heißen Stuhl" soll der Klient auf Empfindungen, Gefühle und deren Veränderung im aktuellen Kontakt mit dem Therapeuten (oder den Gruppenmitgliedern) achten, sich mit den Vorstellungen und Wünschen ausdrücklich identifizieren und sich dabei ihrer Bedeutung zunehmend bewusst werden (Perls 1974).

systemische Techniken

Aus der systemischen Familientherapie stammen das Erarbeiten von Genogrammen oder das Aufstellen von Familienskulpturen, um daraus in Mehrgenerationenperspektive die Dynamik einer Familie dem Klienten sichtbar werden zu lassen. Dies ist nicht zu verwechseln mit dem Familienaufstellen von Hellinger (1996), der in „Großevents" durch einmaliges Aufstellen einer Familie große Veränderungen herbeiführen will.

Heute werden in einer integrativen Orientierung, die durch das praktische Handeln bestimmt ist, Techniken aus verschiedenen Verfahren häufig kombiniert und schulen- und disziplinübergreifend eingesetzt (A. A. Lazarus 1995, 2000; Nestmann 1997; Sickendiek et al. 2002; Thompson 1996). Das kann dazu führen, dass mit einem Arsenal von Interventionsmöglichkeiten gearbeitet wird, die nicht mehr theoretisch eingebunden sind, unreflektiert im Sinne von Rezeptanweisungen angewendet werden und keine individuellen, kontrollierten und geplanten Interventionen mehr sind.

Gerade bei den einfach anmutenden und in ihrer Wirkung oft verblüffenden Techniken besteht die Gefahr, dass sie unseriös und potentiell schädlich von selbst ernannten Beratern als reine „Psychotechniken" eingesetzt werden, die bei geringem Aufwand hohe Erfolge bei Störungen aller Art versprechen.

4.7 Übungsfragen zu Kapitel 4

33. Welche Aspekte können beim „Setting" unterschieden werden?

34. Wann empfiehlt sich Einzelberatung?

35. Was ist eine Gruppe?

36. Wann empfiehlt sich Gruppenberatung?

37. Was ist eine Krise?

38. Worauf wird in der Krisenintervention die Aufmerksamkeit gelenkt?

39. Was muss beim Erstkontakt berücksichtigt werden?

40. In welche Phasen kann man den Beratungsprozess unterteilen?

41. Welche Rolle spielt Diagnostik im Beratungsprozess?

42. Was sind Beobachterfehler und warum ist es wichtig, sie zu kennen?

43. Was sind Techniken der Gesprächsführung?

44. Was sind „common factors"?

45. Was ist Narration und welche Bedeutung haben „Geschichten"?

46. Welche Gefahr besteht bei der allgemeinen Anwendung von konzeptspezifischen Techniken?

5 Die Beziehungsgestaltung

Die Beziehung zwischen Ratsuchendem und Berater ist die wichtigste Variable im Beratungsprozess. Die aus der personzentrierten Beratung übernommenen „Beratervariablen“ Empathie, Kongruenz und Akzeptanz sind dabei weniger Techniken als eine Grundhaltung, die der Berater einnimmt. In vielfältigen Untersuchungen haben sich sechs persönliche Kompetenzen des Beraters herauskristallisiert, die teils seine Haltung, teils seine Fertigkeiten betreffen.

Die Arbeit mit Menschen in schwierigen Lagen ist Kräfte zehrend und erfordert hohen persönlichen Einsatz, die Gefahr des „Burn-out“ besteht. Verschiedene Auffassungen von Burn-out und seine Prophylaxe sind Thema des zweiten Abschnittes dieses Kapitels.

5.1 Die helfende Beziehung

natürliche oder eingebettete Hilfebeziehungen

Die meisten Beratungen erfolgen in Alltagssituationen. Es ist ein Mythos, zu glauben, dass Menschen in Schwierigkeiten sofort professionelle Berater aufsuchen, die ihre Probleme lösen, damit sie anschließend glücklich weiterleben (Cowen 1982). Bevor eine professionelle Beratung aufgesucht wird, hat man meist im familiären Umkreis oder mit Freunden das Problem häufiger besprochen. Man hat sich an Personen gewendet, die wegen ihres beruflichen Ansehens ein gewisses Vertrauen genießen, wie beispielsweise Ärzte oder Pfarrer. Man sucht Menschen auf, von denen man weiß, dass sie ein ähnliches Problem hatten oder haben, um sich mit ihnen zu besprechen. Gewisse Problemlagen werden nur bestimmten Personen anvertraut. So werden Beziehungsprobleme von Frauen meist mit Freundinnen besprochen, Probleme am Arbeitsplatz mit Kollegen, finanzielle Schwierigkeiten hingegen werden oft nur im engsten Familienkreis offenbart. Solche Konstellationen werden als natürliche oder eingebettete Hilfebeziehungen bezeichnet und professionelle Beratungen werden meist nur dann als „letzter Ausweg“ angesehen, wenn diese Hilfen versagen oder fehlen (Nestmann 1988, 2004a).

Hilfen im engeren Nachbarschafts-, Freundes- oder Familienkreis bedeuten jedoch immer auch Kontrolle und Abhängigkeit des Hilfesuchenden. Häufig werden daher Personen um Rat gebeten, die entweder als „Generalisten“, als kontaktfreudig, ansprechbar und hilfsbereit gelten wie Friseure, Wirte, Taxifahrer (Cowen 1982; Nestmann 1988) oder die „Spezialisten“ sind, die sich durch spezifische Kenntnisse auszeichnen, weil sie ähnliche Probleme bereits bewältigt haben und dies bekannt ist (Nestmann 2004a).

Bestimmte Berufsgruppen im Kontext von pädagogischer, sozialer, psychologischer oder gesundheitlicher Arbeit wie Juristen, Mediziner oder Theologen haben halbformalisiertes Erfahrungs- und Fachwissen, das sie oft in Fortbildungen, Trainings, Selbsthilfegruppen oder Laienschulungen erwerben. Der Übergang zum formalisierten Beratungswissen und zur Beziehungsgestaltung der Berater in Beratungsstellen ist damit fließend (Nestmann 2004a).

Beratervariablen

In allen Untersuchungen zu Beratungsprozessen hat sich die Beratungsbeziehung als die aussagekräftigste Dimension erwiesen (Grawe et al. 1995; Hackney/Cormier 1998; Nestmann 2004b; Sander 1999; Sanders 2004). Ohne eine vertrauensvolle Beziehung zwischen Berater und Klienten ist Beratung schlechterdings unmöglich. Die heute allgemein akzeptierten und als Grundlage jeglicher Berater-Klient-Beziehung angesehenen Variablen sind die drei aus der klientzentrierten Beratung stammenden Dimensionen Empathie, das Einfühlen in die Welt des Klienten und die Übernahme seiner Perspektive, Kongruenz, die Echtheit und Authentizität des Beraters, und Akzeptanz, die Wertschätzung des Klienten als Person und die ihm entgegengebrachte Wärme (Rogers 1972, 1973). Wertschätzung als Person heißt jedoch nicht, alles gut zu heißen, was der Klient tut. Die „Beratervariablen“ werden nicht nur verbal, sondern vor allem auch nonverbal über Mimik, Körperhaltung und Blickverhalten ausgedrückt und vom Klienten verstanden (Hackney/Cormier 1998). Sie drücken eine innere Haltung des Beraters und keine Technik aus. Der Berater muss für den Klienten offen sein und bereit, ihn zu verstehen. Die Beziehung zwischen beiden muss in ihrer Asymmetrie und Rollenverteilung klar sein (Bürgi/Eberhart 2004).

Bei gleicher Ausbildung, Erfahrung und theoretischer Ausrichtung der Berater können erhebliche Unterschiede in der

Wirksamkeit der Beratung auftreten, die auf den Einfluss unterschiedlicher Persönlichkeitsmerkmale der Berater schließen lassen (McLeod 2004). Meist wird die Wirksamkeit des Vorgehens für Beratergruppen bestimmter theoretischer Ausrichtungen untersucht, aber selten wird der Berater selbst als Wirkvariable angesehen, obwohl ihm eine immense Bedeutung zukommt.

Beraterkompetenzen

McLeod (2004) führt sechs Kompetenzen auf, die ein Berater haben sollte und die er aus Forschungen zu Beratung und Therapie abgeleitet hat. Das sind

- **interpersonale Fertigkeiten:** Der Berater muss zuhören können, die Beratungssituation zeitlich strukturieren, Sprache und nonverbale Mittel angemessen einsetzen und geistig präsent sein.
- **persönliche Überzeugungen und Einstellungen:** Der Berater akzeptiert den Klienten als Person, glaubt an sein Veränderungspotential und ist sensibel gegenüber Werten, die vom Klienten vertreten werden.
- **konzeptionelle Fertigkeiten:** Der Berater kann die Probleme des Klienten einschätzen und verstehen, er kann beraterische Handlungen konzipieren, er hat Problemlösefertigkeiten und kognitive Flexibilität, um sich immer wieder neu auf den Klienten einzustellen.
- **persönliche Integrität:** Das Handeln des Beraters leiten keine persönlichen Motive und irrealen Überzeugungen, er kann sich gegen den Klienten abgrenzen, er hat das Selbstbewusstsein, starke und unangenehme Gefühle gegenüber dem Klienten zu tolerieren und er hat keine gesellschaftlichen Vorurteile. Ihm ist klar, dass er einmal selbst in die Situation des Klienten kommen könnte, er fühlt sich nicht als „absoluter Experten für alle Lebenslagen“, erhebt sich also nicht über den Klienten und seine Probleme.
- **Beherrschung beraterischer Techniken:** Der Berater hat Wissen über Techniken und ihre Einsatzmöglichkeiten, er kann die Effektivität seiner Interventionen einschätzen und hat ein ausreichendes Repertoire an Interventionsmöglichkeiten, das er angemessen einsetzt.
- **Fähigkeit, soziale Systeme zu verstehen und mit ihnen zu arbeiten:** Der Berater hat Kenntnis von Familien- und Arbeitsbeziehungen und er nimmt bestehende Netzwerke in seinem Arbeitsfeld und Supervision in Anspruch.

Dem Berater wird also neben professionellen Techniken und Haltungen, die er lernen kann, auch ein hohes Maß an persönlicher Stärke und Stabilität abverlangt.

5.2 Burn-out

fehlendes Feedback

Beratungsarbeit im psycho-sozialen Bereich ist immer auch Beziehungsarbeit, die vom Berater einen hohen Einsatz fordert, wenn er sich professionell verhalten will. Der Berater sieht seine Klienten überwiegend, wenn sie irritiert sind, sich hilflos oder zumindest orientierungslos fühlen. Manche kommen einfach nicht wieder, wenn sie meinen, dass sie ihr Problem nun alleine bewältigen können (McLeod 2004). Manche bleiben weg, weil ihnen der Berater oder die Art der Kommunikation mit ihm nicht zusagt. Der Berater bekommt oft kein Feedback, d. h. er erhält keine Rückmeldung zu seiner Arbeit oder erfährt nicht, warum Klienten nicht wiederkommen. Je nach seiner eigenen Persönlichkeitsstruktur kann er das Wegbleiben extern attribuieren („Der Klient war nicht fähig, mein Angebot anzunehmen.“) oder aber auch intern („Ich war unfähig, dem Klienten das richtige Angebot zu machen.“). Je häufiger er die Ursachen für das Wegbleiben von Klienten sich selbst zuschreibt, umso mehr beginnt er, an sich und seiner Arbeit zu zweifeln.

fehlende Erfolgskriterien

Im komplexen Beratungsgeschehen weiß der Berater meist nicht, was letztlich die Ursache ist für die Lösung eines Problems beim Klienten, weil Wirkfaktoren nicht genau zu bestimmen sind. Am Ende seiner Bemühungen steht kein fertiges Produkt. Der Architekt kann stolz mit seiner Frau spazieren gehen und sagen: „Da steht ein Haus, das habe ich gebaut!“ Der Berater wird nicht sagen: „Da geht der Fritz, dem habe ich geholfen!“ Ob das Beratungsziel erreicht ist, lässt sich nicht immer leicht erfassen, und ob die Beratung dem Klienten langfristig geholfen hat, bleibt unsicher.

schwierige Abgrenzung

Die gedankliche Abgrenzung von seiner Klientel fällt dem Berater oft schwer, er denkt auch außerhalb der Beratungszeiten über sie nach. Der Berater muss sich meist im Stundentakt auf immer neue Personen mit ihren individuellen Eigenarten und Problemen einstellen und sieht am Ende nur noch Menschen mit Problemen. Beratung bei Sterbenden und ihren Angehörigen, Kindesmisshandlungen oder -missbrauch, chronisch Erkrankten oder „verwaisten Eltern“ können starke emotionale Reaktionen beim Berater hervorrufen, gegen die er sich schützen muss. Er kann nicht mit jedem Patienten „mitsterben“.

Probleme der Beziehung

Manche Beratungen sind zäh, kosten viel Kraft und sind doch zum Scheitern verurteilt, wenn die Klienten „Beraterkiller“ sind. Sie können von einem Berater zum anderen wechseln, loben ihn anfangs hoch, um ihn tief fallen zu lassen, oder verharren in ihrer momentanen Situation und bewegen sich nicht. Die professionelle Haltung von Empathie, Kongruenz und Akzeptanz erfordert freundliches, geduldiges und respektvolles Verhalten, auch wenn der Klient dem Berater „auf die Nerven geht“.

unterschiedliche Problembewertung

Für den Klienten sind seine Probleme etwas ganz Besonderes, möglicherweise dramatisiert er sie, für den Berater sind sie jedoch Routine des Berufsalltags. Manchmal fällt es dem Berater schwer, das Problem überhaupt als solches zu sehen, zumal wenn er selbst glaubt, schwerer wiegende Probleme zu haben („Seine Probleme möchte ich haben!“). Dann wiederum kann der Helfer zu Überengagement neigen, wenn er im Problem des Klienten eigene Schwierigkeiten erkennt und sich mit ihm identifiziert.

mangelnde Interventionsmöglichkeiten

In manchen Beratungsfeldern, beispielsweise bei Abhängigkeit und Sucht, fehlen oft wirksame Einflussmöglichkeiten und die Abbruch- und Rückfallquoten sind hoch (Arend 1994). Berater und Therapeuten können sich verantwortlich fühlen und aus dem persönlichen Gleichgewicht geraten, besonders wenn die Güte einer Einrichtung am Erfolg, definiert als Abstinenz ihrer Patienten, bemessen wird (Fengler 1994). Auch eine Sozialpädagogische Familienhilfe kann deprimierend sein, wenn Familien „zumachen“, Hilfen nicht annehmen können, und der Familienhelfer schließlich dafür sorgen muss, dass Kinder aus ihrer Familie genommen und „fremduntergebracht“ werden. Die oft negative Einstellung der Bevölkerung zur Betreuung solcher „Sozialfälle“, Aussiedler, Asylbewerber oder anderer randständiger Personengruppen überträgt sich auch auf die Berater (Holyba/Pfeifer-Schaupp 1996).

Der „gute Klient“ verhält sich dem Berater angepasst, „arbeitet mit“, ist motiviert und vertraut darauf, dass der Berater ihm helfen wird. Der „böse Klient“ durchkreuzt Hilfeversuche, laugt den Berater aus, verlangt immer mehr, verschweigt Probleme und Handlungen oder täuscht welche vor (Ewald 1996; Maslach 1982). Leider hat der Berater meist nicht nur „gute Klienten“. Alle diese Merkmale „helfender Berufe“ können den Berater so belasten, dass er schließlich ein „Burn-out“ entwickelt.

Frau S., 38 Jahre alt, ist Mitarbeiterin in einer Drogenberatungsstelle. Sie hat ein „gutes Verhältnis" zu ihren Klienten. Diese kommen häufiger „zwischendurch" mal herein, weil sie immer ein offenes Ohr hat. Für manche setzt sie sich besonders ein, arrangiert therapeutische Angebote oder vermittelt ihnen leichte Jobs. Dort erscheinen die dann aber nicht oder legen sich nach kurzer Zeit mit dem Chef an, weil der tatsächlich verlangt, dass sie morgens pünktlich kommen. Frau S. fühlt sich für das Verhalten ihrer „Schützlinge" verantwortlich. Gerade diejenigen, für die sie sich am meisten einsetzt, kommen ohne Erklärung nicht wieder zur Beratung. Manchmal hat sie auch jemanden bei sich wohnen lassen, weil er gerade kein Dach über dem Kopf hatte. Nachdem sie mehrmals bestohlen wurde, tut sie das nicht mehr. Nachts kann sie oft nicht schlafen, dann „spuken" ihr die „schwierigsten Fälle" durch den Kopf und sie sucht nach Lösungen. Ihr Freund ist vor einigen Monaten ausgezogen, weil er fand, dass sie die Klienten wichtiger nehme als ihn. Das konnte sie nicht verstehen, weil die Klienten ihren Beistand doch nötig brauchen und ihr Freund auch gut alleine klar kommt. Abends trinkt sie seitdem ein bis zwei Gläser Wein, damit sie einschlafen kann. In letzter Zeit wird sie von Magenschmerzen geplagt, deren Ursache der Arzt nicht finden kann. Manchmal fängt sie plötzlich und bei geringsten Anlässen an zu weinen. Neulich hat eine Kollegin gefragt, ob sie mit ihr den Dienst tauschen wollte. Frau S. ist völlig „ausgeflippt" und hat die verdutzte Kollegin beschuldigt, sie auszulaugen und ihr keinen Feierabend zu gönnen. Schließlich muss sie sich morgens zwingen aufzustehen, weil ihr plötzlich alles sinnlos erscheint. Sie spürt manchmal heftigen Zorn auf die „Drogisten", vor dem sie selbst erschrickt. Frau S. hat ein massives Burn-out entwickelt.

Der zuerst von Freudenberger (1974) verwendete Begriff „Burnout" hat eine schnelle Verbreitung gefunden und ist längst nicht mehr beschränkt auf „helfende Berufe". In den letzten zwanzig Jahren des vergangenen Jahrhunderts war er fast ein Modebegriff, um den es heute etwas stiller geworden ist (Bauer et al. 2003). Allerdings waren belastende, krank machende Phänomene schon lange vorher bekannt und sind auch heute noch bedeutsam (Faust 1996), es handelt sich also nicht um eine mysteriöse Berufs- oder Modekrankheit (Enzmann/Kleiber 1989). Fehlzeiten durch „seelische Erkrankungen" liegen auf dem sechsten Rang des krankheitsbedingten Ausfalls von Personal (Jansen-Dittmer/Münker 1999a, 1999b). Burn-out-Betroffene, die sich „krankschreiben" lassen, haben in erster Linie körperliche und psychosomatische Symptome wie Schlafstörungen, funktionelle Herz-Kreislaufbeschwerden, unspezifische Magen-Darm-Beschwerden und chronische Schmerzen ohne Befund (Bauer et al. 2003). Mit Alkohol oder Medikamenten wird manchmal versucht, die entstandene Leere zu übertünchen. Suchterkrankungen werden dabei oft lange verheimlicht und bagatellisiert (Fengler 1994).

unterschiedliche Sichtweisen

Das Burn-out-Konzept ist nicht einheitlich und je nach Definition und Konzeption ist fraglich, ob es nicht durch andere, bereits bestehende Konzepte wie beispielsweise das transaktionale Stress-Konzept (R. S. Lazarus 1995) besser beschrieben werden kann (Ewald 1996). Grundsätzlich lassen sich grob drei Sichtweisen unterscheiden, in denen Burn-out verortet wird (Bauer et al. 2003; Burisch 1989; Ewald 1996; Marquard et al. 1993): ein individueller (Freudenberger 1974; Schmidbauer 1982), ein sozialer (Maslach 1982) und ein gesellschaftlicher Ansatz (Cherniss 1980). Daneben gibt es Versuche, die verschiedenen Ansätze zu integrieren (Aronson et al. 1989; Burisch 1989, 1994; Edelwich/Brodsky 1984; Enzmann/Kleiber 1989; Fengler 2002).

analytische Sicht

Der Psychoanalytiker Freudenberger (1974) sieht besonders die Personen als burnoutgefährdet, die mit hohen Idealen zu perfektionistisch an alle ihre Aufgaben herangehen, immer die besten Ergebnisse haben wollen, sich damit selbst überfordern, so dass Stress entsteht, der sie in ihren Motivationen, ihrer Einstellung und ihrem Verhalten beeinträchtigt. Kennzeichnend bei Freudenberger ist, dass die Betroffenen ihren Zustand verleugnen, so dass es einen (weiteren) Berater oder Therapeuten braucht, der ihn deutet. Freudenberger hat damit ein weit gehend individuelles Verursachungsmodell konzipiert, bei dem situative, soziale und organisatorische Bedingungen nur eine sehr untergeordnete Rolle spielen.

Helfersyndrom

Schmidbauer (1977, 1982) spricht von einem „Helfersyndrom“, wenn der „Helfer“, also der Berater, Therapeut oder Sozialarbeiter, aus den unbewussten Motiven des Verlangens nach Selbstbestätigung den Klienten von sich abhängig und sich selbst unentbehrlich macht, was ihn psychische Kraft kostet und zum Ausbrennen prädestiniert. Auch der Begriff „Helfersyndrom“ ist, ähnlich wie „Burn-out“, in die Alltagssprache übernommen worden und wird häufig als alltagspsychologisches Erklärungsmuster für aufopfernde Verhaltensweisen verwendet.

Helferberuf als Ursache

Maslach (1982) und Maslach und Jackson (1984) sehen insbesondere die Eigenarten des Helferberufes mit seinen besonderen Beziehungen als Ursache für die Entstehung eines Burn-out-Syndroms. Ihr Konzept besteht aus den in einer qualitativen Befragung empirisch gewonnenen Faktoren „emotionale Erschöpfung“, „Depersonalisierung“ und „herabgesetzte körperliche Leistungsfähigkeit“ als Reaktion auf die ständige emotionale Belastung von Menschen, die intensiv mit anderen Menschen mit Problemen und Schwierigkeiten arbeiten. Emotionale Erschöpfung meint einen affektiven Zustand von Mangel an Energie und von emotionaler Schwäche, der sich durch chronische Müdigkeit und Lustlosigkeit auszeichnet. Depersonalisierung beschreibt die zynische Haltung gegenüber anderen Menschen und die damit einhergehende (scheinbare) Gefühllosigkeit. Die reduzierte persönliche Leistungsfähigkeit drückt sich aus in der Tendenz, keine Erfolge mehr bei der Arbeit zu erleben und mit den Ergebnissen unzufrieden zu sein. Die Ausprägungsgrade der drei Dimensionen, die nicht unabhängig voneinander sind, und damit die Burn-out-Gefährdung, können mit einem von Maslach, Jackson und Leiter (1996) entwickelten Fragebogen ermittelt werden.

Arbeitsbedingungen als Ursache

Für Cherniss (1980) ist Burn-out in erster Linie eine Reaktion auf eine unerträgliche Arbeitssituation, die aus drei Phasen besteht. In einer Stressphase tritt ein Ungleichgewicht zwischen den eigenen Kräften und den Anforderungen ein, in einer Anspannungsphase (Strain) erfolgt eine emotionale Reaktion von Angst, Müdigkeit und Erschöpfung, in der dritten Phase dann als Bewältigung (defense coping) eine veränderte Einstellung und Haltung zum Klienten, die ihn distanziert-kalt, mechanisch oder zynisch mit ihm umgehen lässt.

Burn-out als symptomatische Reaktion

Trotz der unterschiedlichen Schwerpunkte in den Verursachungsannahmen wird Burn-out als eine symptomatische Reaktion beschrieben, die sich mit Erschöpfung, Energieverlust, sozialem Rückzug und reduziertem Engagement kennzeichnen lässt (Bauer et al. 2003). Als generelle Ursachen gelten eine hohe Belastung und Eintönigkeit bei der Arbeit, besonders wenn gleichzeitig wenig Einfluss auf den Arbeitsprozess und die Organisation genommen werden kann, eine geringe Sichtbarkeit und Anerkennung der eigenen Leistungen, die aber einen hohen psychischen Aufwand erfordern, und fehlende soziale Unterstützung durch Vorgesetzte und Kollegen (Aronson et al. 1989; Bauer et al. 2003; Cherniss 1980). Als weitere ursächliche Faktoren nennt Fengler (2002) einen hohen Anspruch an die eigene Leistung bei anfänglichem Enthusiasmus, wenn geeignete Erfolgsmaßstäbe fehlen, die Bezahlung demgegenüber gering ist und Aufstiegsmöglichkeiten begrenzt sind, die Finanzierung einer Einrichtung nicht gesichert und der Arbeitsplatz gefährdet ist. Allen Konzepten ist gemeinsam, dass Stresserleben als erste Ursache für die Entwicklung von Burn-out eine Rolle spielt, wobei insbesondere ein externer Locus of control, also eine geringe Selbstwirksamkeitserwartung, das Gefühl, nichts tun zu können, den äußeren Bedingungen ausgeliefert zu sein, seine Entstehung begünstigt.

In der Analyse einer Befragung von 207 Personen in sozialen Berufen konnten allein unrealistische Ansprüche Burn-out vorhersagen, nicht jedoch Begeisterung, Engagement oder Identifikation mit dem Beruf (Schmitz 1998). Das Schlagwort „Nur wer entflammt war, kann auch ausbrennen", scheint nicht zuzutreffen, zumindest ist die Bedeutung von anfänglichem Enthusiasmus umstritten (Bauer et al. 2003).

protektive Faktoren

Die Burn-out-Beschreibungen und Ursachenvermutungen der frühen Autoren richteten ihren pathogenetisch orientierten Blick auf Risikofaktoren, die beschrieben und aus denen Präventionsvorschläge abgeleitet wurden (Fengler 2002), die sehr allgemeine Maßnahmen der Psychohygiene und in Bezug auf Burn-out kaum empirisch abgesichert sind (Bauer et al. 2003). Man kann jedoch auch danach fragen, warum unter denselben Arbeitsbedingungen manche Personen ausbrennen und andere nicht. Dann geht der Blick weg von den Risikofaktoren hin zu den protektiven Faktoren, dem aus der Medizinsoziologie stammenden Konzept der Salutogenese (Antonovsky 1993), dem psychologischen Konzept der Ressourcenerhaltung (Buchwald/Hobfoll 2004; Hobfoll 1988, 1989) sowie dem aus der Entwicklungspsychologie kommenden Konzept der Resilienz (Rutter 2000; Werner 1992, 2000).

Resilienz

Resilienz wurde als Ergebnis der „Kauai-Längsschnitt-Studie", die 1955 auf der Hawaiianischen Insel begann, konzipiert. Werner (1992, 2000) fand, dass etwa ein Drittel der in dem Jahr unter ärmlichsten Verhältnissen geborenen Kinder trotz aller widriger Umstände zu starken Erwachsenen heranwuchsen und fragte sich, was sie stark machte, sie ein Kohärenzgefühl entwickeln ließ, und über welche entscheidenden Ressourcen sie verfügten, dass sie im Vergleich zu anderen Kindern schwer wiegende Lebensbelastungen so erfolgreich bewältigen konnten. Allgemein gelten eine vitale Konstitution, eine aktive Einstellung Probleme meistern zu können, also die Selbstwirksamkeitserwartung, soziale Unterstützung und materielle Ressourcen als Faktoren, die die Widerstandskraft ausmachen.

Die drei Konzepte Ressourcenerhalt, Salutogenese und Resilienz nähern sich also aus unterschiedlichen Disziplinen den die psychische Stabilität und Gesundheit schützenden und erhaltenden Faktoren.

Burn-out-Prophylaxe

Die Burn-out-Prophylaxe beginnt damit, dass dem Berater von Anfang an bewusst ist, dass die Gefahr des Ausbrennens besteht und dass er dieser in eigener Verantwortung begegnen muss. Die mit den gewohnheitsmäßigen Kontrollüberzeugungen verbundene subjektive Einschätzung von Belastungen spielt eine wichtige Rolle (Kernen 1997). Dazu gehört, dass der Berater auf der persönlichen, kollegialen und institutionellen Ebene Gefährdungen und eigene Ressourcen analysiert und Bewältigungsstrategien entwickelt (Aronson et al. 1989). Im Sinne der Ressourcenerhaltungstheorie (Buchwald/ Hobfoll 2004; Hobfoll 1988, 1989) kommt es auf individuelle, aktive und gemeinsame, prosoziale Copingstrategien an, um Ressourcen aufrechtzuerhalten und zu vermehren (Buchwald/ Hobfoll 2004). Nicht einzelne Belastungen führen zu einem Ressourcenabbau, sondern Kombinationen von als belastend erlebten Anforderungen (Kernen 1997). Auf der persönlichen Ebene können Abgrenzungsstrategien (Nein sagen, Gedankenstopp), Ordnungsstrategien (Tagebuchaufzeichnungen, Tagesresümee, Briefe) oder selbstwertdienliche Strategien (Hobbys, Selbstbelohnung, Selbstachtsamkeit) personale Ressourcen stärken und erhalten. Verlässliche private Beziehungen, besonders außerberufliche Kontakte und soziale Unterstützung, können als externe Ressourcen genutzt werden und sind ein starker Schutzfaktor (Kernen 1997). Rollenklärungen, Feedback, Regulierung von Nähe und Distanz schaffen ein positives Arbeitsklima im Team, das entlastend wirken kann. Insgesamt kommt es darauf an, durch psychohygienische Maßnahmen einen Ausgleich für die Widrigkeiten und Kräfte zehrenden Wirkungen beraterischer Tätigkeit zu finden und sich Selbstwert und Selbstwirksamkeit erhaltende Bereiche zu bewahren.

5.3 Übungsfragen zu Kapitel 5

47. Was sind die „Beratervariablen“?

48. In welchen Bereichen braucht der Berater Kompetenzen?

49. Was sind die Kennzeichen helfender Beziehungen?

50. Welche Konzepte von Burn-out werden diskutiert?

51. Was ist Resilienz?

52. Was kann man zur Burn-out-Prophylaxe tun?

6 Evaluation von Beratungskonzepten und Beratungsprozessen

Der Schutz der Klienten vor unqualifizierter und möglicherweise schädlicher Vorgehensweise erfordert, dass die Arbeit der Berater definierten Standards genügt. Kontrolle der Arbeit und Entwicklung von Konzepten geschieht auf verschiedenen Ebenen, die in diesem Kapitel erläutert werden.

Supervision ist nicht nur während der Ausbildung sondern beständig eine Möglichkeit, die eigene Arbeit zu kontrollieren und zu optimieren. Verschiedene Möglichkeiten der Supervision sichern die Qualität auf der persönlichen Ebene.

Beratungs- und Interventionsforschung betrifft ganze Konzepte und einzelne Interventionen. Dabei geht es um die Wirksamkeit und die wissenschaftliche Begründung und Evaluation. Beratungs- und Interventionsforschung sichert die Qualität auf der konzeptionellen Ebene.

Das Qualitätsmanagement geht über die einzelne Beratungsmethode hinaus und schließt organisatorische und institutionelle Elemente in die Bewertung mit ein. Evaluation der Interventionen ist ein Baustein davon. Qualitätsmanagement betrifft die institutionelle Ebene.

6.1 Supervision

Supervision

Supervision gilt als das prominente Mittel der Qualitätssicherung individueller, beraterischer Arbeit, obwohl für Supervision selbst kaum Standards der Bewertung formuliert sind (Petzold 1996) und ihre Wirkung bisher selten evaluiert ist (Beer/Gediga 1999). Supervision, ob freiwillig oder durch den Kostenträger dazu verpflichtet, gehört heute zur Professionalität in helfenden Berufen. Supervision ist die Beratung der Berater, eine Anleitung zur Selbstreflexion mit dem Ziel, den Berater so wirksam wie möglich bei seiner Arbeit zu unterstützen (McLeod 2004). Supervision geschieht in der Ausbildung, in der Weiterbildung und in der Beratung von Institutionen (Plessen/Kaatz 1985).

Ursprünge der Supervision

Supervision oder supervisionsähnliche Verfahren gibt es schon seit über hundert Jahren. Zunächst bedeutete der Begriff die sachlich-fachliche Kontrolle, Praxisanleitung und Aufsicht durch Vorgesetzte, die damit die Verantwortung für das Handeln der Mitarbeiter übernahmen. Sozialhelfer, zumeist ehrenamtlich arbeitend, wurden von professionellen Sozialarbeitern beaufsichtigt und angeleitet. Auch in Deutschland wurden Personen, die in der Fürsorge arbeiteten, in ihrer fachlichen Kompetenz durch Supervision geschult. Zunehmend kamen jedoch auch Beziehungsaspekte zwischen Helfer und Klienten und zwischen den Helfern untereinander in den Blick (H. Möller 2001).

In der Psychotherapie, die Anfang des 20. Jahrhunderts mit der Psychoanalyse sich auszubreiten begann, wurden Lehranalysen und Kontrollanalysen als Formen von Supervision Bestandteil der Ausbildung zum Psychoanalytiker und die einzige Möglichkeit, neben der theoretischen und inhaltlichen Ausbildung zu lernen, was praktische Arbeit in der Analyse ist. Der Lehranalytiker befand auch über die Eignung zum Analytiker, was allerdings heute weit gehend „demokratisiert" wurde (McLeod 2004).

Supervision in der Ausbildung

In praktisch allen seriösen Ausbildungen zum Therapeuten und in Aus- und Weiterbildungen zu Beratern gleich welcher theoretischen Ausrichtung werden heute erste Kontakte der Ausbildungsteilnehmer mit ihren Klienten überwacht.

So wird definiert:

Supervision

Supervision ist eine kontinuierliche Beziehung – zwischen einem organisatorisch Höherstehenden und einem Untergebenen – bzw. dem Supervisierendem und dem Supervisierten – in der von letzterem verlangt wird, ersterem über seine Arbeit Bericht zu erstatten, und der Supervisierende dem Supervisierten Richtlinien für seine Arbeit erteilt, denen dieser Folge zu leisten hat." (Kutzik 1977 nach Bernard 1998, S. 160)

oder etwas stärker den Lern- und Ausbildungsaspekt betonend

„Klinische Supervision ist eine fortlaufende Unterweisung, in der der eine – in der Rolle des Supervisierenden – dem anderen – in der Rolle des Supervisierten – dabei hilft, sich professionelles Verhalten anzueignen, indem er dessen Arbeit laufend kontrolliert." (Hart 1982 nach Bernard 1998, S. 160)

Schwerpunkte der Supervision

Je nach theoretischem Hintergrund und der damit verbundenen Auffassung von helfenden Beziehungen hat die Supervision unterschiedliche Schwerpunkte. In der psychodynamisch orientierten Supervision geht es um die Aufdeckung von Konflikten zwischen dem supervidierten Berater und seinen Klienten. Es wird dabei angenommen, dass diese sich in der Beziehung zwischen Supervisor und Supervisanden widerspiegeln.

In den in der Tradition der humanistischen Psychologie stehenden Beratungskonzepten stehen die Beziehung und Beziehungsgestaltung zwischen Supervisanden und Klient im Mittelpunkt, die sich in die aktuelle Supervisionssituation übertragen lassen. Das Erleben und persönliche Wachstum des supervidierten Beraters ist dabei ein weiterer wichtiger Aspekt.

Verhaltenstherapeutisch orientierte Supervision konzentriert sich mehr auf die Angemessenheit und Bewertung der vom Berater eingesetzten Techniken, um die angestrebte Verhaltensänderung des Klienten zu optimieren. Das Vorgehen in der Supervision ist damit stärker ergebnisorientiert.

Ziele der Supervision

Supervision lässt sich mit drei Zielen beschreiben: der Förderung einer persönlich emotionalen Entwicklung, dem Erlernen fach- und interaktionsbezogener Fertigkeiten und dem Erwerb einer kognitiven Handlungsstruktur für diese Fertigkeiten (Plessen/Kaatz 1985).

So definiert Fengler (1992, S. 175):

Supervision

„Supervision ist die psycho-soziale Beratung von – vorwiegend in helfenden Berufen tätigen – Personen, die die Klärung ihrer beruflichen Identität im Kontext von Klienten, Kollegen, Institutionen, Familie und Gesellschaft sowie die Bewahrung und Steigerung ihrer beruflichen Handlungskompetenzen anstreben."

Techniken des lehrenden Handelns

Auch wenn die Inhalte der Supervision sich je nach Ausrichtung stark unterscheiden, lassen sich nach Bernard (1998) verschiedene Techniken des lehrenden Handelns in der Supervision bestimmen:

- **Prozesstechniken:** Das beobachtbare Verhalten des Beraters, das durch freie Berichte, Protokolle, Tonband- oder Videoaufzeichnungen zur Verfügung steht, wird daraufhin betrachtet, wie die Regeln der Gesprächsführung und der Beratungstechniken umgesetzt werden. Der Supervisor gibt Feedback zum Vorgehen und macht eventuell Vorschläge, welche Techniken noch versucht werden könnten.
- **Konzeptionalisierungstechniken:** Diese verweisen darauf, wie das theoretische Konzept des Beraters umgesetzt wird, welche

Hypothesen er verfolgt, wie er sein Beratungsziel erreicht. Konzeptionalisierungstechniken sind verdeckt und bestimmen die Prozesstechniken. Der Supervisor fragt beispielsweise nach dem Zeck einer Frage oder einer Intervention, die der Berater eingesetzt hat.

- **Subjektivierungstechniken:** Hier geht es um die Trennung der eigene Reaktionen von denen des Klienten, den Umgang mit eigenen Emotionen. Beispielsweise kann der Berater gegenüber einem aggressiv oder fordernd auftretenden Klienten in eine Verteidigungshaltung geraten. Der Supervisor kann nach den von ihm wahrgenommenen Gefühlen des Beraters in dieser Situation fragen.
- **Professionelle Techniken:** Hier geht es um angemessenes Verhalten des Beraters, die Umsetzung der „Beratervariablen", seine Sprachwahl und seine nonverbalen Verhaltensweisen, das Erkennen der eigenen begrenzten Kompetenzen, den Umgang mit der Schweigepflicht, der Protokollierungspflicht u. Ä. Der Supervisor kann beispielsweise danach fragen, wie der Berater der Frage eines Lehrers zum Ergebnis der Beratung eines Schülers zu begegnen gedenkt.

In der Ausbildung überwiegt die Beurteilung dieser Techniken, die den Supervisionsprozess strukturieren und dem Berater helfen, sein theoretisches Wissen umzusetzen und sich Erfahrungen anzueignen, Stolperstellen und Fallen zu erkennen und professionell im Sinne seiner „Schule" zu handeln.

Beratung der Berater

Supervision ist aber nicht nur eine Verpflichtung in der Ausbildung zum Berater oder Therapeuten, sie wird auch von praktizierenden Beratern und Institutionen genutzt, ihre Arbeit zu begleiten, um sie zu unterstützen und zu verbessern, den Berater emotional abzusichern und Burn-out vorzubeugen. Supervision gibt dabei die Gelegenheit zum Feedback über die Arbeit des Beraters. Manchmal kann eine weitere Perspektive im Verständnis der Problemlage des Klienten und der Berater-Klient-Beziehung eröffnet werden. In der Supervision werden Vorgehen und Ergebnisse der Arbeit des Beraters diskutiert. Er kann Bestätigung für seine Bemühungen bekommen, die er trotz hohen Einsatzes vom Klienten oft nicht erhält. Insbesondere die Identifikation mit einem Klienten, die dem Berater selbst oft verborgen bleibt, Verstrickungen von Klienten- und eigenen Problemen oder Stagnationen in der Beratung können aufgedeckt werden. Unter dem

Aspekt des Managements werden in der Supervision die konkrete Arbeit und der Einsatz von Ressourcen geplant. Supervision als Form der Beratung von Beratern ist ebenso ein gemeinsamer Prozess wie die Beratung selbst (Hawkins/Shohet 2000).

Auf der Beziehungsebene werden nicht nur die Gefühle des Beraters gegenüber dem Klienten thematisiert, eine wichtige Rolle spielt auch die Beziehung zwischen Supervisor und Supervisanden, denn schließlich entwickelt auch der Supervisor Einstellungen, Haltungen und Emotionen gegenüber dem Supervisanden, die den Supervisionsprozess beeinflussen und daher angesprochen werden müssen (Hawkins/Shohet 2000).

Intervision

Von der Supervision mit einem Supervisor ist die Intervision in einer Gruppe von gleichrangigen Kollegen abzugrenzen. Die Berater supervidieren sich hierbei gegenseitig und regeln die Prozesse in der Supervisionsgruppe über den Konsens zwischen den Mitgliedern (Mutzeck 2004; Schlee/Mutzeck 1996a). Die Teilnahme an Intervisionsgruppen, meist Fallbesprechungen innerhalb einer Einrichtung, auch kollegiale Beratung, kollegiale Supervision (Schlee 2004; Schlee/Mutzeck 1996b) genannt, wird von den meisten Supervisions-Berufsverbänden und Einrichtungen vorgeschrieben.

Einzelsupervision

Nach dem Setting wird zwischen Einzel-, Gruppen- und Teamsupervision unterschieden. Bei der Einzelsupervision begegnen sich Berater und Supervisor allein. Dies ist häufig in der Ausbildung der Fall. Einzelsupervision hat eine deutliche Nähe zur Therapie, weil die Person des Beraters und Supervisanden mit ihren Stärken und Schwächen im Vordergrund steht (Fengler 1992; H. Möller 2001). Der Supervisand kann sicher sein, dass nur seine Themen zur Sprache kommen, mit denen er sich intensiv mit Hilfe des Supervisors auseinandersetzen kann. Biographische Aspekte des Supervisanden spielen dabei oft eine Rolle. In der Einzelsupervision können besonders schwierige Konflikt- oder Entscheidungssituationen des Beraters bearbeitet werden.

Gruppensupervision

Im Allgemeinen wird jedoch die Gruppensupervision bevorzugt. In einer Supervisionsgruppe finden sich Berater manchmal aus unterschiedlichen Disziplinen, meist aber aus denselben oder ähnlichen Beratungsfeldern zusammen, um die persönlichen, fachlichen und sozialen Handlungskompetenzen zu vertiefen und zu erweitern, um die Professionalität des beraterischen Handelns sicher zu stellen und Einsicht in Handlungszusammenhänge und Interpretations- und Bewertungsmuster zu gewinnen (Schlee/Mutzeck 1996b).

Supervision als Selbstkontrolle

In der Gruppensupervision ist nicht die individuelle Problematik des Supervisanden Thema, individuumbezogene Deutungen verbieten sich sogar (H. Möller 2001). Andererseits hat die Persönlichkeit des Beraters immer auch Einfluss auf seine berufliche Tätigkeit und jede gelungene Supervision bereichert die Supervisanden nicht nur professionell sondern auch persönlich. Die in der Supervisionsgruppe ablaufenden gruppendynamischen Prozesse, die Selbsterfahrung in der Gruppe, die Übertragung der Ambiguität (Mehrdeutigkeit) des Falles in die Gruppe, können die Perspektiven der Teilnehmer erweitern und neue Sichtweisen über den Fall, aber auch über sich selbst eröffnen. Supervision hat damit immer auch einen Kontrollaspekt, nicht nur in der Ausbildung. In Supervisionsgruppen geht es um Selbstkontrolle in einem geschützten Rahmen, in dem die eigene Arbeit reflektiert und kontrolliert werden kann.

Der Supervisor sorgt verstärkt für den Ablauf und wird in seiner inhaltlichen Arbeit durch die Gruppe unterstützt (Fengler 1992). Supervisionsgruppen sind meist klein, etwa sechs Personen, aber auch groß genug, um gruppendynamische Prozesse in Gang zu setzen. Supervisionsgruppen finden sich selbst und freiwillig zusammen, so dass Motivation, Engagement und das Sich-Öffnen der Teilnehmer erwartet werden können.

Teamsupervision

In der Teamsupervision steht, wie der Name bereits andeutet, die Supervision von Teams, die in einer Institution zusammenarbeiten, im Vordergrund. Supervision rückt damit in die Nähe von Organisationsberatung. Beispielsweise bilden die Mitarbeiter einer Wohngruppe für Menschen mit Behinderung von der Leitung über die Gruppenbetreuer, die psycho-sozialen Dienste, die Hilfen, die Zivildienstleistenden und Frauen und Männer im Sozialen Jahr ein Team, das gemeinsam für die Betreuung und Versorgung der Bewohner zuständig ist, also eine gemeinsame Aufgabe hat. In der Teamsupervision geht es nicht mehr um die Arbeit des Einzelnen, sondern um die Zusammenarbeit, um Konflikte, Störungen und Klärungen. Teamsupervision ist relativ spät entstanden, wird heute aber am meisten nachgefragt (Pühl 2004).

Man kann Teamfallsupervision, bei der es um die Beziehung zwischen Helfern und Klienten geht, von der Teamentwicklung, bei der es um Klärung der Zusammenarbeit und Aufgaben innerhalb des Teams geht, unterscheiden.

Teamentwicklung

Teamsupervision unter dem Aspekt der Teamentwicklung wird meist von der Leitung einer Einrichtung mit dem Ziel der

Verbesserung der Arbeitsqualität angeordnet und nicht immer von allen Mitgliedern des Teams gewünscht. Das Team muss sich auf einen Berater einigen, oft wird er aber auch von der Leitung benannt (Pühl 2004). Bei den Mitgliedern des Teams, vor allem, wenn sie die Supervision nicht selbst wünschten, können Ängste vor einer versteckten Therapie, vor Kontrolle durch die Leitung der Einrichtung oder Überwachung ihres Arbeitsverhaltens entstehen. Oft haben sie keine realistische Vorstellung davon, was Supervision bedeutet (Pühl 2004; Schlee 2004).

Zwischen dem Team, der Leitung der Einrichtung und dem Supervisor entsteht ein Dreieckskontrakt, der transparent gemacht werden muss. Wenn die Leitung nicht an der Teamsupervision teilnimmt, kann das eine größere Öffnung des Teams bedeuten, andererseits darf sich die Teamsupervision nicht zur subversiven Maßnahme gegen die Leitung entwickeln (Pühl 2004). Es muss also geklärt werden, welche Informationen an die Leitung weitergegeben werden müssen und welche innerhalb des Teams bleiben. Beer und Gediga (1999) fanden in ihrer Studie zur Supervision im Bereich der Sozialen Arbeit allerdings, dass institutionsbezogene Themen in den Supervisionsgruppen kaum angesprochen werden.

Teamfallsupervision

Bei der Teamfallsupervision, die in ihrer Arbeit den selbst organisierten Supervisionsgruppen ähnelt, erhält der meist externe Supervisor ein Bild von den Klienten, Bewohnern oder Patienten darüber, wie die Teilnehmer den Fall berichten. Er kann dann als nicht involvierter Berater eine Beziehungsanalyse in Gang setzen, indem die Teilnehmer die verschiedenen Sichtweisen hören, darauf achten, welche emotionalen Prozesse ausgelöst werden, und eine gemeinsame, veränderte Sichtweise entstehen lassen. Problematisch kann sein, dass einzelne betreute Klienten meist mehreren Teammitgliedern bekannt sind, sie sich außerhalb der Supervision bereits ausgetauscht und eine gemeinsame Fallsicht konstruiert haben können. Die institutionelle Einbindung kann darüber hinaus zu einer gemeinsamen Problemsicht führen, die in der Teamfallarbeit manchmal schwer aufzulösen ist.

Supervision ist also in allen Bereichen (siehe Tabelle 3), in denen die Qualität der Beziehungen zwischen Menschen ein wesentliches Merkmal der Arbeit ist, ein Mittel, die Dynamik dieser Beziehungen zu betrachten und Distanz zu ihr zu schaffen, um so die Professionalität des Handelns zu gewährleisten.

Tab. 3: Supervision

Form der Supervision	Setting	Ziel	Zugehörigkeit
Lehrsupervision	Einzelsupervision	Überwachung in der Ausbildung	Bestandteil der Ausbildung
berufsbegleitende Supervision	Gruppe	Reflexion der Arbeit, Perspektivenerweiterung, Selbstkontrolle	selbst gewählt, aus unterschiedlichen Einrichtungen/Praxen/ Institutionen
Teamfallsupervision	Gruppe	Reflexion in einer Arbeitsgruppe, Perspektivenerweiterung, Selbstkontrolle	aus einer Einrichtung
Teamentwicklungs-supervision	Gruppe	Zusammenarbeit im Team	aus einer Einrichtung

6.2 Beratungs- und Interventionsforschung

Das Beratungsgeschehen ist ein höchst komplexer Vorgang. Verschiedene therapeutische Schulen haben die theoretischen Grundlagen und das Vorgehen in der Beratung stark beeinflusst, neuere Konzepte versuchen, die theoretischen Ausrichtungen zu integrieren, Beratung von der Therapie abzukoppeln und eigene Beratungstheorien zu entwickeln (Nestmann 2004a, 2004c, 2004d; Sickendiek et al. 2002). Forschung über Beratung scheint paradox zu sein, zeichnet sich der Beratungsprozess doch gerade durch die Beziehung zwischen Berater und Klient und die besondere Vertraulichkeit aus, die öffentlicher Forschung zuwiderlaufen. Aber gerade das macht Forschung nötig (McLeod 2004), eine „Rechtfertigungsforschung" (Kriz 2004), die die wissenschaftliche Anerkennung einzelner Verfahren garantiert und den professionellen Status verbessert. Wenn Beratung „wissenschaftlich" begründet, nicht beliebig in das Ermessen einzelner Berater gestellt ist und sich von gekonnter Alltagsberatung abhebt, muss sie sich wissenschaftlicher Überprüfung stellen. Unterschiedliche Wege zu Wissen über Konzepte und Wirkfaktoren zu kommen, können genutzt werden, auch Erfahrungswissen kann wichtige Erkenntnisse liefern. Allerdings muss ein Mindestmaß an Forschungskriterien erfüllt sein (Heiner 2004).

Wissenschaftliche Theorien bestehen aus aufeinander bezogenen Konzepten, die die beobachteten Phänomene beschreiben oder erklären sollen. Aus diesen Konzepten lassen sich spezifische Vorhersagen ableiten: Kausalitätsaussagen (wenn – dann) oder Zusammenhangsaussagen (je – desto). Diese Vorhersagen müssen eintreten bzw. dürfen nicht eintreten, wenn die Theorie stimmt. Die Aussagen müssen also einen Erklärungswert haben. Die Erklärungsmuster müssen kohärent, also widerspruchsfrei zusammenhängend, die Regeln der Logik einhaltend, sein. Dabei sollten die Erklärungen sparsam sein, in dem Sinne, dass möglichst wenig unbewiesene oder unbeweisbare Annahmen nötig sind („Gott hat die Welt in sieben Tagen erschaffen", ist zwar eine einfache Erklärung, enthält aber viele unbewiesene Annahmen, eine naturwissenschaftliche Evolutionstheorie ist komplexer, aber sparsamer mit ihren unbewiesenen Vorannahmen). Es darf keine Zirkelschlüsse geben, das zu Erklärende darf also nicht gleichzeitig Voraussetzung für die Erklärung sein („Er hat kein Geld, weil er arm ist."). Zirkelschlüsse sind oft schwer zu erkennen, weil sie über mehrere Argumentverknüpfungen laufen können. Theoretische Aussagen müssen empirisch überprüfbar sein, also mit empirisch beobachtbaren Daten so verknüpft werden können, dass sie prinzipiell widerlegbar sind (Popper 1996). Die Aussagen müssen der „Wissenschaftsgemeinde" (scientific community) so zugänglich gemacht werden, dass sie von anderen Wissenschaftlern nachvollzogen werden können. Wissenschaftliche Theorien sind damit nicht statisch, sondern in ständiger Veränderung begriffen (Stanovich 1998).

Forschungsparadigmen

Die Überprüfung von Beratungskonzepten kann die Gesamtwirksamkeit des Konzeptes für die reale Lebenssituation der Klienten meinen (Effectiveness), die Wirksamkeit einzelner, unter sonst gleichen Bedingungen (Laborbedingungen) isolierter Faktoren (Efficacy) oder das Verhältnis von Aufwand und Erfolg (Efficiency). In jedem Fall sind Beobachtungen das Mittel jeglicher Datenerhebung. Forschungsmethoden unterscheiden sich in der Systematik und Kontrolle dieser Beobachtungen. Grundsätzlich kann man zwei Forschungsparadigmen unterscheiden:

- den humanistisch-geisteswissenschaftlich orientierten, ideographischen (individuell beschreibend und verstehend), die „Innenwelt" beschreibenden oder qualitativen Ansatz und
- den mehr am naturwissenschaftlich orientierten Verständnis, nomothetischen (allgemeingültige Gesetze formulierend), die „Außenwelt" erfassenden oder quantitativen Ansatz.

Beide Ansätze sind auch in der Interventionsforschung berechtigt, schließen sich nicht grundsätzlich gegenseitig aus und vermischen sich im praktischen Vorgehen.

Theorie und Handlungswissen

Zwischen Wissenschaftlern und Praktikern besteht im Bereich von Beratung und Therapie eine große Kluft. Fehlenden Klassifikationen und Identifikationen von Wirkmechanismen steht ein reiches Praxiswissen gegenüber (Sander 1999). Dieses Handlungswissen kann in wissenschaftlich fundierten „operativen Theorien" zusammengefasst sein und „nützlich" in dem Sinne sein, dass Aussagen über Wirkzusammenhänge gemacht werden können („Um den Effekt x zu erreichen, tue y.") (Hofer 1996). Untersuchungen zu Wirkmechanismen und zum Vergleich von Konzepten liegen für Beratung nur vereinzelt, besonders für Erziehungs- und Familienberatung, vor (Heekerens 1998; Hundsalz 1996; Klann/Hahlweg 1994). Meist werden Ergebnisse aus der Psychotherapieforschung übertragen. Beratungsanlässe sind jedoch von Therapieanlässen verschieden. Die Lösungsorientierung von Beratung und die Voraussetzung von grundsätzlicher psychischer Gesundheit der Klienten, schränken die Übertragbarkeit der Forschungsergebnisse deutlich ein.

Bestimmung des Beratungserfolges

Konzepte können nach ihrem „Erfolg" bewertet werden. Allerdings ist der Erfolg ganzer Konzepte schwer zu bestimmen. Zunächst bleibt unklar, was unter „Erfolg" verstanden werden soll. Das ist in verhaltenstheoretischen Kontexten, wenn es um beobachtbare Verhaltensweisen geht, sicher leichter zu bestimmen als in psychoanalytischen oder klientzentrierten Konzepten, wo die Lösung interner Konflikte oder das persönliche Wachstum im Vordergrund stehen. In den seltensten Fällen halten sich Berater strikt an eine „Schule", unter analytischem, klientzentriertem oder verhaltenstherapeutischem Vorgehen können ganz unterschiedliche Techniken verborgen sein.

Forschungsdesigns

Beratungssituationen lassen sich nicht so standardisieren, dass die Wirkung allein auf das dahinter liegende Konzept zurückgeführt werden kann. Situative Bedingungen, die Person des Beraters oder andere Ereignisse können den Beratungsprozess unkontrolliert beeinflussen. Darüber hinaus neigen psycho-soziale Probleme dazu, sich auch ohne Beratung über die Zeit zu verändern oder gar zu verschwinden, weil die Personen auch ohne professionelle Hilfe lernen, besser damit umzugehen, sich daran gewöhnen oder andere Ereignisse eine Veränderung bewirken. In katamnestischen Studien, also Studien in denen die Ratsuchenden nach einiger Zeit dazu befragt werden, wie sie den Beratungserfolg bewerten oder wie zufrieden sie waren, können diese alternativen Erklärungen nicht ausgeschlossen werden, der Erfolg kann also nicht eindeutig auf die Beratung zurückgeführt werden (Heekerens 1998). In quasi-experimentellen Studien versucht man dieses Problem auszuschalten, indem Gruppen von Personen, die beraten werden, mit Kontrollgruppen verglichen werden, die keine Beratung erhalten. Es ist aber ethisch bedenklich, wenn man Personen zu Untersuchungszwecken Hilfe vorenthält, die sie benötigen und von deren Wirksamkeit man überzeugt ist. Meist dienen so genannte Wartegruppen als Kontrollgruppen, die aber dann mindestens für den Zeitraum der Untersuchung auf angemessene Hilfe verzichten müssen. Diese müssen der Behandlungs- und der Kontrollgruppe zufällig zugewiesen werden, so dass auch Personen mit vergleichsweise schweren Problemen, die normalerweise bevorzugt einen Beratungstermin bekommen, möglicherweise lange warten müssen.

Validität in Untersuchungen

Interne Validität: Untersuchungen müssen so kontrolliert sein, dass durch ihre Anlage, also das Design, ausgeschlossen wird, dass ein gefundener Effekt durch andere als durch die untersuchten Wirkgrößen zustande kommt. Je mehr Variablen kontrolliert werden (können), desto „unnatürlicher" wird jedoch die Situation (Laborbedingungen).

Variablenvalidität: Sie betrifft die Operationalisierung, also die Indikatoren, die das Konstrukt erfassbar, messbar machen sollen, beispielsweise Fragebögen, Tests, standardisierte Beobachtungen. Die unabhängige Variable ist das Merkmal (Anwendung eines Beratungskonzeptes, ein Setting, die Anzahl von Sitzungen usw.), dessen Wirksamkeit auf die abhängige Variable (Zielvariable, z. B. Beratungserfolg) untersucht werden soll. Das Problem der Variablenvalidität besteht darin, sicherzustellen, dass das intendierte Konzept tatsächlich erfasst wird. Wenn die unabhängige Variable die Anzahl der Sitzungen ist, lässt sich das leicht feststellen, wenn sie aber ein Beratungskonzept ist, sind sowohl die Beschreibung des Konzeptes als auch seine Umsetzung durch die einzelnen Berater ein schwer zu lösendes Problem der Validität. Für die abhängige Variable gilt das in gleicher Weise.

Situations- und Populationsvalidität: Die Populationsvalidität betrifft die Frage, ob die untersuchte Stichprobe tatsächlich repräsentativ für die Grundgesamtheit ist, beispielsweise für alle potentiellen Nutzer einer Erziehungsberatungsstelle, einer Drogenberatungsstelle, eines Schulpsychologischen Dienstes. Bei nachfolgenden Befragungen zur Zufriedenheit mit einem Beratungsangebot muss man damit rechnen, dass nicht alle Angesprochenen den Fragebogen bearbeiten. Wenn die „Verweigerer" jedoch überwiegend einer bestimmten Gruppe angehören (Unzufriedene, Personen mit bestimmten Problemen, schlecht Ausgebildete, Menschen mit Migrationshintergrund usw.) kann die Repräsentativität eingeschränkt sein.

Die Situationsvalidität betrifft die Frage, ob der gefundene Zusammenhang überdauert, „Erfolg" also nicht nur direkt nach der Beratung, sondern auch nach Monaten oder Jahren noch zu verzeichnen ist. Dies versucht man durch Follow-up-Studien zu verschiedenen Zeitpunkten (nach drei Monaten, nach einem Jahr usw.) zu erfassen. Allerdings gibt es kaum Studien, die Zeiträume von mehr als einem Jahr erfassen.

Statistische Validität: Die erhobenen Daten müssen mit angemessenen statistischen Verfahren ausgewertet werden. Wenn beispielsweise das für bestimmte Verfahren erforderliche Datenniveau, die Verteilungsform, die Abhängigkeit von Stichproben usw. nicht beachtet werden, können Ergebnisse ungültig werden.

Valide Untersuchungsdesigns im Bereich der Beratung zu konzipieren, ist also außerordentlich schwer und führt oft zu einer Reduktion der Aussagekraft. Qualitative Ansätze, die die komplexen Wirkbedingungen einzelner Fälle beschreiben und zu einer Typisierung der Einflussgrößen in ihren Bedingungsgefügen kommen, könnten dem Gegenstand eher gerecht werden.

Ethische Probleme bei der Rekrutierung von Versuchspersonen können sich auch im Hinblick auf die Schweigepflicht ergeben. Die Daten der befragten Personen werden zwar in einer Untersuchung anonymisiert, jedoch muss eine Person von ihrem Berater als Kandidat für die Untersuchung benannt worden sein. Sie kann sich dem Berater verpflichtet fühlen und die Teilnahme zusagen, obwohl sie selbst Bedenken hat. Verzerrungen können sich auch ergeben, wenn sowohl Berater als auch Klient wissen, dass sie an einer Untersuchung teilnehmen und sich im Sinne der

„Beobachterfehler" anders verhalten als in „normalen" Beratungssituationen.

In inzwischen zahlreichen Untersuchungen, die grundsätzlich nicht frei von der beschriebenen Problematik waren, sind verschiedene Therapieformen verglichen worden (Bergin 1971; Eysenck 1952, 1970; Grawe et al. 1995; Sloane et al. 1975). Oft gibt es kaum Unterschiede in der Wirksamkeit der verschiedenen Therapieformen (Äquivalenz-Paradoxon). Alle „Schulen" sind aber der Nicht-Behandlung überlegen. Besonders die Metaanalyse von Grawe et al. (1995), die eine signifikante Überlegenheit der Verhaltenstherapie gegenüber der Psychoanalyse fand, hat zahlreiche Kritiker – meist aus dem „analytischen Lager" – auf den Plan gerufen (Csontos 2000; Rüger 1994; Tschuschke et al. 1997, Fäh/Fischer 1998).

unspezifische Wirkfaktoren

Entscheidend für Verlauf und Erfolg von Beratungen scheint weniger die theoretische Ausrichtung des Beraters zu sein als die Beziehung zwischen Berater und Klient, das Einlassen auf den Klienten und das intuitive Erfassen seiner Bewertungsmuster, die Gelegenheit für den Klienten, über das Problem sprechen zu können, und das Gefühl, akzeptiert zu werden. Unspezifische Faktoren können damit die fehlenden Unterschiede zwischen den Schulen erklären (Bürgi/Eberhart 2004; Tschuschke 1997).

Meist fehlen Follow-up-Studien, die die Beständigkeit der Erfolge aufzeigen. Verhaltenstheoretische Maßnahmen bewirken oft kurzfristige und sichtbare Verbesserungen von umschriebenen Verhaltensweisen, die jedoch manchmal weniger beständig sind, während die Wirksamkeit anderer Interventionen, die sich mehr auf die Veränderung der Person beziehen, sich erst mit der Zeit zeigt, dafür aber mit grundlegenden Veränderungen verbunden ist und länger andauert (Csontos 2000; Tschuschke 1997). Allerdings ist es dann schwer, die Veränderungen eindeutig auf die Intervention zurückzuführen.

Evidenz von Behandlungsmaßnahmen, Division 12, APA,

A. Vergleich der jeweiligen Therapieform mit einer Kontrollgruppe ohne Behandlung oder mit Placebobehandlung

1. in einer randomisierten, kontrollierten Studie, einer kontrollierten Einzelfallstudie oder einer vergleichbaren Zeitreihen-Studie,

2. in der sich die Behandlung der Kontrollgruppe, einer alternativen Behandlung oder einer Placebo-Behandlung als signifikant überlegen erweist oder in der sich die Behandlung einer ausgewiesenen wirksamen Behandlung als ebenbürtig erweist, vorausgesetzt die Studie hat adäquate statistische Power, um tatsächliche Unterschiede zu entdecken.

B. Dieses Studien wurden durchgeführt

1. auf der Basis eines Therapiemanuals oder einer logisch vergleichbaren Therapiebeschreibung

2. an einer Klienten-Stichprobe mit spezifischer Symptomatik, für die reliable (zuverlässige) und valide (gültige) Einschlusskriterien definiert wurden

3. unter Verwendung reliabler und valider Ergebnis-Maße, die als Minimalanforderung die Symptome oder Probleme erfassen, die Gegenstand der Behandlung waren

4. unter Verwendung angemessener statistischer Analysen

Evidenzkriterien

Baving und Schmidt (2001) formulieren aus den Vorgaben der APA Stufen der Evidenz, so genannte Evidenzkriterien, nach denen bewertet wird, ob eine Behandlungsmaßnahme als effektiv angesehen werden kann. Harte Evidenz wird bestätigt, wenn mehr als zwei kontrollierte Studien mit randomisierten (zufälligen) Zuweisungen zu Treatment- und Kontrollgruppe vorliegen. Wenn eine kontrollierte und randomisierte Studie Wirksamkeit belegt, wird mittlere Evidenz klassifiziert und offene Studien und Kasuistiken bezeichnen das niedrigste Evidenzniveau. Diese Klassifikationen sind nicht unproblematisch, da besonders bei komplexeren Konzepten, die mehrere Wirkfaktoren einbeziehen, häufig widersprüchliche Ergebnisse zu beobachten sind, die mit dem Schwerpunkt der Untersuchung, dem methodischen Vorgehen und insbesondere der Kontrolle der Variablen variieren können. Methodische Mängel in den Studien und das Ausmaß der Wirkung einzelner Faktoren können für die Beurteilung der Evidenz kaum erfasst werden. Besonders die zufällige Zuweisung zur Kontroll- und Untersuchungsgruppe und die Verhinderung von Versuchsleitereffekten erweist sich oft als problematisch. Es lässt sich bei prozessorientierten Untersuchungen nicht verhindern, dass dem Versuchsleiter die Zuordnung der Probanden zu Treatment- und Nichttreatmentgruppe bekannt ist, was zu einem deutlichen Versuchsleitereffekt führen kann, wenn der Untersucher subjektiv von der Behandlungsmethode überzeugt oder gar ihr Urheber ist (Nußbeck, im Druck).

Die Ergebnisse dieser eher quantitativen Forschungen sind nicht präzise genug. Eine sinnvolle Forschung sollte angeben können, welche Behandlung durch wen unter welchen Umständen für eine Person mit einem speziellen Problem am effektivsten ist (McLeod 2004).

Wirkfaktoren der Veränderung

Neben der Frage, wie erfolgreich ein Vorgehen prinzipiell ist, kann nach den Wirkfaktoren der Veränderung gefragt werden, die letztlich das Problem lösen helfen, also die Untersuchung und Bewertung einzelner Techniken.

Rogers hat als einer der ersten Tonbandaufzeichnungen von therapeutischen Sitzungen eingeführt, die im Nachhinein auf die Wirkung der Techniken untersucht werden konnten (McLeod 2004). Mit der so genannten Q-sort-Technik, bei der Karten mit Statements zum Selbstkonzept in eine Rangfolge gebracht werden sollen (Müller/Kals 2004), können die Klienten selbst einschätzen, wie sie sich derzeit sehen (Ist) und wie sie gerne wären (Soll). Über einen längeren Zeitraum wiederholt, werden mit der Betrachtung der Veränderung der Diskrepanz zwischen „Ist und Soll“ Veränderungen in der Selbstakzeptanz messbar gemacht.

In der psychodynamischen Beratung ist es hingegen schwer möglich, einzelne Variablen herauszufiltern, weil der analytische Deutungsprozess nur als Ganzes betrachtet werden kann. Das setzt dieselben Deutungskenntnisse beim Untersucher voraus. Luborsky (nach McLeod 2004) hat dazu das „Core conflictual relationship themes“ entwickelt, bei dem mehrere Experten das Transkript einer kompletten Sitzung lesen. Anschließend deuten sie Wünsche und Intentionen des Klienten gegenüber einem anderen Menschen, die Reaktion des anderen Menschen darauf und die Reaktion des Klienten. Dadurch entsteht ein Abbild konflikthafter Beziehungen und Übertragungsmuster.

Im Ereignisparadigma (event paradigm) werden Stellen in den Aufzeichnungen gesucht, an denen Veränderungen sichtbar werden. Die vorausgehenden Interventionen werden anschließend identifiziert. Dies geschieht eher pragmatisch ohne Bezug zu einem theoretischen Konzept (McLeod 2004).

Meist werden andere Berater oder externe Beobachter zur Beurteilung der Prozessvariablen eingesetzt. Es können jedoch auch die Klienten selbst danach befragt werden, was eine Veränderung herbeigeführt hat. Klienten machen allerdings eher äußere Ereignisse für Veränderungen verantwortlich als die beraterischen Interventionen (McLeod 2004). Das ist erstaunlich, denn der physische und psychische Aufwand, eine Beratung aufzusuchen, sollte im Sinne der kognitiven Dissonanztheorie eher dazu führen, dass die Klienten der Intervention positive Wirkungen zuschreiben, wenn sie Kosten eingesetzt haben, das Motto „Was nichts kostet, ist nichts!", umwandelnd in „Was etwas kostet, muss auch was sein!"

Fallstudien

Das traditionelle Instrument der Therapieentwicklung, besonders der Psychoanalyse, sind Fallstudien, beispielsweise die von Freud beschriebenen Fälle vom „Rattenmann", vom „Wolfsmann", dem „kleinen Hans", „Dora" oder „Herrn Schreber". Allerdings ist bei der Dokumentation dieser Fälle, die Freud meist nicht sofort vorgenommen hat, nicht auszuschließen, dass er sie beim Vortrag und dem schriftlichen Niederlegen im Sinne seiner Theorie geglättet hat.

Aus Fallstudien können, wenn sie systematisch und regelgeleitet mit den Mitteln der qualitativen Forschung wie Inhaltanalysen (Mayring 2000) oder Grounded Theory (Glaser/Strauss 1998) ausgewertet werden, komplexe Wirkfaktoren und individuell wirksame Bedingungen herausgearbeitet werden.

Forschungen, die Beratungskonzepte, Wirkfaktoren und situative Bedingungen bewerten, sind sicher nötig, fehlen aber noch weit gehend.

6.3 Qualitätsmanagement

Das Konzept der Qualitätssicherung und des Qualitätsmanagements ist aus der industriellen Produktion übernommen worden. Damit werden alle Maßnahmen bezeichnet, die die Qualität der Arbeit und der Produkte kontinuierlich verbessern. Die Internationale Organisation für Standardisierung (ISO) stellt weltweit gültige Normen in allen technischen Bereichen für Klassifikationen wie Länderkennzeichnungen oder Maßeinheiten und für standardisierte Verfahrensabläufe auf. Zu den Verfahrensstandards zählt auch das Qualitätsmanagement. Unter der Bezeichnung EN ISO 9000ff (EN = Europäische Normen) werden produktunabhängig und übergreifend prozessorientierte Merkmale definiert, die die Qualität der Abläufe sicherstellen und optimieren sollen.

Qualität

Qualität wird dabei verstanden als die Gesamtheit von Eigenschaften und Merkmalen eines Produkts oder einer Dienstleistung, die geeignet sind, festgelegte oder vorausgesetzte Erfordernisse zu erfüllen (ISO 9004). Ziele der Standardisierung sind die Leistungsverbesserung und die Erhöhung der Klienten/Kundenzufriedenheit.

Qualitätssicherung

Seit den neunziger Jahren des letzten Jahrhunderts werden Qualitätssicherung und Qualitätsmanagement auch im Zusammenhang mit Beratung diskutiert (Vogel 2004). Qualitätssicherung umfasst alle Bemühungen, die Leistungen auf dem definierten Stand zu halten, also dafür zu sorgen, dass alle Klienten zu jeder Zeit die Leistungen erhalten, die sie aufgrund der fachlichen und gesundheitspolitischen Entwicklung erwarten können (Laireiter 2000b).

Qualität meint dabei ganz neutral das zweckmäßige Erreichen einer Übereinstimmung mit den vorher festgelegten Zielen, und nicht wie im umgangssprachlichen Gebrauch die „gute Qualität" (Laireiter 2000b).

Der Ansatz der Qualitätssicherung ist wesentlich formalisierter als die Beratungs- und Interventionsforschung und geht über die immanente Bewertung und Verbesserung hinaus, die im Rahmen der Konzeptentwicklung seit langem praktiziert wird.

Ebenen der Qualität

Qualitätsziele und -maßstäbe werden vor der Evaluation einer Beratungsstelle, einer Praxis, einer Institution unter gesellschaftlichen und gesundheitspolitischen Gesichtspunkten extern definiert. Dabei werden im Allgemeinen drei Ebenen unterschieden (Donabedian 1966):

- **Strukturqualität:** Die sächliche und personelle Ausstattung einer Institution wird bewertet, ebenso wie die Kosten, unter denen sie ihre Leistung erbringt, die Qualifikation ihrer Mitarbeiter, die inhaltlich-fachlichen Konzepte und die damit verbundene allgemeine Erfolgsquote. Die Institution wird auch danach beurteilt, wie zugänglich sie ist, welche Wartezeiten nötig sind und wie flexibel auf die Bedürfnisse der Klienten/Kunden reagiert werden kann. Transparenz der Arbeit innerhalb einer Beratungsstelle („Wer macht was und ist wofür verantwortlich?“), aber auch gegenüber Träger („Welche Leistung bekommt er für sein Geld?“) und Klienten/Kunden („Welche Hilfe kann er real erwarten?“) ist ein wichtiges Merkmal (Schrödter 2000).

- **Prozessqualität:** Die Abläufe und die Durchführung der Dienstleistung werden bewertet, also beispielsweise wie das fachliche Können der Mitarbeiter umgesetzt werden kann, ob und wie sie sich weiterbilden, welche Kooperationen zu anderen Leistungserbringern bestehen, welche Supervisions- und Teamentwicklungsangebote bestehen, wie der Vertrauensschutz der Klienten sichergestellt wird und nicht zuletzt wie die fallbezogene Arbeit dokumentiert wird.
- **Ergebnisqualität:** Es wird beurteilt, was als Ergebnis der Tätigkeit oder Leistung festzustellen ist. Beispielsweise wie viele Fälle in einem Zeitraum angemeldet, bearbeitet und abgeschlossen werden, wie viele Kontakte pro Fall und Mitarbeiter nötig sind, wie der Bedarf an Beratung befriedigt wird. Erfolgsqualität bemisst sich im Allgemeinen an Klientenzufriedenheit, Mitarbeiterzufriedenheit, Erreichen der Beratungsziele und Erfüllen der Erwartungen des Trägers (Vogel 2004).

Die drei Bereiche stehen einerseits in einer hierarchischen Abhängigkeit, andererseits haben sie auch relative Autonomie. Die Prozess- und Ergebnisqualität in Bezug auf eine Beratung ist nur zum Teil von der Strukturqualität abhängig, beispielsweise wenn zu wenig Mitarbeiter zu viele Fälle bearbeiten müssen oder räumliche Engpässe bestehen, wodurch zu lange Wartezeiten in Kauf genommen werden müssen. Vorrangig werden Ablauf und Ergebnis jedoch vom individuellen Berater und dessen Konzept bestimmt (Laireiter 2000b).

Bei der Qualitätssicherung wird von einer kontinuierlichen Verbesserungsmöglichkeit ausgegangen und alle Ebenen der Qualität werden routinemäßig ständig überprüft. Die Wirksamkeit eines Beratungskonzeptes und seine Umsetzung oder die Umsetzung einzelner Interventionen sind dabei nur ein Baustein der Qualitätssicherung. Durch die Maßnahmen der Qualitätssicherung wird hauptsächlich die Effizienz der Arbeit gegenüber den Klienten/Kunden und auch gegenüber den Trägern als zahlende Stellen nachgewiesen. Es können sich Konflikte zwischen

Beratungsstelle und Trägern ergeben, wenn die Qualitätsverbesserungen einseitig als Einsparmöglichkeiten verstanden werden (Vogel 2004).

Qualitätsmanagement

Das Qualitätsmanagement ist ein dynamisches Planungs-, Handlungs- und Problemlösemodell, schließt die Qualitätssicherung ein und bezieht sich auf die gesamte Organisation. Zum Qualitätsmanagement gehören auch das Festlegen der Ziele und Verantwortungen und die Maßnahmen zur Planung, Lenkung, Sicherung und Verbesserung der Qualität. Im Totalen Qualitätsmanagement werden darüber hinaus die bis dahin vernachlässigten Leitbilder einer Institution, das Verhältnis unter den Mitarbeitern und zur Leitung und zu den Klienten/Kunden einbezogen (Laireiter 2000b). Qualitätsmanagement geschieht in der Absicht, Mängel im Prozess zu beseitigen und nicht „schlechte" Qualität zu sanktionieren (Klann et al. 2003). Bei „zu hoher" Qualität der Abläufe oder dem Beschränken auf einen Mindeststandard besteht jedoch die Gefahr, dass dadurch Kräfte freigesetzt werden, was zu Entlassungen, Erhöhung der Fallzahlen oder Einschränkungen in freiwilligen Leistungen führen kann.

Aufgaben des Qualitätsmanagements

Vogel (2004) unterscheidet als Aufgaben des Qualitätsmanagements in der psycho-sozialen Beratung folgende Faktoren:

- Benennen von relevanten Dimensionen/Parametern in der Beratungsarbeit: Welche Merkmale sollen in die Bewertung eingehen und wie können sie erhoben werden?
- Formulierung von Standards der Beratungsarbeit („Soll-Werten"): Welche Abläufe müssen garantiert sein, was sind Erfolge, wie können sie erreicht werden?
- Beobachten/Prüfen: Welche Abläufe und Ergebnisse sind vorhanden („Ist-Werte")?
- Aufdecken von Problemen: Soll-/Ist-Wert-Differenzen oder durch Rückmeldungen der beteiligten Personen,
- Qualitätsverbesserung: Beseitigung von Mängeln durch Problemanalysen und Einleitung geeigneter Gegenmaßnahmen zur Annäherung der Ist- an die Soll-Werte,
- Sichern von Qualität: ständiges Bemühen, möglichst von vornherein keine Ist-Soll-Wert-Differenzen entstehen zu lassen.

Dieser Prozess lässt sich im „Qualitätskreislauf" (siehe Abbildung 6) aufzeigen, der auch die ständige Neubewertung deutlich macht.

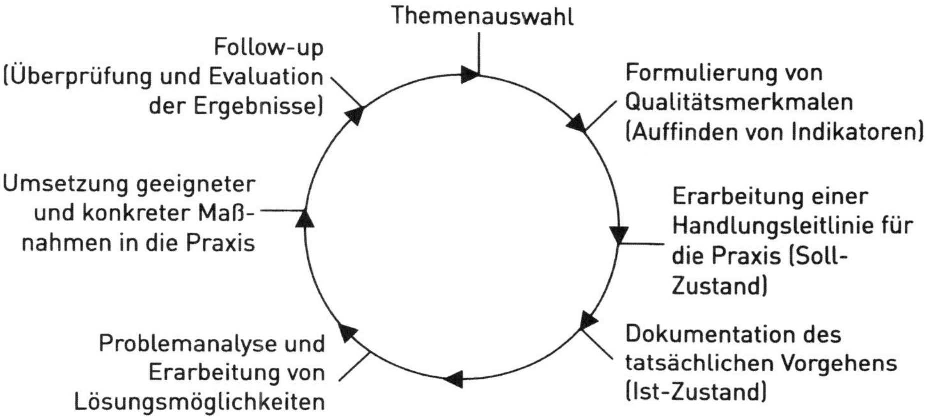

Abb. 6: Qualitätskreislauf, PDCA-Zirkel (Plan, Do, Check, Act), Deming-Zirkel, (nach Grol 1993 aus Vogel 2004, S. 839)

Für Laireiter (2000b) ist die Diagnostik ein zentraler Bestandteil der Qualitätssicherung. Sie beinhaltet die Deskription von Merkmalen als Beobachtungseinheiten, denn es werden relevante Variablen ausgewählt und durch Indikatoren (Items) klassifiziert. Das Vorgehen und die Ergebnisse werden dokumentiert und evaluiert. Die Diagnostik stellt standardisierte Instrumente zur Verfügung, mit denen beispielsweise die Zufriedenheit der Klienten oder Mitarbeiter durch Vorher-nachher-Erhebungen, die Verbesserung der Problemlage des Klienten oder die Einschätzung der Berater-Klienten-Beziehung erhoben werden können. Allerdings bedeutet das Vorhandensein von Fragebögen und Ratingskalen nicht per se, dass damit tatsächlich die relevanten Merkmale erhoben werden können. Nicht ausreichende Erfüllung der Gütekriterien bei der Test- und Fragebogenkonstruktion können zu Einschränkungen der Aussagekraft führen.

Gütekriterien

Objektivität: Das Instrument muss unabhängig von der Person seines Anwenders sein. Verschiedene Beurteiler beobachten und beurteilen jedoch unterschiedlich, sie stimmen nicht vollkommen überein. Das kann an der Subjektivität ihrer Wahrnehmung (Beobachterfehler) oder nicht eindeutig definierten Beobachtungs- und Klassifikationseinheiten liegen.

Reliabilität/Zuverlässigkeit: Das Instrument muss das Merkmal zuverlässig messen, bei wiederholter Messung muss, unter der Voraussetzung, dass das Merkmal sich nicht geändert hat, das gleiche Ergebnis herauskommen. Zu verschiedenen Zeitpunkten kommt es jedoch aufgrund zufälliger situativer Einflüsse zu unterschiedlichen Ergebnissen, die Messeinheiten liegen nicht auf einer Dimension, unterscheiden sich also nicht nur durch den Ausprägungsgrad, sondern auch inhaltlich, so dass hinter dem gleichen Punktsummenwert unterschiedliche Inhalte stehen können, das Instrument kann Messfehler nicht ausschließen.

Validität: Das Instrument misst das, was es zu messen vorgibt. Einschränkungen entstehen dadurch, dass das zu messende Konstrukt (Zufriedenheit mit der Behandlung, Selbstkonzept, Konfliktverhalten, Einstellung zu Partner, Berater, zur eigenen Lebensbewältigung usw.) nicht eindeutig bestimmt und nicht unabhängig von anderen Konzepten in Tests, Fragebögen oder Ratingskalen umgesetzt werden kann.

Validität setzt Reliabilität und Reliabilität setzt Objektivität voraus, umgekehrt gilt das Verhältnis allerdings nicht: Objektivität ist ohne Reliabilität und Reliabilität ist ohne Validität möglich.

Evaluationsstudien

Klann et al. (2003) stellen eine ganze Reihe von Verfahren vor, die zur Erfassung der Prozessqualität und Ergebnisqualität eingesetzt werden können. Eine festgestellte Prozessqualität garantiert jedoch noch keine positiven Resultate der Beratung, die in eigenen Evaluationsstudien erhoben werden müssen. Evaluationsstudien können extern durch nicht zur untersuchten Organisation gehörende Experten durchgeführt werden. Interne Evaluation kann in freiwilliger Selbstbewertung vorgenommen oder als Dienstanweisung angeordnet werden. Oft wird durch die Vorgabe von standardisierten Instrumenten evaluiert (Heiner 2004). Die meisten Studien, die Programme, Projekte und einzelne Angebote bewerten, bleiben auf die interne Evaluation beschränkt (Heiner 2004). Vergleichende Studien gibt es aufgrund der Heterogenität der Wirkfaktoren nicht (Vogel 2004). Die Probleme sind schlecht definiert, verschiedene Beteiligte setzen die Prioritäten des Vorgehens anders, Programmziele sind vage oder gegensätzlich beschrieben, festgestellte Veränderungen sind oft eher randständig, heterogene Programmstrukturen verhindern die genaue Umsetzung von Programmen in Projekte und Entscheidungsautoritäten sind oft diffus verteilt, stellen Shadish, Cook und Leviton (1991) als Schwierigkeiten bei der Evaluation von Beratungskonzepten fest.

6.4 Übungsfragen zu Kapitel 6

53. Was versteht man unter Supervision?

54. Welche Formen von Supervision gibt es?

55. Warum ist es so schwierig, den „Erfolg" eines Beratungskonzeptes zu bestimmen?

56. Welche Variablen haben sich als besonders wichtige Wirkfaktoren erwiesen?

57. Was sind Evidenzkriterien?

58. Welche Möglichkeiten der Wirkfaktorenuntersuchung gibt es?

59. Was ist Qualitätsmanagement?

60. Welche Ebenen von Qualitätszielen werden im Allgemeinen diskutiert?

61. Was ist der PDCA-Zirkel?

62. Was sind Gütekriterien?

63. Was versteht man unter Evaluation?

7 Beratungsfelder

In diesem Kapitel werden Beratungsfelder beschrieben, in denen neben dem Beratungswissen spezialisiertes Sach- und Institutionenwissen notwendig ist. Manche Beratungsfelder wie Erziehungsberatung, Bildungs- und Weiterbildungsberatung oder der Schulpsychologische Dienst arbeiten auf gesetzlichen Grundlagen in entsprechenden Institutionen, die vom Klienten aufgesucht werden. In anderen Feldern besteht die Arbeit mehr in der Entwicklung von Veränderungsmotivation. Beratungen geschehen hier eher in Geh-Strukturen. Die Aus- und Weiterbildungsmöglichkeiten in den einzelnen Feldern sind mehr oder weniger gut standardisiert und curricular ausgearbeitet.

7.1 Erziehungs- und Familienberatung

Erziehungsberatung hat eine lange Tradition und zählt zum etabliertesten und am besten ausgebauten Bereich auf dem Beratungssektor (Lenz/Straus 1998). Nach ihrem Wiederaufbau nach dem Zweiten Weltkrieg hat sie sich zunächst sehr stark an den psychotherapeutischen Schulen ausgerichtet. Viele Erziehungsberatungsstellen waren bis in die sechziger Jahre des 19. Jahrhunderts hinein analytisch geprägt (Abel 1998a; Haid-Loh/Lindemann 2004). Therapie wurde von Beratung durch Schwere und Umfang des Problems und Dauer der nötigen Intervention abgegrenzt (Lenz/Straus 1998). Fast die Hälfte der Mitarbeiter in Erziehungsberatungsstellen sind Diplom-Psychologen (Hundsalz 2004). Heute arbeiten Erziehungs- und Familienberatungsstellen jedoch interdisziplinär und weniger einer therapeutischen Ausrichtung verpflichtet. Neben den Psychologen sind Sozialarbeiter und Sozialpädagogen mit einem Anteil von ca. 30 % vertreten, weiterhin gibt es Mediziner meist in freier Mitarbeit, Heilpädagogen, Ergotherapeuten, Mototherapeuten, Logopäden, Kinder- und Jugendlichenpsychotherapeuten, in den kirchlichen Stellen manchmal auch Theologen (Haid-Loh/Lindemann 2004).

Die meisten Mitarbeiter haben therapeutische Zusatzqualifikationen, oft auch außerhalb der im Psychotherapeutengesetz festgelegten „Richtlinienverfahren“ (analytisch fundierte Therapie und Verhaltenstherapie), wie systemische Familientherapie, Gestalttherapie oder Psychodrama.

Kinder- und Jugendhilfegesetz

Nach Einführung des Kinder- und Jugendhilfegesetzes (KJHG, SGB VIII, 1990; W. Möller/Nix 1991) und dem damit festgeschriebenen Anspruch auf Hilfe zur Erziehung begann Erziehungsberatung sich stärker von den individuumzentrierten therapeutischen Schulen zu lösen und mehr interdisziplinär und familienorientiert zu arbeiten. Das KJHG schreibt diese multidisziplinäre Arbeit, in die die einzelnen Fachvertreter ihre spezifischen Kompetenzen und Perspektiven einbringen, fest (Hundsalz 1996). Erziehungsberatung gehört zu den zentralen Beratungsangeboten der Jugendhilfe, die das Kindeswohl sicherstellen sollen (Abel 1998b; W. Möller/Nix 1991) und unterscheidet sich damit grundlegend von heilkundlich orientierten psychotherapeutischen Konzepten (Hundsalz 1998). Erziehungsberatungsstellen arbeiten mit einer pädagogischen Vorstellung wünschenswerter Entwicklung (Hundsalz 1998) und nicht an einer individuellen Beeinträchtigung eines Kindes oder Jugendlichen von Störungswert. Zwar spricht auch das KJHG von „Therapie“, allerdings nur in Verbindung mit pädagogischen und beratenden Hilfen und meint hier neben psychotherapeutischen Ansätzen auch Ergotherapie, Logopädie oder Spieltherapie.

Kompetenzen in der Erziehungsberatung

Neben therapeutischen, diagnostischen und beraterischen Kompetenzen sind weitere Kompetenzen in der Erziehungsberatung nötig, insbesondere in gemeinwesenbezogenen Ansätzen der Sozialarbeit und der Gemeindepsychologie, denn ein verlässliches Geflecht von sozialen Beziehungen zu Familienmitgliedern, Verwandten, Freunden und Bekannten wird als das Wohlbefinden von Kindern und ihren Familien fördernd angesehen (Lenz/Straus 1998). Die Beratungen wurden damit alltagsnäher und beziehen das nähere und weitere Umfeld (Familie, Schule, Jugendgruppe) ein.

B

Die allein erziehende Frau A. kommt mit ihrer dreizehnjährigen Tochter Bettina zur Beratungsstelle. Sie klagt, dass sie mit der Tochter nicht mehr zurechtkomme. Sie stritten sich häufig, Bettina lasse sich nichts mehr sagen. Sie komme oft über mehrere Tage nicht nach Hause, seit sie in ein Dorf mehrere Kilometer entfernt mit schlechter Busanbindung gezogen seien, Bettina aber noch im früheren Wohnort zur Hauptschule gehe. Sie übernachte dann bei ihrem Freund, der bereits 19 Jahre alt sei und einen schlechten Einfluss auf sie ausübe. Frau A. befürchtet, dass Bettina ihr ganz entgleite und sie auf die schiefe Bahn gerate. Mehrmals habe sie auch bemerkt, dass Bettina Alkohol getrunken habe. Bettina klagt, dass der Freund der Mutter ihr „auf den Geist" gehe. Im alten Wohnort sei alles viel besser gewesen, dort habe sie sich wohl gefühlt, in dem neuen Dorf sei „tote Hose".

Das KJHG hat eine stark pädagogische und die familiäre Erziehung erhaltende Orientierung (Abel 1998b; Hundsalz 1998; W. Möller/Nix 1991). Die Beratungsstellen erweiterten sich dementsprechend von „psychologischen Beratungsstellen" einer therapeutischen Ausrichtung in Stellen, die in einem „pragmatischen Eklektizismus" eine allgemeine, schulenübergreifende und pragmatische Vorgehensweise vertreten, wie Grawe et al. (1995) sie für die Psychotherapie gefordert hat (Haid-Loh/Lindemann 2004; Hundsalz 1996, 1998, 2004; Lenz/Straus 1998; Strasser/Gruber 2003).

soziale Kontrolle

Mit der Orientierung an den Vorgaben des KJHG haben Erziehungsberatungsstellen auch den Charakter sozialer Kontrolle. Der Staat nimmt ein „Wächteramt" ein und hält vor dem staatlichen Eingriff Hilfen und Unterstützungsangebote für Familien auch in den Erziehungsberatungsstellen vor. Die soziale Auffälligkeit ist dabei der Indikator für psycho-soziale Interventionen (Abel 1998b). Der pädagogische Auftrag, das Kind in ein Leben in sozialer Integration und Eigenverantwortung zu führen und seine Familie darin zu unterstützen, impliziert das Eingreifen bei Normabweichungen. Häufig wird die Zusammenarbeit mit einer Erziehungsberatungsstelle im Zusammenhang mit §1666 BGB (Kindeswohlgefährdung) von Gerichten zur Auflage gemacht, um eine Herausnahme des Kindes aus der Familie zu verhindern.

Beratung bei Trennung und Scheidung

Das KJHG formuliert neben dem Anspruch auf Hilfe zur Erziehung auch die Verpflichtung zur Beratung bei Trennung und Scheidung. Ein entsprechendes Beratungskonzept muss die unterschiedlichen Ebenen, die Paar-, Eltern-, Kind- und Umfeldebene, mit ihren unterschiedlichen Bedürfnissen und Verantwortlichkeiten berücksichtigen. Andererseits spielen die Phasen der Trennung, in der sich ein Paar befindet, eine Rolle (Krabbe 2004). In der Phase der Ambivalenz kommt es immer häufiger zu Paarkonflikten. Meist hegt der eine Partner deutlichere Trennungsabsichten als der andere, es kommt zu Schuldzuweisungen an den jeweils anderen Partner. Eine endgültige Entscheidung ist jedoch noch nicht gefallen. Die Beratung zielt darauf ab, die eigenen Anteile an der Krise zu verstehen, die eigene Ambivalenz zu erkennen und für sich selbst Klarheit zu gewinnen. Kinder werden in dieser Phase von den Eltern oft „übersehen", spüren aber die Unsicherheit und bleiben darin gefangen. Beide Partner sollten sich an der Beratung beteiligen mit dem Berater als neutralem Dritten.

Paarberatung

In der Paarberatung sieht der Berater sich zwei Personen gegenüber, die ein geteiltes Wissen, geteilte Kommunikationsmuster und eine geteilte Geschichte haben, die der Berater nicht kennt (Bochmann 2004). Besondere Wahrnehmung der Interaktionsmuster, insbesondere auch Identifikationen mit einem der beiden Partner aus gleichgeschlechtlichen („Wir Frauen zeigen es den Männern.") oder gegengeschlechtlichen Motiven („Dieser Mann hört mir besser zu als mein eigener."), können den Beratungsprozess stören und müssen in der Supervision reflektiert werden.

Trennung der Ebenen

In der Trennungs- und Scheidungsphase entfernen sich die Partner dann räumlich und emotional. Jetzt geht es hauptsächlich darum, die Paar- von der Elternebene zu trennen und möglichst zu einer gemeinsamen Elternverantwortung zu finden. In der Nachscheidungsphase sind der Umgang der Kinder mit dem anderen Elternteil, ihre Loyalitätskonflikte, wenn sie die Ablehnung des anderen Elternteils durch den, bei dem sie leben, spüren, oder der Aufbau neuer Beziehungen und die Integration „zusammengewürfelter" neuer Familien Themen der Beratung. Trennung und Scheidung und Neuordnung in „Patchworkfamilien" ist ein zunehmendes Phänomen. Vom Heiratsjahrgang 1970 sind bereits 25 % der Paare wieder geschieden, jedes dritte Paar reicht heute die Scheidung ein, in Großstädten sogar jedes zweite (Struck 2004).

Das Ehepaar M. hat drei Töchter, neun, sieben und fünf Jahre alt. Frau M. trennt sich von ihrem Mann und bezieht mit den Kindern eine neue Wohnung in der Nähe, Herr M. bleibt im gemeinsamen Haus. Eine Weile sind die Kinder mal hier, mal da. Herr M. ist durch den Auszug seiner Frau äußerst gekränkt. Er „bearbeitet" die Kinder, hat dabei „Heimvorteil", weil er die vertraute Umgebung bieten kann, und bindet sie einerseits durch seine Trauer („Der Papa ist ganz traurig, wenn Ihr nicht bei ihm seid!") und andererseits durch subtile Schuldzuweisungen an seine Frau („Der Mama ist ihr neuer Freund so wichtig, aber das darf ja auch so sein, sie soll zufrieden sein."). Nach ein paar Monaten packen die Kinder ihre Sachen und verkünden, zum Papa ziehen zu wollen. Die Mutter, die die Hinwendung zum Vater sieht, kann sie nicht aufhalten und glaubt, dass die Beziehung zu ihr stark ist und die Kinder mit der Zeit zurückkommen würden. Die Ehe wurde geschieden, die Kinder leben beim Vater, der kurz darauf mit ihnen in ein Haus in 30 km Entfernung zieht. Der Umgang der Kinder mit der Mutter wird immer schwieriger. Die Mutter beklagt, dass er ihr oft verwehrt werde. Der Vater behauptet, die Mutter halte Termine nicht ein, die Kinder gingen nicht gerne zu ihr, das habe sie sich selbst zuzuschreiben. Die Kinder geben zu verstehen, dass der Vater es nicht gerne sieht, wenn sie von der Mutter sprechen. Nach zwei Jahren sind die ehemals offenen und fröhlichen Kinder zurückhaltend und versichern sich permanent der Reaktion des Vaters. Die Situation ist völlig verfahren und eine Beratung, die die Nöte der Kinder fokussiert, dringend erforderlich.

Settings

Beratungen in Erziehungsberatungsstellen dauern meist nicht länger als sechs Monate, nur 15 % dauern länger als ein Jahr. Fast die Hälfte der Fälle ist nach drei Monaten abgeschlossen (Hundsalz 2004). Fast drei Viertel der Beratungen werden einvernehmlich beendet. Etwa 20 % enden dadurch, dass keine Termine mehr wahrgenommen werden, dies kann sowohl ein Abbruch sein als auch ein offenes Ende, bei dem nach Bedarf weitere Termine vereinbart werden könnten. Ungefähr 8 % der Ratsuchenden werden weiter verwiesen (Hundsalz 2004).

Die Angebote der Erziehungsberatung sind offen, niedrig schwellig und kostenfrei. Jeder Ratsuchende sollte innerhalb von vier Wochen einen ersten Termin bekommen. Die Nachfrage steigt, allerdings steigt nicht die Zahl der Beratungsstellen. 1956 hat die WHO den Ausbau von Beratungsstellen mit einer Richtzahl von einer Stelle mit vier bis fünf Fachkräften auf 45.000 Einwohner angegeben (Abel 1998a), 1961 wurde im damaligen Jugendwohlfahrtsgesetz die Zahl auf 50.000 Einwohner erhöht und nur noch von mindestens drei hauptamtlichen Mitarbeitern gesprochen (Abel 1998a). In den siebziger Jahren des letzten Jahrhunderts wurden die Beratungsstellen ausgebaut, seit den achtziger Jahren stagniert jedoch der Ausbau und die Relationen sind eher rückläufig (Abel 1998a). Die Bundeskonferenz für Erziehungsberatung (BKE) tritt heute dafür ein, vier Fachkräfte auf jeweils 10.000 Kinder und Jugendliche bei der Planung von Erziehungsberatungsstellen zugrunde zu legen. Sie begründet dies mit der veränderten demographischen Situation. Die Zahl der Kinder hat sich verringert, gleichzeitig ist die Lebenserwartung höher geworden. Dadurch sei ein veränderter Bedarf entstanden (BKE 1999).

Der häufig geäußerte Vorwurf, dass Erziehungsberatungsstellen überwiegend eine mittelschichtorientierte Klientel bedienen (Abel 1998b), kann so nicht bestehen bleiben (Haid-Loh/Lindemann 2004; Heiner 2004; Hundsalz 1996, 2004), allerdings suchen Familien in Armut und mit anderen Benachteiligungen selten von sich aus Beratungsstellen auf und auch Familien mit Migrationshintergrund sind noch unterrepräsentiert (Hundsalz 2004).

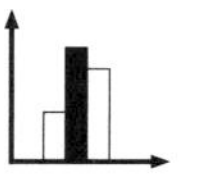

Kurz-Adam (1995) konnte bei ihrer Befragung von 282 katholischen Beratungsstellen Elternberatung als „Erziehungsanleitung“ als typische Vorgehensweise bei Kernfamilien aus der Unterschicht feststellen, während Familientherapie bei neu zusammengesetzten Familien dominierte. Fast die Hälfte der Kinder und Jugendlichen in ihrer Erhebung stammten aus neuen Familienformen, wie Einelternfamilien, Stieffamilien oder aus Lebensgemeinschaften von nicht verheirateten Eltern. Psychotherapeutische Vorgehensweisen hatten in ihrer Erhebung noch eine Vorrangstellung (Kurz-Adam 1995).

In Evaluationsstudien, in denen die Zufriedenheit der Beteiligten mit der Beratung, die Übereinstimmung des Erreichten mit den Zielvorstellungen und die Übereinstimung der Einschätzungen untersucht werden, zeigt sich für Erziehungsberatungsstellen eine Nutzerzufriedenheit von 70–80 % bei einer hohen Übereinstimmung zwischen Klienten und Beratern (Heiner 2004; Hundsalz 1996, 2004). Allerdings sind Evaluationen zu Konzepten und Prozessen über die Nutzerzufriedenheit hinaus noch kaum zu finden (Heiner 2004). Dass im Bereich der Hilfeleistungen für Kinder und Jugendliche ein erhebliches Forschungsdefizit besteht, was die Entwicklung entsprechender Maßnahmen und die Frage ihrer Wirksamkeit betrifft, stellt der Wissenschaftliche Beirat für Familienfragen noch 2005 fest (Bundesministerium für Familie, Senioren, Frauen und Jugend 2005).

integrierte Familienberatung

Die Spezialisierung auf bestimmte Lebensalter, Personengruppen oder Lebenslagen führt auch zu einer Zergliederung der

Hilfesysteme, wodurch die Ratsuchenden immer nur als „Ausschnitt“ gesehen werden (Lenz/Straus 1998). Eine Vernetzung der Systeme oder die Integration der Beratungsstellen ist daher besonders wichtig. Die Lebensweltorientierung verlangt breit gestreute Kompetenzen und Vorgehensweisen und nicht allein die therapeutische Ausrichtung der Mitarbeiter. Ziele und Lösungswege sind Produkt einer partnerschaftlichen Kooperation aller Beteiligten (Lenz/Straus 1998).

Besonders die evangelischen Erziehungsberatungsstellen haben im Konzept der integrierten familienorientierten Beratung ihren Bereich ausgedehnt auf Familien- und Lebensberatung. Damit werden Personen in Krisen in allen Konstellationen und Lebenslagen angesprochen (Haid-Loh/Lindemann 2004). Beratungsanlässe sind allgemeine Beziehungsgestaltung, Gesundheit, Lebensorientierung und auch ökonomische Fragen. Beratungsziele sind dann Aufbau, Erweiterung oder Wiederherstellung von Erziehungskompetenz, Konfliktlösekompetenz oder intergenerative Versöhnungskompetenz (Haid-Loh/Lindemann 2004). Während nach dem KJHG der Anspruch auf Hilfe zur Erziehung und Beratung bei Trennung und Scheidung an die Beteiligung von Kindern, Jugendlichen und jungen Erwachsenen gebunden ist, wird in den integrierten Beratungsstellen die Klientel auf alle familiären Konstellationen einschließlich Einzelpersonen ausgeweitet. Dennoch sind in 70–80 % der Beratungsfälle Kinder betroffen (Haid-Loh/ Lindemann 2004). Neben der „reinen“ Erziehungsberatung wird in den integrierten Stellen auch Schwangerenberatung, Sexualberatung, Familienplanung und Schuldnerberatung durchgeführt. Bewährt hat sich ein „Hausarztmodell“, bei dem die Beratungsstelle eine erste Anlaufstelle ist (Haid-Loh/Lindemann 2004). Die Versorgung soll gemeindenah sein und regionale Besonderheiten berücksichtigen (Lenz/Straus 1998). Weite Anfahrtswege, wie sie in ländlichen Regionen üblich sind, wirken als Zugangsbarrieren.

Die meisten integrierten Stellen sind in Trägerschaft der evangelischen Kirche, jedoch gibt es inzwischen auch Stellen in öffentlicher oder katholischer Trägerschaft, die das Konzept übernommen haben. 50 % der Beratungsfälle betreffen Partnerschafts- und persönliche Probleme, 30 % Erziehungsberatungen, 20 % Beziehungsprobleme mit weiteren Angehörigen, während die allgemeine soziale Lage eher seltener ein Anlass zum Aufsuchen der Beratungsstelle ist (Haid-Loh/Lindemann 2004). Insgesamt drückt sich in den Beratungsanlässen ein stärkeres Bedürfnis nach Orientierung in einer von Pluralismus gekennzeichneten Welt aus.

Prävention und Familienbildung

Erziehungs- und Familienberatungsstellen öffnen sich im Zuge der Abkehr von therapeutisch ausgerichteter Arbeit mehr der Prävention und auch der Familienbildung, indem Programme zur Gewaltprävention, Drogenprävention, Gesundheitsschutz aber auch Elterntrainings zur Steigerung der Erziehungskompetenz angeboten werden. In der Untersuchung von Kurz-Adam (1995) machte präventive Arbeit an Institutionen 38 % der Tätigkeit aus. Es gab kaum fallbezogene offene Arbeit wie Hausbesuche, Gruppenarbeit oder Kooperation mit Laiengruppen. Die Fallarbeit schien mit der gemeinwesenorientierten und präventiven Arbeit noch nicht verbunden.

Durch präventive Angebote wird der Zugang zur Beratungsstelle erleichtert. Teilnehmer an Elterntrainings, Gesprächkreisen oder Vorträgen werden ermutigt, eine individuelle Beratung zu suchen.

Aus- und Weiterbildung

Den veränderten Konzepten der Beratungsstellen Rechnung tragend werden heute neben den therapeutischen Zusatzqualifikationen verstärkt Weiterbildungen für Erziehungs- und Familienberater angeboten. Die BKE hat dazu ein dreieinhalbjähriges Curriculum entwickelt, das vor allem auch Selbsterfahrung und Supervision vorsieht. Das Evangelische Zentralinstitut hat seine Weiterbildung 2004 in eine integrierte Weiterbildung im Sinne der integrierten Familienberatung neu konzipiert. Beide Vereinigungen haben sich auf Mindeststandards für Weiterbildungen geeinigt.

Rahmenordnungen

Im Deutschen Arbeitskreis für Jugend-, Ehe- und Familienberatung (DAK) haben sich kirchliche wie nicht kirchliche Beratungsstellen zusammengeschlossen, um gemeinsame Rahmenordnungen für Aufgaben, Tätigkeiten und Qualifizierungen der Ehe-, Familien- und Lebensberater zu erarbeiten (Struck 2004). Neben dem niedrig schwelligen Zugang, den offenen, freien und meist kostenlosen Angeboten haben die Beratungsstellen daher vergleichbare fachliche Standards. Berater haben einen akademischem Grundberuf und eine qualifizierte Zusatzausbildung. Die Teams sind multidisziplinär zusammengesetzt, Supervision und ständige Fort- und Weiterbildung sind verpflichtend. Das Vorgehen der Berater und ihre eigenen Problematiken werden im Team und in Supervision reflektiert. Trotz eindeutiger Berührungspunkte mit Therapie hat Familien-, Ehe- und Lebensberatung ein eigenständiges Vorgehen. Es werden keine Störungen von Krankheitswert diagnostiziert, es gibt keine Kostenübernahme durch Krankenkassen, keine kategorisierbaren Symptome, es gibt aber wie in der Therapie auch Leiden, Unglück, Beziehungsentgleisungen und Enttäuschungen (Struck 2004). Die Beratungsstellen machen ein Angebot, in solchen Situationen aufgefangen und kompetent begleitet zu werden, schwierige Situationen zu verstehen und Handlungsalternativen zu erarbeiten. Der Klient ist Subjekt eines zu gestaltenden dialogischen Prozesses, nicht Objekt einer Behandlung bei Krankheit (Struck 2004).

7.2 Beratung in Schule, Aus- und Weiterbildung

Beratung ist im Bereich der Bildung eine Orientierungs- und Entscheidungshilfe. Orientierende Beratung dient der Entscheidungsvorbereitung. Entscheidungshilfe bedeutet, Mittel und Wege aufzuzeigen, wie die individuellen oder gesellschaftlich relevanten Bildungsziele zu erreichen sind (Heller 2001).

Gesellschaftliche Veränderungen erfordern lebenslanges Lernen, einmal erworbene berufliche Qualifikationen verlieren schnell an Aktualität (Kracke/Niegemann 1996; Schiersmann/Thiel 2004). Bildungsberatung kann sich daher nicht mehr allein auf die Schul- und Ausbildungszeit beschränken. Berater brauchen ein ständig aktualisiertes Wissen über Erziehungs-, Bildungs- und Beratungsinstitutionen, um dem Ratsuchenden die Informationen geben zu können, die er für seine Entscheidung braucht (Hofer/Papastefanou 1996).

Informationsvermittlung und psycho-soziale Beratung

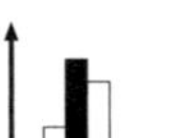

Beratungen zu Schullaufbahn, Ausbildung und Weiterbildung bestehen immer aus einer Mischung von Informationsvermittlung und psycho-sozialer Beratung.

Gieseke (2000) hat auf der Basis der Auswertung von Beratungsgesprächen drei Typen von Beratungssituationen herausgearbeitet: Bei der informativen Beratung hat der Klient bereits für sich die emotionalen, kognitiven und motivationalen Fragen weit gehend geklärt, so dass er in erster Linie konkrete Informationen zu Bildungs- und Ausbildungswegen braucht. Bei der situativen

Beratung geht es um die Abklärung seiner Motive und Interessen, die er als Entscheidungshilfe für eine bestimmte Lebenssituation benötigt, die ihm jedoch schon im Grundsatz deutlich ist. Bei der biographieorientierten Beratung ist dem Ratsuchenden noch nicht klar, in welche Richtung er suchen soll, so dass zunächst generelle Lebensperspektiven in Bezug auf Bildungsfragen geklärt werden. Während in der informativen und situativen Beratung eher lösungs- und ressourcenorientiert gearbeitet wird, bietet sich für die biographieorientierte Beratung das klientenzentrierte Beratungskonzept an.

B

Die 38-jährige Frau B. hat nach der Realschule eine Ausbildung zur Krankenschwester begonnen, nach einem Jahr aber abgebrochen, weil sie nicht motiviert genug war, sich mit dem theoretischen Stoff auseinander zu setzen. Die Arbeit im Krankenhaus hingegen machte ihr Spaß. Danach hat sie diverse Gelegenheitsjobs an der Kasse im Supermarkt, als Büroaushilfe u. Ä. angenommen, dann geheiratet und zwei Kinder bekommen, die inzwischen zwölf und 14 Jahre alt sind. In der Ehe der Frau B. kriselt es, Herr B. hat seine Arbeit verloren, er hat ein Alkoholproblem, der Fortbestand der Ehe ist gefährdet. Frau B. ist klar geworden, dass sie möglicherweise demnächst „auf eigenen Füßen stehen" muss und sucht für sich eine Perspektive, die in der Beratung erarbeitet werden muss.

Entwicklung von Bildungsberatung

In Deutschland hat sich Bildungsberatung aufgrund unterschiedlicher Zuständigkeiten nicht einheitlich entwickelt. Die auf alle schulbezogenen Problemfelder ausgerichteten Schulpsychologischen Dienste unterstehen den Ländern oder Kommunen, während Berufs- und Laufbahnberatung bis 1997 offiziell ausschließlich Aufgabe der Arbeitsverwaltung war, es allerdings daneben auch freie Angebote gab, die nur anders benannt wurden (Niegemann/Kracke 1996; R. Thiel 2004). Weiterbildung ist im Zusammenhang mit Qualitätssicherung, durch die eine Verpflichtung praktisch aller Beschäftigten zu Fort- und Weiterbildung besteht, ein bedeutsamer Faktor geworden, so dass auch Betriebe ihren Qualifikationsbedarf ermitteln und entsprechende Maßnahmen ermöglichen bzw. bereitstellen müssen (Schiersmann/Thiel 2004). Es besteht also ein hoher Bedarf an Beratung in diesem Feld, ausdifferenzierte berufs- und arbeitsmarktbezogene Beratungstheorien sind im Gegensatz zu den schulpsychologischen Beratungen jedoch noch nicht entwickelt worden, und es gibt kaum empirische Untersuchungen dazu (Schiersmann/Thiel 2004).

Kompetenzentwicklung

Beratung in der Weiterbildung bedeutet Kompetenzentwicklung. Mit dem Ratsuchenden werden Orientierungs- und Entscheidungshilfen für die Auswahl geeigneter Weiterbildungsangebote erarbeitet. Dabei spielt die gemeinsame Suche nach Bausteinen, die im Laufe des (Berufs)lebens unterschiedliche Möglichkeiten eröffnen, eine größere Rolle als eine langfristig geplante eindimensionale Laufbahn (Schiersmann/Thiel 2004).

unterschiedliche Zielgruppen

Bei der Beratung in der Weiterbildung lassen sich zwei recht unterschiedliche Zielgruppen bestimmen, die auch von den verschiedenen beratenden Institutionen stärker angesprochen werden. Weiterbildungsberatung der Industrie- und Handwerkskammern und der Betriebe sind mehr an Führungskräfte und aufstiegsorientierte Zielgruppen gerichtet. Deren Beratung ist meist kurz und beschränkt sich im Wesentlichen auf die Vermittlung von Informationen zu Weiterbildung und beruflicher Neuorientierung.

Aufgaben der Weiterbildungsberatungsstellen

In den freien Weiterbildungsberatungsstellen und -einrichtungen und auch in den Beratungsstellen der Agentur für Arbeit sind eher die „Problemgruppen" zu finden: Langzeitarbeitslose, Menschen mit Einschränkungen in ihrer Leistungsfähigkeit, mangelhaft qualifizierte Personen und auch Frauen, die nach einer „Familienpause" Anschluss am Arbeitsmarkt suchen. Weiterbildungsberatung besteht bei diesen Gruppen aus intensiven Gesprächen zum Feststellen der persönlichen Fähigkeiten und Fertigkeiten, der Einstufung in Qualifizierungsmaßnahmen allgemeiner (Alphabetisierungskurse, Lernhilfen, Kompetenztrainings) oder spezifischer Art (Deckung von Qualifizierungslücken). Weiterbildungs- und Berufseignungsberatung haben auch präventiven Charakter, indem gemeinsam realistische Anpassungen von Wünschen und Umsetzungsmöglichkeiten entwickelt werden, um Fehlentscheidungen, die zu persönlichen und gesellschaftlichen Belastungen führen, vorzubeugen (Heller 2001; Niegemann/Kracke 1996; R. Thiel 2004).

Aus- und Weiterbildung der Berater

Bislang gibt es noch keine verbindliche Kompetenzbeschreibung oder Aus- und Weiterbildungsstandards für die Berater in Beruf und Weiterbildung (Heller 2001; Schiersmann/Thiel 2004; R. Thiel 2004). Viele haben ihre Beratungskenntnisse in Kursen und Seminaren erworben (Kracke/Niegemann 1996). Die Berater sollten ein Hochschulstudium abgeschlossen haben, die betriebliche Personalarbeit kennen und in der Erwachsenenbildung tätig gewesen sein. Ungefähr die Hälfte der Berater im Weiterbildungskontext hat einen pädagogischen Studiengang absolviert, während sich die andere Hälfte breit auf alle möglichen Studiengänge verteilt. In den Beratungsangeboten zur Weiterbildung der Kammern finden sich eher Mitarbeiter, die wirtschaftswissenschaftliche Studiengänge abgeschlossen haben (Schiersmann/Thiel 2004).

Qualitätssicherung

Grundsätzlich besteht bei innerbetrieblichen Beratungen aber auch bei Beratungsangeboten durch die Agentur für Arbeit die Gefahr eines Loyalitätskonfliktes gegenüber Geld- und Auftraggeber, wenn bedarfsorientiert im Interesse des Geldgebers beraten wird (Kracke/Niegemann 1996). Qualitätssicherungsmaßnahmen zum Schutz vor unprofessionellem, unqualifiziertem und damit potentiell schädlichem Vorgehen sind ebenfalls noch kaum etabliert (R. Thiel 2004).

sozialkognitive und ressourcenorientierte Konzepte

Als Konzept der Beratung in Bildung und Weiterbildung, besonders wenn es um situative und biographieorientierte Beratung geht, bietet sich der sozial-kognitive Ansatz im Zusammenhang mit Ressourcenorientierung an (Gerstenmaier/Günther 2004). Im sozial-kognitiven Ansatz steht im Vordergrund zu erarbeiten, welche Erwartungen an die eigenen Fähigkeiten gestellt werden, seinen weiteren Weg selbst planen und kontrollieren zu können (Selbstwirksamkeitserwartung) und welche Ziele als realistisch und erreichbar eingeschätzt werden. Tatsächlich vorhandene Fähigkeiten können individuell unter- oder überschätzt werden. Besonders Frauen neigen dazu, ihre Selbstwirksamkeitsmöglichkeiten geringer einzuschätzen als sie tatsächlich sind (Gerstenmaier/Günther 2004).

Die Einschätzung der eigenen Möglichkeiten wird auch beeinflusst durch den Anregungsgehalt, den eine angestrebte Tätigkeit hat, und die Einschränkungen, die der Weg dorthin oder auch die Ausübung beinhalten. Selbstwirksamkeit ist keine Eigenschaft, die man hat oder nicht, sondern abhängig von Situationen und Bereichen. So kann eine Person im familiären Bereich eine hohe Selbstwirksamkeitseinschätzung haben, im beruflichen sich dagegen als wenig selbstwirksam erleben. Sie kann sich auch an „guten Tagen" in der äußerlich gleichen Situation als wirksamer erleben als an „schlechten". Es gilt dann in der Beratung, die Selbstwirksamkeitserwartungen durch kognitiv-verhaltensorientierte Strategien zu verbessern und Wahrnehmungsbarrieren zu verändern oder abzubauen.

Nutzbare Ressourcen können im individuellen Netzwerk

liegen, besonders in persönlichen Kontakten, die meist bessere Chancen garantieren, so dass ein Ziel der Intervention die Verbesserung sozialer Kontakte ist. Insbesondere die Erschließung und Nutzung von sozialen Unterstützungen können Mängel im Umfeld ausgleichen, beispielsweise die Nutzung von Kindertagesstätten oder anderer Betreuungs- und Entlastungsangebote.

Studienberatung

Eine besondere Form der Bildungsberatung ist die Studienberatung, die an den Hochschulen per Hochschulgesetz etabliert ist. Die unübersichtliche Zahl der Studiengänge, die zunehmende Forderung nach Verkürzung der Studienzeiten und hochschul- und gesellschaftspolitische Interessen machen eine ausführliche Beratung zu Beginn und im Verlauf des Studiums nötig, allerdings auch schwierig, wenn Freiwilligkeit, Vertraulichkeit und Neutralität der Beratung gewährleistet sein sollen.

Zielgruppe

Das Durchschnittalter der Studierenden liegt in Deutschland bei 25 Jahren, 20–30 % eines Studienjahrgangs wechseln das Studienfach oder brechen das Studium ganz ab (Niegemann/Kracke 1996; Stiehler 2004). Abbrecher und Wechsler sind die Hauptklientel einer informativ ausgerichteten Studienberatung. Hinter Abbruch und Wechsel stehen neben einer emotionalen, zufälligen und unüberlegten Studienwahl jedoch häufig Lern-, Leistungs- und psycho-soziale Probleme.

B

Der 23-jährige Peter stammt aus einer Arztfamilie. Er ist der einzige Sohn und für den Vater war von Anfang an klar, dass Peter seine Praxis übernehmen werde. Peter hat diesen Auftrag klaglos angenommen, mit viel Mühe und Nachhilfe einen passablen Notendurchschnitt im Abitur erreicht und nach einiger Wartezeit einen Studienplatz in Medizin erhalten. Die ersten Semester kann er noch mithalten. Er schließt sich einer Gruppe von Kommilitonen an, lernt neue Freunde kennen, die nicht nur Medizinstudenten sind, und beginnt sich zu fragen, ob seine Studienwahl richtig war. Immer öfter versäumt er Veranstaltungen, bleibt stattdessen im Bett liegen und bekommt die erforderlichen Studiennachweise nicht. Den Eltern spielt er einen erfolgreichen Studenten vor. Schließlich will er das Medizinstudium „schmeißen" und lieber Pädagogik studieren. Er sucht die Beratungsstelle auf. Hier wird schnell deutlich, dass Peter nicht nur Informationen über den angestrebten Studiengang braucht, sondern eine umfassende Beratung, die auch die Klärung seiner Motivation beinhaltet.

Studierende leben in einer von finanzieller Abhängigkeit – meist von den Eltern – geprägten, häufig materiell eingeschränkten Situation, die Zustände an den Massenuniversitäten lassen sie vereinsamen, so dass sie Ressourcenverluste erleben oder davon bedroht sind. Prüfungsängste und mangelnde Einschätzung der eigenen Leistungen sind weitere belastende Faktoren. Studienberatung hat daher neben der Information auch einen hohen psycho-sozialen Beratungsanteil, der oft von eigenen, vom Studentenwerk getragenen Stellen geleistet wird. Stiehler (2004) beschreibt drei Bereiche, die im Einzelfall förderlich oder hinderlich sein können und in denen Beratungsangebote bestehen:

- der soziale Raum, in dem Studierende integriert sein können und sie am Universitätsleben teilhaben lässt. Angebote sind Hochschultage, „Schnupperkurse“ und Informationen über Dienste.
- die interpersonalen Beziehungen, die zwischen Autonomie und Unsicherheit pendeln, Studierende „dabei sein“ oder vereinsamen lassen. Angebote sind Kompetenztrainings oder spezielle Gruppen- oder Einzelarbeit.
- der Bereich Studium im engeren Sinn im Spannungsverhältnis zwischen Qualifizierung und Überforderung. Hier geht es um Zeitmanagement, Prüfungsvorbereitungen, wissenschaftliches Arbeiten und Präsentations- und Moderationstechniken.

Qualifikationsprofil

Auch für die Studienberatung gibt es bisher kein verbindliches Qualifikationsprofil (Stiehler 2004), ein abgeschlossenes Hochschulstudium, gute Kenntnisse des Hochschulsystems und Beratungskompetenzen sind das Minimum an Voraussetzungen, die ein Berater in diesem Feld haben sollte.

schulpsychologische Beratung

Die schulpsychologische Beratung dagegen ist schon lange etabliert und institutionalisiert. Bereits zu Beginn des letzten Jahrhunderts wurde der Begriff von William Stern geprägt (Pikowsky/Wild 1996). In den fünfziger Jahren begann der Aufbau Schulpsychologischer Dienste, aber erst nach dem Bildungsplan der Bund-Länder-Kommission (1973) wurden sie weiter ausgebaut. Nach diesem Plan sollte es bis 1985 für 500 Schülerinnen und Schüler einen Beratungslehrer und für 5.000 Schülerinnen und Schüler einen Schulpsychologen geben (Pikowsky/Wild 1996). Diese Marge ist jedoch nie erreicht worden. Heute kommen auf einen Schulpsychologen 10.000 bis 12.000 Schüler (Liermann 2003, 2004; Pikowsky/Wild 1996).

Struktur

Im Aus- und Aufbau der Schulpsychologischen Dienste gibt es in den einzelnen Bundesländern große Unterschiede. In Rheinland-Pfalz beispielsweise war im Schuljahr 1995/96 ein Schulpsychologe für 450.270 Schülerinnen und Schüler zuständig (Pikowsky/Wild 1996). Die Dienste sind oft nur mit einem Psychologen und einer Verwaltungskraft besetzt. Demgegenüber gibt es in anderen Regionen Dienste mit bis zu 20 Mitarbeitern, die dann spezialisiert arbeiten können (Liermann 2003). Für manche Modellschulen gibt es einen eigenen Schulpsychologen, in anderen Bereichen nur einen pro Stadt oder Landkreis (Pikowsky/Wild 1996). In einigen Ländern sind die Schulpsychologischen Dienste in Trägerschaft des Landes und haben damit dieselben Dienstvorgesetzten wie die Schulen, in Nordrhein-Westfalen gibt es auch kommunale Trägerschaften (Liermann 2003, 2004).

Akzeptanz

Die institutionelle Zuordnung hat Auswirkungen auf die Akzeptanz des Dienstes. Wenn Schulpsychologische Dienste direkt an die Schulämter gebunden sind, werden sie möglicherweise von Eltern nicht als neutral angesehen, sondern eher als „verlängerter Arm" der Schule. Das kann in Konfliktsituationen zwischen Eltern und Schule dazu führen, dass der Dienst von den Eltern nicht in Anspruch genommen wird. Auch die Qualifikation der Schulpsychologen wird in den einzelnen Bundesländern kontrovers gesehen. Oft wird verlangt, dass der Schulpsychologe eine Doppelqualifikation, also ein Lehramts- und ein Psychologiestudium abgeschlossen hat (Pikowsky/Wild 1996).

Aufgaben

Das Spektrum der Aufgaben der schulpsychologischen Beratung ist groß. Schulpsychologen sollen ergänzend zu den Lehrkräften Schüler sowie deren Eltern beraten und die alltäglichen, in den Schulen praktizierten Beratungen mit professionellen Angeboten ergänzen, intensivieren, unterstützen und fortführen (Liermann 2003). Schulpsychologische Beratung ist damit eng an den schulischen Kontext gebunden und ergänzt den allgemeinen Beratungsauftrag von Lehrkräften. Dadurch kann es zu Konflikten und mangelnder Akzeptanz durch die Lehrkräfte kommen. In verschiedenen, allerdings schon älteren Untersuchungen ergab sich, dass Lehrkräfte glauben, dass „in ihrem Revier gewildert" wird, Schulpsychologen zu viel Irrelevantes testen, nur gute Ratschläge geben, aber nicht bei der Umsetzung helfen, oder dass sie zu wenig über die schulischen Bedingungen wissen (zusammenfassend siehe Pikowsky/Wild 1996). Durch vielfältige

Aktivitäten wie Hospitationen, Gespräche und andere Kooperationen konnte inzwischen eine bessere Akzeptanz erreichet werden.

Einzelfallarbeit

Das von allen Beteiligten am stärksten wahrgenommene und auch am längsten etablierte Aufgabenfeld ist die Einzelfallarbeit. Individuelle schulpsychologische Arbeit gruppiert sich um Probleme, die Eltern, Lehrkräfte und/oder Schüler im Kontext Schule haben können. Auf Seiten der Schüler sind das häufig im Unterricht nicht mehr zu bewältigende Lern- und Leistungsschwierigkeiten oder Verhaltensauffälligkeiten wie „Schwänzen", Ängste oder Aggressionen, auf Seiten der Eltern Klagen über Motivationsprobleme bei ihren Kindern, Konflikte bei den Hausaufgaben und Schullaufbahnentscheidungen. Manchmal sind auch Beziehungsprobleme im Dreieck Schüler-Lehrer-Elternhaus Anlass für Beratungen.

B

Der achtjährige Alexander ist der jüngste von drei Brüdern. Der Vater hat eine Gastwirtschaft in einem kleinen Ort. Alle Kinder haben dieselbe zweizügige Grundschule besucht. Die Brüder waren nicht besonders fleißig, Hausaufgaben und Unterrichtsmaterialien fehlten zuweilen, aber sie durchliefen die Grundschule ohne Wiederholung. Alexander entsprach den Erwartungen, die seine Brüder in der kleinen Schule schon geweckt hatten. Darüber hinaus war er schwerer zu lenken und wurde „bockig", je mehr Anforderungen an ihn gestellt wurden. Seine Lehrerin war sehr engagiert, machte einen abwechslungsreichen und spannenden Unterricht, verlangte aber absoluten Gehorsam, duldete keinen Widerspruch und erwartete Dankbarkeit für ihren Einsatz. Dem kamen besonders die Mädchen der Klasse nach, die dafür bevorzugt behandelt wurden, während die „aufmüpfigen" Jungen, zu denen Alexander gehörte, einen schweren Stand hatten. Die Situation eskalierte, Alexander verweigerte die Mitarbeit, seine Leistungen wurden immer schwächer. Schließlich meldete die Lehrerin ihn zur Überprüfung sonderpädagogischen Förderbedarfs im Bereich der Lernbehinderung. Der Vater war mit dieser Maßnahme ganz und gar nicht einverstanden und suchte die Beratung des schulpsychologischen Dienstes. Dort stellte man bei Alexander einen IQ von 98 fest, Aufmerksamkeitsleistungen und Ergebnisse von Schulleistungstests lagen ebenfalls im Durchschnittsbereich. Die Lehrerin zweifelte den Wert dieser Ergebnisse an und bestand darauf, Alexander in ihrer Klasse nicht mehr ausreichend fördern zu können. Die Situation war auch in mehreren Beratungsgesprächen nicht zu lösen. Der Vater gab Alexander schließlich in ein nahe gelegenes Internat, wo er die Grundschulzeit erfolgreich abschließen konnte.

Lehrer suchen häufig Rat bei problematischem Schülerverhalten, Interaktions- und Kommunikationsproblemen oder der Kooperation im Kollegium. Ein wichtiger Faktor der Arbeit war lange Zeit die Diagnose der individuellen Schülerbedingungen, die eher defizitär gesehen wurden und gegen die Abhilfe geschaffen werden musste. Schüler wurden überwiegend von Lehrkräften zum Schulpsychologische Dienst „geschickt", der wie in einer „Reparaturwerkstatt" die Dinge wieder in Ordnung bringen sollte (Liermann 2004).

Mit den aufkommenden systemischen Gedanken wurden zunehmend Personen aus dem persönlichen Umfeld des Schülers, aber auch aus anderen Diensten, z.B. Jugendamt oder Einrichtungen der Jugendhilfe, in die Beratung mit einbezogen.

präventive Arbeit

Ein breiter Raum kommt inzwischen präventiver Arbeit zu, beispielsweise in der Gewaltprävention, Schlichterprogrammen oder dem Aufbau sozialer Kompetenz. Zunehmend werden auch Elterntrainings wie das „Triple P" (Positive Parenting Programme) (Hahlweg 2001) oder andere Programme zur Stärkung elterlicher Kompetenz eingesetzt.

Schulpsychologische Beratung ist damit ein umfassender und systematischer Versuch, mit Hilfe pädagogisch-psychologischer Theorien und Methoden schulische Entwicklungsprozesse und Probleme zu analysieren und Lösungswege zu suchen bzw. zu initiieren (Pikowsky/Wild 1996).

neues Selbstverständnis

Im Wandel des Selbstverständnisses schulpsychologischer Arbeit kommen heute zunehmend die Beratung von Lehrerkollegien, Teamsupervision und Teamentwicklung und Lehrerfortbildung als mehr indirekte und präventive Aufgabenfelder hinzu. Multiprofessionelle Unterstützungssysteme von Schulen und Schülern sind in den Ländern, die in der PISA-Studie besser abgeschnitten haben, ausgebauter als in Deutschland (Liermann 2004).

Gerade wegen der besonders für Eltern nicht immer durchsichtigen institutionellen Zugehörigkeiten des Schulpsychologischen Dienstes, ist es besonders wichtig, dass der Zugang frei ist und keine Kosten für die Ratsuchenden entstehen. Schule und Schulaufsicht und schulpsychologische Beratungsstellen sollten unabhängig voneinander sein, damit Berater sich neutral gegenüber den Ratsuchenden verhalten können. Die Schweigepflicht muss auch gegenüber amtlichen Stellen gewahrt sein, damit die wichtige Arbeit des Schulpsychologischen Dienstes geleistet werden kann.

7.3 Entwicklungsberatung und Beratung in der Frühförderung

Ziel der Frühförderung

Alle Kinder haben Anspruch auf Früherkennung von Krankheiten, die ihre körperliche, geistige oder psycho-soziale Entwicklung gefährden (SGB V). Ergeben sich bei diesen „Vorsorgeuntersuchungen" Abweichungen in der Entwicklung oder werden Behinderungen festgestellt (Früherkennung), werden neben den notwendigen medizinischen Maßnahmen (Frühbehandlung) häufig auch Frühfördermaßnahmen eingeleitet. Ziel der Frühförderung ist die Entfaltung der Anlagen und Fähigkeiten des Kindes in interdisziplinärer Zusammenarbeit von ärztlichen, psychologischen und sozialen Hilfen. Frühförderung arbeitet familienorientiert und umfasst sowohl die Arbeit mit dem Kind als auch die Beratung seiner Eltern. Neben den Vorsorgemaßnahmen, der Normalisierung von Entwicklungsstörungen, dem Verhindern oder Vermindern von Sekundärschäden ist die Unterstützung der Familien ein wichtiger Gesichtspunkt (Warnke 1999). Nachdem lange Zeit Funktionstrainings und medizinisch-therapeutische Maßnahmen die Arbeit in den Frühförderstellen dominierten, verstehen sie sich heute mehr als Entwicklungsberatungsstellen.

Die Sicht der Frühförderer auf die Eltern hat sich über ihren Einsatz als Co-Therapeuten zu einer Kooperation mit ihnen gewandelt. Eltern gelten heute als Experten für ihr Kind. Im Sinne des Empowerments bedeutet Frühförderung heute, die Ressourcen der Eltern zu stärken.

Situation der Eltern

Wenn man werdende Mütter fragt: „Was soll es denn werden?", antworten die meisten: „Das ist egal, Hauptsache gesund!" Dass Kinder behindert oder krank sein oder zu früh auf die Welt kommen können, weiß man, dass man selbst davon betroffen sein könnte, daran möchte man nicht denken. Wenn ein Kind mit Entwicklungsproblemen geboren wird, müssen die Eltern sich meist von der Vorstellung des Lebens mit einem „normalen Kind" verabschieden. Lebensperspektiven werden schlagartig verändert, Unsicherheiten und Zweifel kommen auf. Dies gilt sowohl wenn Behinderungen sofort nach der Geburt sichtbar sind wie beim Down-Syndrom oder angeborenen Fehlbildungen als auch wenn sich die Beeinträchtigung erst im Laufe der Entwicklung zeigt. Erleiden Eltern bei sofort sichtbaren Behinderungen oft einen Schock, so sind sie bei „schleichenden", erst später offenbar werdenden Abweichungen in der Entwicklung häufig zunächst erleichtert, wenn ihre schon länger gehegten Ahnungen einen Namen bekommen. Dennoch hemmt die Mitteilung, dass ein Kind eine Behinderung hat, oft die intuitive Verhaltensbereitschaft der Eltern, auf die Signale des Kindes zu achten und sie angemessen und prompt zu beantworten (Sarimski 2001). Eltern sind – meist vorübergehend – in einem Ausnahmezustand, in dem sie die Diagnose akzeptieren und neue Verhaltensmuster und Lebensentwürfe mit einem Kind mit Behinderung entwickeln müssen, zu einer Zeit, zu der sie kaum Wissen über das Behinderungsbild, mögliche Folgen, notwendige medizinische Versorgung und eventuell erforderliche Umgestaltung der Umgebung haben. In den seltensten Fällen gehen Kenntnisse der Eltern über Vorurteile zu bestimmten Behinderungsformen hinaus. Diese sind meist eher negativ geprägt und belasten die Eltern zusätzlich. Mütter erleben sich aufgrund der traditionellen Rollenverteilung, zu der meist zurückgekehrt wird, wenn ein Kind mit Behinderung in der Familie ist, belasteter als Väter. 40 % der Mütter fühlen sich überdurchschnittlich belastet und/oder depressiv (Sarimski 2001). Dies hängt selbstverständlich auch von der Schwere der Behinderung und den Verhaltensmerkmalen des Kindes ab sowie den individuellen Bewältigungsmöglichkeiten und Ressourcen in der Familie. Viele Mütter fühlen sich speziell durch die „Förderarbeit" belastet. Väter setzen eher kognitive Bewältigungsstrategien ein, indem sie Informationen über die Behinderung, Entwicklungs- und Fördermöglichkeiten suchen (Sarimski 2001).

Der Beratung der Eltern kommt in dieser instabilen und hoch sensiblen Situation besondere Bedeutung zu. Auch die Eltern haben ein hohes Bedürfnis nach Beratung in erzieherischen Fragen, über Entwicklungschancen und nach Informationen über Behinderung und Förderung (Speck 2001).

In einer Befragung von 273 Familien mit chronisch kranken und behinderten Kindern von Thyen (Thyen et al. 2000) waren die meisten mit der medizinischen Versorgung zufrieden, aber 41 % der Befragten wünschten psycho-soziale Beratung und mehr als ein Fünftel fühlte sich vor allem bei Erziehungsfragen, Schul- und Verhaltensproblemen nicht ausreichend beraten. Fast genauso viele entbehrten Beratung über soziale Hilfen, Familienentlastende Dienste (FED) oder Selbsthilfegruppen. Die Koordination von Hilfen ist nach wie vor unzureichend. Eltern sind gezwungen, sich ständig selbst zu informieren und den Weg zu verschiedenen Kostenträgern und Anlaufstellen selbst zu suchen. Dem sind nicht alle Eltern gewachsen, so dass ein Case-Management, bei dem eine Person begleitet und koordiniert, bei Familien in besonders schwierigen Lagen wünschenswert und nötig ist (Thyen et al. 2000; Sarimski 2005).

Elternberatung in der Frühförderung hat zwei Aspekte. Im Sinne des Consultings, der Entwicklungsberatung, entwicklungsdiagnostischen Beratung oder entwicklungsbezogenen Beratung geht es um fachliche Informationen, die Auswirkung von Behinderungen oder Krankheiten bei grundsätzlich intakten familiären Strukturen. Im Counseling steht die Begleitung, Unterstützung und Beratung der Eltern im Hinblick auf ihr krankes, behindertes oder von Behinderung bedrohtes Kind im Vordergrund. Beide Aspekte werden sich in einzelnen Fällen mischen (Brandtstädter/Gräser 1999).

Consulting

Die Eltern sind in der Regel nicht auf Behinderung, Entwicklungsverzögerung oder chronische Krankheit ihres Kindes eingestellt. Sie wissen nicht, welche Bedürfnisse beispielsweise ein extrem früh geborenes Kind, ein Kind mit Down-Syndrom oder ein hörbehindertes Kind haben kann und welcher besonderen Pflege es bedarf. Sie brauchen Hinweise auf mögliche Probleme, Anregungen für die Beschäftigung mit dem Kind und Unterstützung im Umgang mit speziellen, herausfordernden Verhaltensweisen. Sie müssen über den individuellen Entwicklungsstand und die ganz persönliche Entwicklung ihres Kindes, das trotz eines klassifizierbaren Syndroms ein Kind mit eigenen Entwicklungspotentialen und einer individuellen Persönlichkeit ist, informiert werden. Sie brauchen auch Informationen über das spezifische Syndrom oder die Krankheit ihres Kindes, um den Alltag entsprechend zu gestalten und auf mögliche Verhaltensbesonderheiten vorbereitet zu sein. Dazu gehört auch das Auflösen von Vorurteilen: Nicht jedes Kind mit Down-Syndrom ist sehr kommunikativ und nicht jedes Kind mit Autismus vermeidet den Kontakt vollkommen.

Hilfreich sind oft einfache Anleitungen für den täglichen Umgang, das so genannte Handling, das alltägliche Verrichtungen erleichtern und dabei Folgeschäden, beispielsweise Haltungsschäden bei Cerebralparesen (durch hirnorganische Störungen bedingte Bewegungsstörungen wie Spastiken, Athetosen und Ataxien) vorbeugen kann. In den Förderstunden wollen Eltern oft über das Kind reden und Prognosen über die zukünftige Entwicklung hören. Einschätzungen der Entwicklungsmöglichkeiten sind jedoch schwierig. Sätze wie: „Ihr Kind wird niemals laufen lernen“, oder „Ihr Kind wird nie eine normale Schule besuchen können!“, können die Sicht und Erwartungen der Eltern schlagartig verändern und sie in ihren Verhaltensmustern verunsichern.

Wenn der Frühförderer Entwicklungshemmnisse bei einem Kind bemerkt, steht er in dem Dilemma, seine Befürchtungen zu äußern oder zu warten, bis die Eltern selbst darauf kommen. In der Regel wollen Eltern jedoch früh wissen, „was mit ihrem Kind ist“, und fühlen sich hintergangen, wenn sie vertröstet werden (Klauß 1999). Diagnosen sollten so früh wie möglich gestellt werden, um dann Informationen zu geben und Therapiemöglichkeiten aufzuzeigen (Warnke 1999).

Gerade bei schwer wiegenden Behinderungen und starker emotionaler Betroffenheit der Familie ist der Umgang mit der eigenen Betroffenheit des Beraters besonders schwierig. Kein Berater oder Frühförderer, der Eltern eine „schlechte Nachricht“ über die Entwicklungschancen ihres Kindes geben muss, wird dabei völlig emotionsfrei sein. Sich den Fragen der Eltern zu entziehen und sie selbst durch Fragen hinter die Einschätzung des Therapeuten kommen zu lassen, ist jedoch eine eher grausame Methode (Thurmair/Naggl 2003).

Berater in solchen hoch emotionalen Situationen müssen damit rechnen, dass Eltern nicht alle Informationen aufnehmen können, sondern vielleicht an einer einzigen Aussage gedanklich hängen bleiben (Eulitz/Gebhardt 1996) oder sie sofort verdrängen.

B

Andreas erkrankte im Alter von einem Jahr an Meningitis und behielt eine Schwerhörigkeit zurück. Der Mutter wurde geraten, dem Jungen so viel Sprache wie möglich „beizubringen", da gerade nach Meningitis der Hörschaden sich über die Jahre verschlechtern könne bis zu völligen Taubheit. Als Andreas neun Jahre alt war, verlor er sein Restgehör durch einen Hörsturz. Die Mutter „fiel aus allen Wolken" und konnte sich erst nach Monaten, als sie begann, sich mit der Gehörlosigkeit ihres Sohnes abzufinden, wieder an die Prognose erinnern.

Wichtig ist, aufzufangen, was die Mitteilung einer ungünstigen Prognose bei den Eltern ausgelöst hat, Trauer und Verzweiflung zuzulassen, sie nicht „weg reden“ zu wollen und dazu zu stehen, dass Helfer in bestimmten Situationen einfach nicht helfen können.

Die Unterstützung muss auf die Bedürfnisse der Familie, ihre Lebenssituation, ihre individuellen Lebensentwürfe und Entscheidungen abgestimmt werden. Der Berater oder Frühförderer hat dabei einen Informationsvorsprung über die Behinderung, die generellen Entwicklungsmöglichkeiten eines davon betroffenen Kindes und kennt Entwicklungsverläufe bei anderen Kindern mit ähnlichen Störungen. Dadurch entsteht die Gefahr, die Eltern nach eigenen Maßstäben erziehen zu wollen und bei Stagnation der Fördererergebnisse die Verantwortung auf die Eltern, die nicht den Anweisungen gefolgt sind, abzuwälzen (Thurmair/Naggl 2003). Die Eltern kennen ihr Kind und ihre Gesamtsituation jedoch am besten. Sie wissen, was ihnen hilft und was sie eher belastet. Wenn das nicht beachtet wird, ist „familienorientierte Beratung" manchmal nicht an den Anliegen der Familie orientiert, sondern wirkt sich als Eingriff in die Autonomie der Familie aus. Je „unfähiger" die Eltern von den Frühförderern erlebt werden, umso mehr sehen sie sich gedrängt, „gute Ratschläge" zu geben (Thurmair/Naggl 2003). Wenn sich Eltern zu co-therapeutischen Handlungen gezwungen fühlen, ihnen Behandlungskonzepte aufgedrängt werden und sie ihren Tagesablauf nach den organisatorischen Anforderungen der Behandlung organisieren müssen, entstehen oft Widerstände und Schuldgefühle, die dadurch verstärkt werden, dass ihnen von Seiten der Fachleute mangelnde Akzeptanz der Behinderung oder Unkooperativität vorgeworfen wird (Warnke 1999). Fehlzeiten oder häufiges Absagen von Terminen signalisieren oft Unzufriedenheit (Thurmair/Naggl 2003). Wenn Eltern die Behinderung leugnen, Fortschritte nicht wahrnehmen, den Schweregrad der Behinderung oder Entwicklungsverzögerung über- oder unterschätzen, die Behinderung als schicksalhafte Bestimmung ansehen, gegen die man ohnehin nichts unternehmen kann, ist eine erfolgreiche Arbeit ebenfalls gefährdet (Warnke 1999).

Bilanzgespräche

Expertenurteile dürfen nicht entmündigend sein, indem die Vorstellungen der Frühförderer als einzig richtige dargestellt und den Eltern entsprechende Anweisungen gegeben werden. Andererseits können Experten oft schlecht vertragen, wenn Eltern eigene Vorstellungen entwickeln und die Verantwortung nicht an die Experten delegieren (Sarimski 2005). Als Möglichkeit einer gemeinsamen Erarbeitung einen Konsens zu finden bieten sich Bilanzgespräche an, in denen resümiert wird, welche Fortschritte bisher erreicht worden sind und welche in naher Zukunft zu erwarten sind. Dies sollte möglichst mit beiden Eltern gemeinsam in einem ruhigen Raum und in angemessener Zeit geschehen.

videogestützte Beratung

Die durch Unsicherheiten der Eltern oft gestörte Eltern-Kind-Interaktion kann durch videogestützte Beratung verbessert werden. Bei den meisten Eltern finden sich neben misslingenden Interaktionen immer auch gelingende, spielerische Dialoge, an denen den Eltern förderliche Verhaltensweisen deutlich gemacht werden können. Das Vertrauen der Eltern in die eigenen Fähigkeiten zur Bewältigung der besonderen Anforderungen wird dadurch gestützt und Zukunftsperspektiven können entwickelt werden (Sarimski 2001, 2005).

Die Kooperation zwischen Eltern und Frühförderern ist schnell gefährdet bei starker sozio-ökonomischer Belastung der Familie, besonders wenn sie mit einem niedrigen Bildungsstand einhergeht. Wenn – meist – Mütter allein erziehend sind, wenn viele Kinder zu versorgen, schlechte wirtschaftliche und wohnliche Verhältnisse zu beobachten und kaum nachbarschaftliche oder freundschaftliche Beziehungen vorhanden sind, die entlasten können. Auch mangelhafte elterliche Fürsorge kann die Arbeit der Frühförderung erschweren (Warnke 1999).

B

Jonas wurde mit einer Enzephalozele geboren, einem fehlenden Verschluss des oberen Neuralrohrs, bei dem am Hinterkopf Hirnhäute und Hirnmasse austreten. Jonas hat mehrere Operationen hinter sich, die u. a. einen Hydrocephalus („Wasserkopf") verhindern halfen. Jonas ist inzwischen vier Jahre alt, er hat verspätet und sehr unsicher laufen gelernt, er hat eine ausgeprägte Sehschwäche und spricht nur wenige Worte. Die Eltern leben getrennt, er hat eine zwei Jahre ältere Schwester und lebt mit ihr bei der Mutter. Der Vater findet Jonas „ganz normal" und glaubt, dass er mit ein bisschen Hilfe den Anforderungen einer Regelschule gewachsen sein wird. Die Mutter sieht Jonas als schwer behindert. Hausfrühförderung wurde eingeleitet. Diese fand Jonas' Schwester häufiger am späten Vormittag mit einer Tüte Chips vor dem Fernseher vor, während Jonas in seinem Gitterbettchen, das er nicht selbständig verlassen konnte, inmitten seiner ausgezogenen und zerpflückten Windel saß. Die Mutter wurde dann von der älteren Schwester geweckt. Die Hausfrühförderer weigerten sich nach einiger Zeit, in die Familie zu gehen, weil ein Streit zwischen Vater, Mutter und neuem Freund der Mutter in der Drohung, Schusswaffen zu gebrauchen, eskalierte. Die Großmutter, die im selben Haus wohnt, kümmerte sich hin und wieder um die Kinder, einer Einladung, Jonas' Entwicklungsstand und seine Förderbedürfnisse festzustellen, kam auch sie nicht nach.

Counseling

Eltern behinderter oder kranker Kinder sind nicht grundsätzlich selbst therapiebedürftig, auch wenn Frühförderer oft ungefragt „Hilfen“ und psychologisierende Erklärungsmuster anbieten. Sie sind in erster Linie „normale Eltern“. Die Vorstellung, dass sie durch Schuld, Scham oder Angst geplagt seien oder zwischen Überfürsorglichkeit und Ablehnung schwankten, ist zwar weit verbreitet, trifft aber nur auf wenige Eltern zu (Warnke 1999). Allerdings haben Eltern behinderter Kinder besondere Belastungen zu tragen. Dann bekommt Beratung eher den Aspekt des Counseling, der Begleitung bei Orientierungs- und Klärungsprozessen. Diese Art der Beratung ist ein eigenständiges Angebot der Frühförderung, die die fachliche Beratung, das Consulting, überspannt. In der mehr psychotherapeutisch orientierten Beratung, ist nicht wichtig, was der Berater aufgrund seines Expertentums für Fragen von frühen Behinderungen und Krankheiten für die Entwicklung des Kindes gut und richtig findet, sondern die Hilfe zur Auseinandersetzung mit Selbstvorwürfen, Schuldgefühlen, Gefühlen des Versagens und Versäumens, der Trauer und der Befürchtung, das Kind nicht so lieben zu können wie dessen Geschwister. Dabei geht es nicht darum, das Leiden der Eltern „weg zu diskutieren“, sondern um ein Angebot, im Schutz der Beratungsbeziehung die Trauer zu akzeptieren und auch negative Gefühle zuzulassen.

Bewältigung und Akzeptanz

Der „Bewältigung“ der Behinderung und der Akzeptanz des Kindes wird dabei oft eine große Bedeutung beigemessen. Analog zu den Modellen von Trauerverarbeitung (Kast 1990) werden auch Stufenmodelle zur „Behinderungsverarbeitung“ postuliert (Schuchardt 1980). Diese sind jedoch wenig flexibel auf den individuellen Verarbeitungsprozess bezogen und führen eher zu einer Einordnung der Eltern in eine bestimmte Entfernung auf dem Weg zur Akzeptanz. Akzeptanz der Behinderung des Kindes kann jedoch nicht „verordnet“ werden, auch wenn die Frühförderer sie für wünschenswert halten. Stressmodelle und Ressourcenerhaltungsmodelle sind besser geeignet, die in verschiedenen Lebensabschnitten (Eintritt in Kindergarten, Schule oder Arbeitsleben, Auszug aus dem Elternhaus) immer wieder neuen Anforderungen, die Bewältigungen erfordern und neue Krisen auslösen können, zu beschreiben.

Consulting und Counseling gehen in der Frühförderung oft Hand in Hand oder ineinander über. Allerdings müssen sich Frühförderer manchmal zurücknehmen und nicht Eltern unbedingt „helfen“ wollen, mit der Behinderung ihres Kindes fertig zu werden, wenn sie nur nach einer Information gefragt haben (Thurmair/Naggl 2003). Frühförderung ist handlungs- und beziehungsorientiert zugleich. Eltern von Kindern, die Frühförderung benötigen, wollen oft eine konkrete Hilfe für das Kind, sehen keinen Beratungsbedarf für sich selbst und fühlen sich von wohlgemeinten Beratungsangeboten in ihrer Autonomie eingeschränkt, in einer Situation, in der sie sich ohnehin verletzlicher und hilfloser fühlen als Eltern nicht betroffener Kinder.

Deutungen und Interpretationen, die als verdeckte Vorwürfe aufgenommen werden, können die Zusammenarbeit erschweren.

B

Der vierjährige, hochgradig hörgeschädigte Hendrik verweigerte nach einem Jahr den Besuch des Kindergartens für Schwerhörige. Er klammerte sich am Tischbein fest, wenn der Fahrer ihn morgens abholen wollte, ließ sich, im Kindergarten angekommen, von ihm ins Haus tragen, blieb dort auf einem Stuhl sitzen und ließ sich mittags in das Auto tragen, das ihn wieder nach Hause bringen sollte. Alle Versuche, einen Grund für sein plötzlich verändertes Verhalten herauszufinden, scheiterten an der mangelnden Sprachfähigkeit des Kindes. Der Mutter wurde die Situation in einem Beratungsgespräch erklärt, in dessen Verlauf die Erzieherin sagte: „Schauen Sie mal hier, die kleine Jennifer, die kommt gerne zu uns, deren Eltern stehen auch voll hinter dem Kindergarten und die haben die Behinderung akzeptiert!“ Die Mutter spürte einen unterschwelligen Vorwurf, die Behinderung nicht „verarbeitet“ und selbst die Verweigerung des Kindes verursacht zu haben. Sie war verstimmt und dachte: „Wenn die ihren Kindergarten ansprechender gestalten würden, würde mein Kind auch gerne hingehen.“ Jahre später, als Hendrik nach der damaligen Situation gefragt werden konnte, berichtete er, dass der Einzelunterricht, der im zweiten Kindergartenjahr begann, in einem grün gekachelten, ehemaligen Waschraum des umgebauten Internates stattfand, und er, der bereits etliche Operationen hinter sich hatte, befürchtet hatte, dass man eines Tages über ihn herfallen und ihn dort operieren würde.

Die wohlmeinende Erzieherin sah eine Veränderungspflicht bei der Mutter, sie war mit der Interpretation des Verhaltens schnell bei der Hand, ebenso wie die Mutter, die in eine Abwehrhaltung geraten war, während der „wahre“ Grund wohl ewig verborgen geblieben wäre, wäre nicht zufällig später darüber gesprochen worden.

elternzentrierte Beratungsgespräche

Elternzentrierte Beratungsgespräche können helfen, Blockaden in der Interaktion zwischen Eltern und Kindern und Beratern in der Frühförderung aufzulösen. Dabei sind die qualitativen Merkmale der Erzählung wichtig, wie distanziert oder emotional die „Geschichte“ erzählt wird, und ob Erwartungen an die Entwicklungsmöglichkeiten des Kindes realistisch und angemessen sind (Sarimski 2001).

B

Der Vater der über zweijährigen Julia, selbst Psychologe, erklärt im Beratungsgespräch, dass Julia ein besonders großes und langgliedriges Kind sei. Sie habe daher Probleme ihre Gliedmaßen zu koordinieren und das sei der Grund dafür, dass sie noch nicht laufen könne. Es war außerordentlich schwer, dem Vater die vielen weiteren Hinweise auf eine Entwicklungsverzögerung deutlich zu machen, weil er sie alle mit ähnlichen Erklärungen abwehrte. Das Beispiel zeigt, dass auch Psychologen Menschen sind, die sich ihre Welt in eine erträgliche umdeuten.

Beziehungsstile

Frühförderung ist spezifischer als ein Hilfesystem im Sinne der Jugendhilfe. Es geht nicht um Kontrolle der elterlichen Erziehung, wenngleich es oft schwer fällt, Familiensysteme nicht „optimieren“, Beratung nicht in eine allgemeine Erziehungsberatung ausweiten zu wollen. Beratung in der Frühförderung hat eher den Aspekt der Dienstleistung. Klient und Anbieter entscheiden gemeinsam, welche Hilfe sinnvoll und notwendig ist (Emlein 2001). Beratung, Begleitung, Anleitung und Therapie stehen als Beziehungsstile oft nebeneinander oder wechseln sich ab. In der Beratung sollen interne Blockierungen, die verhindern, dass das System seine Möglichkeiten nutzt, abgebaut werden, um eine erweiterte, lösungsorientierte Sicht zu gewinnen. Begleitung ist Anteilnahme, wenn es nichts zu beraten gibt, wenn Eltern mit ihrem Schicksal hadern, zu unterstützen, um das Schicksal leichter zu machen (Emlein 2001). Das Achten der Stile verhilft zur Klarheit der Beratungsaufträge für die Frühförderung. Auch im Rahmen der Frühförderung gibt es noch kein verbindliches Weiterbildungscurriculum in Beratung und Beziehungsgestaltung (Emlein 2001).

Regulationsstörungen

Auch wenn ein Kind keine Behinderung oder Entwicklungsverzögerung aufweist, können Eltern von Säuglingen und Kleinkindern einen erhöhten Beratungsbedarf haben. Besonders im Säuglingsalter, wenn das Baby über seinen Zustand noch keine Auskunft geben kann, sondern Signale aussendet, die normalerweise von den Eltern intuitiv richtig interpretiert und beantwortet werden, kann der Dialog zwischen Eltern und Kind „entgleisen“. „Schreibabys“, Fütter- und Gedeihstörungen oder Probleme in der Ausbildung eines Schlaf-Wach-Rhythmus’, so genannte Regulationsstörungen, können die Folge sein. Diese sehr frühen Störungen können sich in eine manifeste Beziehungsproblematik ausweiten (Papoušek 1998), dem Baby die Anpassung und das Erleben von Selbstwirksamkeit erschweren („Mein Verhalten hat vorhersehbare und kontrollierbare Konsequenzen.") und im schlimmsten Fall zu Kindesmisshandlungen führen, wenn Vater oder Mutter völlig entnervt das schreiende Baby schütteln oder dem die Nahrungsaufnahme verweigernden Kind die heiße Flasche in den Mund schieben.

Die Beratungsstelle „MenschensKind" wurde in Hamburg in einem „Sozialen Brennpunkteprogramm" zur Prävention von Kindesmisshandlung und -vernachlässigung 1993 eröffnet (Barth 1996). Ähnliche Angebote gibt es inzwischen in vielen Regionen.

B

„Herr und Frau A. beschrieben ihre 15 Monate alte Tochter bei der Anmeldung als hyperaktiv. Das Kind sei unzufrieden und jammere ständig. Spielen könne es auch nicht richtig. Es wende sich hektisch immer neuen Dingen zu und verliere nach kürzester Zeit das Interesse an ihnen. Außerdem stolpere es über seine eigenen Beine und hänge viel an Mutters Rockzipfel. In der Sitzung sah man zunächst ein ausgeglichenes Kind, das sich anfangs – wie in dem Alter zu erwarten – stärker den Eltern zugewandt beschäftigte, später aber den Raum erkundete und auch mit der Therapeutin Kontakt aufnahm. Gegen Ende der Sitzung wurde das Kind unruhiger. Es spielte nicht mehr allein, sondern wollte auf den Schoß. Sobald es auf dem Schoß saß, wollte es wieder runter. Es verlangte nach der Flasche, schob sie kurze Zeit aber wieder beiseite und quengelte. Dann nahm es sich Spielsachen, war damit aber auch nicht zufrieden. ‚Sehen Sie', sagten die Eltern ‚das ist das Problem. So ist sie immer, nichts ist richtig.'" (Barth 1998, S. 80)

Eltern gehen oft von unangemessenen Erklärungsmodellen aus, warum das Kind sich so verhält. In dem Beispiel übersehen sie die Zeichen von Müdigkeit und interpretieren sie als Hyperaktivität (Barth 1998). Oft reichen kurze Interventionen, den „Teufelskreis" negativer Gegenseitigkeit, dem Mangel an intuitiver Unterstützung, Vernachlässigung, Misshandlung oder ängstlicher Überfürsorge, in einen „Engelskreis" positiver Gegenseitigkeit, der Erleichterung der Selbstregulation, der kompensatorischen Unterstützung und Bestärkung der intuitiven Kompetenzen, zu verwandeln (Papoušek 1999).

systemische Perspektive

Beratung im Feld der Regulationsstörungen hat eine klinisch-entwicklungspsychologische und eine deutlich systemische Perspektive. Eltern erleben die Belastung subjektiv höchst unterschiedlich. Die Erfahrungen der Verfügbarkeit der eigenen Eltern, die Ansprüche an das Kind, die „Passung" von Kind und Eltern

(Largo/Benz-Castellano 2004) und die Vorstellungen von einem „perfekten Baby“ wirken in die Beziehungsgestaltung hinein (Barth 1998).

Die ausführliche, persönliche Beratung der Eltern im Sinne einer Sensibilisierung für die Signale des Kindes, eine klare Strukturierung von Fütter-, Schlaf- und Wachphasen, die sich an den Verhaltenszuständen des Kindes orientiert und die Vermeidung von Überstimulation konnte in den wenigen vorhandenen kontrollierten Studien als effektiv nachgewiesen werden (Ziegler et al. 2004).

Ambulanz für „Schreibabys“

Inzwischen gibt es Ambulanzen für „Schreibabys“ (Barth 1996, 1998; Papoušek 1998; Ziegler et al. 2004), in denen die Eltern in ihren Schuldgefühlen, ihrer Verzweiflung und ihrer Ratlosigkeit ernst genommen und durch Information über die Häufigkeit derartiger Probleme und ihre Zusammenhänge entlastet werden. Dem „Lesen“ der kindlichen Signale in „Übungsstunden“ (Barth 1998; Ziegler et al. 2004) folgen praktische Anleitungen mit Unterstützung der Berater, allerdings ohne konkrete, direktive Verhaltensanweisungen, sondern mit Blick auf die Initiativen des Babys (Papoušek 1998). Oft wird auch mit Videofeedback gearbeitet, dessen Einsatz jedoch nur unter kontrollierten Bedingungen und bei stabilisierten Eltern erwogen werden sollte, da es meist ungeschminkt die negativen Affekte und Misserfolge zeigt (Papoušek 1998).

Sowohl bei Behinderungen oder chronischen Krankheiten eines Kindes als auch bei Problemen in der Interaktion zwischen Eltern und Kind ist eine Beratung im Sinne des Consulting meist notwendig und im Sinne des Counseling oft erforderlich, um die für die weitere Entwicklung des Kindes wichtige Bindungssicherheit und Selbstwirksamkeitserfahrungen für Eltern und Kind zu ermöglichen.

7.4 Beratung bei chronischer Krankheit oder Behinderung

Gesundheit

„Gesundheit ist der Zustand geistigen, seelischen, körperlichen und sozialen Wohlbefindens und nicht allein das Fehlen von Krankheit und Gebrechen“, hat die Weltgesundheitsorganisation bereits vor 60 Jahren definiert (WHO 1946). Gesundheit ist damit kein statischer, sondern ein ständig neu zu schaffender Balancezustand von physischer, psychischer und sozialer Entwicklung einer Person und vielfältigen Umweltfaktoren, die auf die individuelle Entwicklung einwirken. Gesundheit ist nicht von Krankheit kategorial verschieden, sondern bewegt sich auf einem Kontinuum zwischen maximaler und minimaler Gesundheit. Behinderung oder chronische Krankheit bezeichnet in der Definition der WHO physische Schädigungen (Impairment), also die Beeinträchtigung einer Körperfunktion oder -struktur im Sinne einer wesentlichen Abweichung oder eines Verlustes. Auf der Grundlage der Schädigung sind tägliche Aktivitäten (Activity) erschwert oder unmöglich, wodurch wiederum die Teilhabe (Participation) an einem Lebensbereich bzw. einer Lebenssituation in der Gesellschaft mehr oder weniger behindert wird (WHO 2001).

Prävention

Maßnahmen, Gesundheit zu erhalten und Krankheit, Behinderung oder Beeinträchtigung des Wohlbefindens zu verhindern, werden unter dem Konzept der Prävention zusammengefasst. Der Präventionsbegriff bezieht sich auf alle zielgerichteten spezifischen oder unspezifischen Handlungen, die die Lebensbedingungen für einzelne Personen oder Gruppen von Personen so verbessern, dass Behinderungen oder Krankheiten nicht auftreten oder deren soziale Folgen vermieden oder gemindert werden.

Primärprävention

Unter Primärprävention oder Gesundheitsschutz versteht man das Vermeiden von biologischen Schädigungen und psychosozialen Beeinträchtigungen, die zu Behinderungen oder chronischen Krankheiten führen können. Primärprävention kann auch unspezifisch Aufklärung und Beratung für eine gesunde Ernährung oder über die Bedeutung von Bewegung und Anleitung zu angemessener Stressbewältigung beinhalten. Die Motivation zu gesundheitsförderlichem Verhalten ist eine der Hauptaufgaben der Beratung im Rahmen der Primärprävention. Die Maßnahmen müssen der Lebenswelt und den Motiven des Klienten angemessen sein, wenn sie angenommen werden sollen. Schließlich weiß jeder Raucher, dass Rauchen schädlich ist, ohne dass er deswegen das Rauchen lässt!

Beratung dient einer allgemeinen Gesundheitsförderung, die als protektiver Faktor und als Ressource zur Bewältigung schwieriger Lebenslagen gilt. Aufklärende und vorbeugende Maßnahmen stehen bei der Primärprävention im Vordergrund.

Sekundärprävention

Sekundärprävention bezeichnet das Vermindern der Folgen einer bestehenden und nicht korrigierbaren, biologischen Schädigung oder psycho-sozialen Beeinträchtigung für die individuellen Entwicklungs- und Entfaltungsmöglichkeiten.

Tertiärprävention

Tertiärprävention und Rehabilitation fassen Maßnahmen zusammen, die eine drohende Aussonderung von Menschen mit Behinderung oder chronischer Krankheit aus dem allgemeinen gesellschaftlichen Leben verhindern.

Beratung in der Prävention

Akute oder chronische Erkrankungen und Behinderungen können im Sinne der Primärprävention oft nicht verhindert werden, psychische und soziale Faktoren spielen jedoch für den Verlauf und die Verarbeitung der damit verbundenen Belastungen eine wesentliche Rolle (Faltermaier 2004). Beratung setzt daher meist in der sekundären und tertiären Prävention ein. Insbesondere Hilfen bei emotionalen Krisen beispielsweise nach der Diagnoseeröffnung einer schwer wiegenden oder lebensbedrohlichen Krankheit, Hilfen zur Minderung von Risikofaktoren wie Stressabbau, Aufbau von an die Erkrankung angepassten Verhaltensmustern, Anpassung des familiären Systems oder Auswahl von Behandlungs- und Rehabilitationsmaßnahmen sind Themen der Beratung in diesem Kontext. Beratung im Zusammenhang mit Behinderung oder chronischer Krankheit richtet sich damit an die Betroffenen, ihre Angehörigen und auch an Selbsthilfegruppen (Faltermaier 2004).

Rehabilitation

Die tertiäre Prävention oder Rehabilitation dient dem Wiedererlangen von Selbstwirksamkeit und dem Aufbau und Erhalt von Ressourcen (Broda/Klinkenberg 2004). Der Klient lernt, sein Leben (wieder) selbst zu steuern. Beratung gibt Hilfe zur Orientierung und Entscheidung bei der Auswahl der vielfältigen gesetzlichen Unterstützungsmöglichkeiten, die für den Einzelnen oft unüberschaubar sind. In zahlreichen Gesetzen der Sozialgesetzbücher, Richtlinien und Empfehlungen werden diese Aufgaben der Prävention als Gesundheitsschutz, Früherkennung und Rehabilitation in betrieblichen, schulischen und kommunalen Zusammenhängen geregelt. Ein Überblick über die gesetzlichen Vorgaben und ihre Umsetzung findet sich bei Walter (2003). Bei chronischen Krankheiten und Behinderungen ergeben sich vielfältige Beratungsanlässe:

- Erläuterung der medizinischen Situation und Behandlungsmöglichkeiten,
- Verarbeitung der veränderten Lebenssituation im familiären Kontext und im sozialen Umfeld,
- Hilfestellungen im Zusammenhang mit beruflicher Rehabilitation,

- Beratung von Angehörigen in Bezug auf eine veränderte Lebenssituation und
- Beratung von Angehörigen in Bezug auf die veränderten Bedürfnisse des Erkrankten

Berater im Kontext von chronischer Krankheit und Behinderung brauchen neben den beraterischen Kompetenzen Wissen um Gesundheit, Gesundheitsförderung und die gesetzlichen Vorgaben der Rehabilitation. Chronische Krankheiten und Behinderungen werden von den Betroffenen und ihren Angehörigen als massiver Einschnitt in die Lebensgestaltung erlebt, der eine persönliche, soziale und berufliche Umstrukturierung nötig macht. Im akuten Stadium einer Erkrankung ist oft nicht klar, ob und welche Beeinträchtigungen zurückbleiben werden. Betroffene und Angehörige erleben ein nicht normatives kritisches Lebensereignis, für das sie zunächst keine Handlungsstrategien haben.

„erlernte Hilflosigkeit"

Stationäre Behandlung ist mit einer „Rund-um-Versorgung" verbunden. Der Patient hat normalerweise wenig Möglichkeiten, Einfluss auf die Ausgestaltung des Ablaufs zu nehmen. Entscheidungen, wann welche Behandlung oder Untersuchung angesetzt wird, kann er meist nicht treffen, nicht einmal, wann er geweckt werden, sich waschen oder essen will. Auch die Angehörigen nehmen ihm Entscheidungen ab und regeln erforderliche Maßnahmen. In diesem Setting besteht die Gefahr in eine „erlernte Hilflosigkeit" (Seligman 1992) zu fallen. Hilflosigkeit, Passivität und Resignation entstehen, wenn für eine Person die Umwelt unvorhersehbar und unkontrollierbar erscheint, so dass sie sich ihr ausgeliefert fühlt und glaubt, keine eigenen Einwirkungsmöglichkeiten zu haben. Diese Einstellung weitet sich auch auf Bereiche aus, in denen durchaus Kontrolle und Vorhersehbarkeit gegeben wären. Beratung im Feld von chronischer Krankheit und Behinderung hat daher vorrangig das Ziel, der „erlernten Hilflosigkeit" entgegenzuwirken und im Sinne des Empowerments vorhandene Potentiale und Ressourcen zu erhalten und zu stärken, um damit ein trotz der Einschränkungen höchst mögliches Maß an Autonomie zu erhalten (Karschuk/Stauber 2003).

Case-Management

Aus den Gesundheitswissenschaften stammt das Case- oder Fallmanagement, das dem Empowermentgedanken Rechnung trägt. Dabei steht der Klient oder Patient im Mittelpunkt einer Zusammenarbeit aller befassten Disziplinen und Institutionen, die durch einen für ihn zuständigen Case-Manager vertreten sind, und ist an den Entscheidungsprozessen beteiligt. Dadurch kann er Einfluss auf das Vorgehen nehmen und dabei Selbstwirksamkeit erfahren. Das Hilfesystem kann von seinem Expertentum für seine persönliche Situation ebenso profitieren und lernen, wie er vom Hilfesystem. Das stärkt seine Kompetenz und Kooperationsbereitschaft. Die Beteiligung am Prozess geht über die reine Information hinaus und erhält dem Klienten seine Eigenverantwortung.

psychische Erkrankungen

Bei psychischen Erkrankungen muss neben der psychophysischen Beeinträchtigung, die in der Regel mit veränderten Selbst- und Fremdwahrnehmungen einhergeht, oft auch mit Störungen des Kommunikationsprozesses gerechnet werden. Das macht den Umgang mit psychisch kranken Menschen im Alltag oft schwierig. Die soziale Eingliederung ist erschwert und ein sozialer Abstieg nicht selten. Psychische Erkrankungen neigen zur Chronifizierung mit immer wieder notwendig werdenden stationären Behandlungen, so dass ein „Drehtüreffekt“ entstehen kann. Oft sind psychiatrische Erkrankungen mit fehlender Krankheitseinsicht verbunden, was zu Problemen bei der Inanspruchnahme medizinischer Versorgung und häufig zum Absetzen der erforderlichen Medikation führen kann, wodurch wiederum stationäre Aufenthalte nötig werden.

B

Frau H. hat die Realschule abgeschlossen und eine Ausbildung als Bürokauffrau absolviert. Sie heiratet und bekommt einen Sohn, Patrick. Nach einigen Jahren wird die Ehe geschieden. Patrick bleibt bei der Mutter, der Vater kümmert sich nicht mehr um ihn. Sie und Patrick sind ein „starkes Team“, sagt Frau H. Als Patrick zehn, zwölf Jahre alt ist, muss er der Mutter zu jeder Tages- und Nachtzeit an der Tankstelle Bier kaufen. Wenn er nicht gehorcht, wird er eingesperrt mit einem Eimer, in den er urinieren kann. Wenn es zum Streit kommt, schüttet sie ihm den vollen Eimer über den Kopf. Frau H. geht mehrere Beziehungen ein, aus denen zwei weitere Kinder von verschiedenen Vätern stammen. Von Zeit zu Zeit glaubt Frau H., die Männer missbrauchen ihre Kinder. Sie reagiert dann sehr heftig, ruft die Polizei und schmeißt die Männer raus. Nach der Geburt des letzten Kindes „bricht sie zusammen“, ein mehrmonatiger stationärer Aufenthalt wird nötig. Frau H. glaubt an eine „Wochenbettdepression“. Sie berichtet, dass fremde Personen auf der Straße ihr ganzes Leben kennen und Scientologen sie gefangen halten. Inzwischen ist sie überzeugt, dass der nun 15-jährige Patrick seinen vierjährigen Bruder Marvin missbraucht. Sie lässt Patrick nach einem heftigen Streit mit der Polizei abholen. Weitere stationäre Aufenthalte folgen. Die Kinder werden in Heimen und Pflegefamilien untergebracht. Patrick, inzwischen 16 Jahre alt, will nicht zur Mutter zurück, zwei Jahre später hat er selbst seinen ersten Psychiatrieaufenthalt. Um Marvin, ihren Liebling, mit dem sie nun ein „starkes Team" bildet, kämpft Frau H. wie eine „Löwin". Den nehme man ihr nur ab, weil das Heim Geld an ihm verdienen wolle. Das inzwischen fünfjährige Mädchen sei „bösartig", will sie nur ärgern. Sie tritt und schlägt es und muss, wie sie selbst sagt, es davor bewahren, dass sie ihm etwas Schlimmeres antut, indem sie es aus der Wohnung aussperrt. Dennoch setzt sie alles daran, dass es bei ihr bleiben darf.

Frau H. lebt alleine in einer Dreizimmerwohnung, hat außer ihren kurzfristigen Männerbekanntschaften keine Freunde. Freundschaften scheitern nach kurzer Zeit, weil Frau H. die Freunde verdächtigt, sie bestohlen zu haben, ihr die Kinder abnehmen zu wollen oder sie angezeigt zu haben. Ihre Herkunftsfamilie hat sich schon lange zurückgezogen. Frau H. lebt von Sozialhilfe, ist nicht arbeitsfähig. Im Umgang mit ihr fällt auf, dass ihre Erklärungsmuster durch Konfrontation mit Realitäten praktisch nicht aufzulösen sind. Die Psychiatrieaufenthalte dienten ihr nur zur „Erholung", krank ist sie in ihren Augen nicht. Die Medikamente nimmt sie nach eigenem Ermessen oder gar nicht. Den Psychiater sucht sie höchst sporadisch auf. Eine ambulante Therapie bei einem psychologischen Therapeuten bricht sie nach kurzer Zeit ab. Frau H. hat eine Betreuerin für ihre persönlichen Belange. Von Zeit zu Zeit ist sie davon überzeugt, dass diese ihr persönlich Schaden zufügen will. Sie kündigt die Zusammenarbeit. Auf diese Weise hat sie in drei Jahren vier Betreuerinnen und Betreuer gehabt. Einerseits lässt sie die Betreuer manchmal nicht in ihre Wohnung, „macht zu", andererseits erwartet sie, dass sie sie zu Ämtern und anderen Stellen fahren und für sie Briefe schreiben. Für die Kinder, von denen die beiden jüngeren hin und wieder in ihren Haushalt zurückkehren, ist eine Vormundschaft eingerichtet. Wenn die Kinder zu Hause sind, wird Frau H. noch durch eine Sozialpädagogische Familienhilfe betreut. Unter den Helfern entsteht eine Art Konkurrenz darum, wer den besten Zugang zu Frau H. hat. Frau H. spielt sie untereinander aus und behält die Fäden in der Hand, indem sie ihr Vertrauen und wichtige Informationen nach ihrem Ermessen verteilt.

Begleitung psychisch Kranker

Regionale Sozialpsychiatrische Dienste sind im Zusammenhang mit der Enthospitalisierung psychisch kranker Menschen entstanden. Ihr Schwerpunkt liegt in der Beratung, Betreuung, Begleitung und Nachsorge chronisch Kranker. Viele Patienten müssen, wie Frau H., über Jahre begleitet und betreut werden. Durch die langfristige, beständige und intensive Zusammenarbeit können Abhängigkeiten entstehen. Ähnlich wie bei Frau H. können die Beziehungsmuster, verzerrten Wahrnehmungen und realitätsfernen Gedanken und Erklärungsmuster in die Arbeit mit den Beratern und Betreuern übertragen werden und im Helfersystem psychodynamische Prozesse auslösen, die schwer zu durchschauen und noch schwerer zu durchbrechen sind. Probleme können auch entstehen, wenn Berater abgelöst werden müssen, was sich empfiehlt, wenn Abhängigkeiten entstanden sind, die Berater sich zu sehr in die Systeme der psychisch kranken Menschen haben einbinden lassen und die nötige Distanz verlieren. Die Arbeit mit psychisch kranken Menschen wie Frau H. ist für die Berater und Betreuer außerordentlich Kräfte zehrend, so dass auch aus Gründen der Psychohygiene des Beraters Betreuungsverhältnisse nicht zu lange dauern sollten.

Alltagsorientierung

Trotz aller Schwierigkeiten steht die Selbstversorgung und Eigenverantwortung der Patienten im Vordergrund. In betreuten Wohnformen können sie Verantwortung, Verlässlichkeit, Nähe und Distanz und Durchsetzungsfähigkeit (wieder) lernen. Die Alltagsorientierung der Beratung soll die verloren gegangene „Normalität" wiederherstellen, neu gestalten und aufrechterhalten helfen. Allerdings gestaltet sich die Zusammenarbeit der stationären und ambulanten Versorgungssysteme nicht immer reibungslos, auch Betreuungssysteme halten manchen der vielfältigen Belastungen nicht stand (Peukert 2004).

Betreuungsrecht

Das Betreuungsrecht kennt keine „Entmündigung" psychisch kranker Menschen mehr (Zimmermann 1992). Betreuung ist auf eng umschriebene Aufgabenkreise (medizinische Versorgung, Vermögensverwaltung, Aufenthaltsbestimmung, Postkontrolle usw.) beschränkt. Darin drückt sich die Grundhaltung aus, dem Betroffenen so viel Selbständigkeit und Eigenverantwortung wie möglich zu lassen. Häufig werden Familienmitglieder zu Betreuern bestellt. Das kann zu innerfamiliären Konflikten führen, die eine Beratung der gesamten Familie notwendig machen kann. Besonders die Familienangehörigen unterliegen alltäglichen Erklärungsmustern über das Zustandekommen psychiatrischer Krankheiten und dem Bild vom „armen Irren" (v. Kardorff 2004). Familienbezogene Beratung kann helfen, von Schuld zu entlasten. Sie kann Verhaltensmuster zum Umgang mit psychisch erkrankten Personen anbieten, aufzeigen, welche Hilfen angefordert werden können und wann stationäre Aufnahme nötig ist.

soziale Beziehungen

Psychisch Erkrankte haben oft weniger Personen im sozialen Umfeld als der Durchschnitt der Bevölkerung. Manchmal wählen sie den Abbruch aufgrund ihrer Krankheit selbst, sie geraten aber auch durch „merkwürdiges", abweisendes oder apathisches Verhalten in soziale Isolierung. Familiäre Bindungen sind oft eingeschränkt, die wenigen vorhandenen aber intensiv, so dass Abhängigkeiten, Überforderung und Überlastung bei den Angehörigen entstehen können. Familienbeziehungen können jedoch auch belastend sein, wenn die Angehörigen zusätzlich Schuldgefühle entwickeln, beispielsweise weil sie ein Familienmitglied gegen seinen Willen haben einweisen lassen oder den Kranken unter Druck setzen, weil er „keine Vernunft annimmt".

Konzepte für Arbeit und berufliche Rehabilitation

Konzepte für Arbeitsmarkt und berufliche Rehabilitation sind noch unterentwickelt (v. Kardorff 2004). Bei der Berufsfindung spielen Belastbarkeit und Konzentration eine große Rolle. Bei Erkrankten, die bereits berufstätig waren, kommt es oft zu Umsetzungen oder Umschulungen. Beratung bezieht sich dann auch auf das Einarbeiten in neue Betätigungsfelder, die Bereitstellung betreuter Arbeitsplätze oder die Kontakte zu Integrationsbetrieben. Oft gerät der Betroffene jedoch in einen Kreislauf von Umschulungen und Weiterbildungen, um am Ende in der Werkstatt für Menschen mit Behinderung seinen Platz zu finden.

spezifisches Wissen

Es ist deutlich geworden, dass Beratung bei psychischer Krankheit ein hohes Maß an spezifischem Wissen voraussetzt über psychiatrische Krankheitsbilder und ihre Diagnostik, ihre Auswirkungen auf das Erleben und Verhalten der Betroffenen, ihren Verlauf und die Medikation mit ihren Nebenwirkungen und vor allem die oft veränderten Interaktions- und Kommunikationsmuster. Strategien zur Bewältigung sind alters-, milieu-, geschlechts- und bildungsabhängig, was der Berater berücksichtigen muss (v. Kardorff 2004). Insbesondere die Verzerrungen der Wahrnehmung und die Störungen in der Interaktion und Kommunikation können die Beziehung zwischen Berater und Klienten extrem belasten.

Anforderungen an Beratungsstellen

Die Möglichkeiten der Kontaktaufnahme zu Beratungsstellen sollen für psychisch erkrankte Menschen niedrig schwellig sein. Treffpunkte in Tagesstätten, Einrichtung von Teestuben o. Ä. bieten sich an. Psychoseminare im „Trialog" von Fachkräften, Psychiatrieerfahrenen und Angehörigen können dem Austausch, der Verständigung und dem empathischen Verstehen dienen (v. Kardorff 2004). Sie sollten jedoch nicht dazu benutzt werden, Betroffene oder ihre Angehörigen zu überzeugen, zu beeinflussen, zu therapieren oder Compliance (Mitarbeit bei der Behandlung) herstellen zu wollen.

Psychoedukation

Unter dem Begriff Psychoedukation werden alle Maßnahmen zum Weiterleben unter den Bedingungen der Erkrankung der Betroffenen und ihrer Angehörigen verstanden. Das umschließt die Vermittlung von Informationen über die Krankheit, die dem Patienten helfen, sie zu verstehen und ein Krankheitskonzept zu entwickeln, mit dem sie in ihrem Umfeld so autonom wie möglich leben können. Dazu gehören auch Informationen über einen gesundheitsförderlichen Lebensstil sowie Maßnahmen zur Entwicklung und Verbesserung sozialer Kompetenzen in der Familie und im Umgang mit Stressfaktoren.

Beratung von Gehörlosen

Auch die Beratung von Menschen mit Behinderungen erfordert neben den allgemeinen Beratungskompetenzen Kenntnisse über die Lebenssituation unter den Bedingungen der jeweiligen Behinderung. Bei Gehörlosen und hochgradig schwerhörigen Menschen beispielsweise besteht in der Regel in der Lautsprache ein massives Kommunikationsproblem. Wortschatz und Grammatik sind meist quantitativ und qualitativ eingeschränkt, so dass die lautsprachliche Verständigung oft von Missverständnissen bedroht ist. Das erschwert Beratungsarbeit mit gehörlosen Menschen ungemein. Die „natürliche“ Sprache der Gehörlosen ist die Gebärdensprache, in der Berater kompetent sein müssen, wenn sie ihre Zielgruppe erreichen wollen. Viele Gehörlose, vor allem die jüngeren, sind stolz darauf, eine eigene Kultur zu haben, sie verstehen sich als eine gesellschaftliche Minderheit und in ihr nicht als „behindert“. Gehörlose Menschen führen ihr Leben meist autonom, werden jedoch durch ihre Umwelt und professionelle Kontaktpersonen (Ärzte, Pädagogen, Psychologen) häufig als defizitär wahrgenommen. Es fällt Gehörlosen daher oft schwer, Hilfsangebote anzunehmen, ohne sich gleichzeitig durch sie kränken zu lassen (Leven 2003).

B

Familie S., beide Eltern Ende 30 und gehörlos, hat zwei hörende Kinder im Alter von drei und fünf Jahren. Herr S. kann sich eingeschränkt lautsprachlich verständigen, Frau S. spricht praktisch nicht. Die Eltern gebärden untereinander. Die hörende Mutter von Herrn S. kümmert sich um die Familie, „die Kinder“, und erledigt alle Behördengänge und Anforderungen, die Kommunikation mit Hörenden erfordern. Sie kann nicht gebärden und kommuniziert mit ihrem Sohn sehr eingeschränkt lautsprachlich, wobei sie alle ihr unwichtig erscheinenden Fakten weglässt. Herr S. übersetzt das, was er verstanden hat, seiner Frau. Die Kinder gebärden mit ihren Eltern und sprechen mit der Großmutter. Die Nachbarn wenden sich an das Jugendamt, weil die Kinder ihrer Meinung nach nicht ausreichend versorgt werden und bis spät in die Nacht mit den Eltern unterwegs seien. Vermittelnde Gespräche zwischen Nachbarn und der Familie sind nicht möglich. Die Nachbarn rufen hin und wieder die Großmutter an, wenn sie sich beklagen wollen. Das Jugendamt sieht eine Entwicklungsverzögerung bei dem Sohn, der in der Tat lautsprachliche Rückstände hat, und schickt ihn in einen Sonderkindergarten für geistig behinderte Kinder, wo er sich nicht wohl fühlt, was die Familie kränkt und den er daher nur sehr sporadisch besucht. Die Jugendamtsmitarbeiterin ist selbst nicht gebärdenkompetent und sieht auch keine Notwendigkeit, einen Dolmetscher hinzuzuziehen, so dass die Eltern nur die durch die Oma gefilterten Informationen haben. Der Streit in der Nachbarschaft dauert an und eskaliert bis hin zu tätlichen Auseinandersetzungen. Es kommt zu diversen Gerichtsverfahren auch beim Familiengericht. Eine Verfahrenspflegerin wird eingesetzt und gebärdenkompetente sozialpädagogische Familienhilfe installiert. Diese scheitert nach kurzer Zeit daran, dass die Großmutter die umfassende Hilfe nicht für nötig erachtet und als Eingriff in ihren Kompetenzbereich empfindet. Ihr Sohn übernimmt diese Sichtweise, die Familie fühlt sich kontrolliert, als behindert diskriminiert und in ihrer Autonomie eingeschränkt. Die Anliegen der Familienhilfe werden nicht verstanden. Die Familie nimmt Termine zunehmend nicht wahr, die Kinder besuchen den Kindergarten kaum und sind in der Nachbarschaft isoliert. Wenn sie im Kindergarten sind, wird deutlich, dass sie keine angemessenen Verhaltensmuster im Umgang mit anderen Kindern haben. Sie ziehen sich zurück und werden von den Eltern darin bestärkt, lieber zu Hause zu bleiben. Nach einem neuerlichen Gerichtstermin „tauchte" die Familie „unter" und war für keinen Helfer mehr erreichbar. Tragischerweise verbesserte sich die Situation erst, als die Großmutter starb, wodurch die Familie in eine absolute Krise geriet, vollkommen hilflos war und Beratungsangebote annehmen konnte.

Beratung von Menschen mit geistiger Behinderung

Auch Beratung von Menschen mit geistiger Behinderung erfordert Fachwissen des Beraters über den Personenkreis. Bis vor wenigen Jahren wurden psychische Probleme von Menschen mit geistiger Behinderung als zu ihrer Behinderung gehörig und Beratung oder Therapie als nicht möglich angesehen. Inzwischen hat sich die Einstellung gewandelt, dennoch bleibt Beratung mit den Betroffenen selbst schwierig. Bei diesem Personenkreis kommt zu den oft ebenfalls vorhandenen Kommunikationsproblemen noch ein mangelndes allgemeines Weltwissen und prozedurales Wissen hinzu.

„Anton sah nur, wie sein Vater zu Boden fiel und nicht mehr aufstand. Er wusste nichts vom Tod. Sein Vater lag auf dem Boden und die Menschen bewegten sich schnell um ihn herum. Sirenen und uniformierte Personen kamen und nahmen seinen Vater weg. Er sah alles und wusste nicht, was sie mit seinem Vater vorhatten. Er stand da und wartete innerlich vermutlich darauf, wie immer mit Papa zuerst zum Gemüsehändler und danach nach Hause zu gehen. Die Menschen fassten ihn an, redeten mit ihm. Er hatte aber nie deren Sprache gelernt, dafür konnte er die Mimik von Papa gut lesen, der nun nicht mehr da war, und die Mimik dieser Menschen war ihm fremd. Sie hatten Papa weggenommen. Panik ergriff ihn. Er fing an zu schreien und um sich zu schlagen. Die Menschen gingen zur Seite, bald kamen aber andere, die ihn schnell festhielten, auf eine Trage legten und mit einem Wagen zu einem Krankenhaus brachten. Anton kannte Krankenhäuser. Er war oft da, aber früher war Papa immer dabei. Nun wurde er in einem Zimmer eingeschlossen. Alles fühlte sich nun leer und bedrohlich an. Anton kroch in das Bett und drückte und kratzte sich, er weinte und nichts passierte, er schrie, er heulte, holte sich Kot aus seinem After und beschmierte sich damit. Papa kam nicht. Anton wurde mit Psychopharmaka behandelt und nach ca. drei Wochen in eine Einrichtung für Menschen mit geistiger Behinderung gebracht. Anton konnte nicht wissen, dass sein Vater der einzige Mensch war, den er hatte, und dass er sich jetzt mit fremden Menschen an fremden Orten und mit fremden Tagesstrukturen abfinden musste. Anton blieb über ein Jahr lang sehr ängstlich, destruktiv und kontaktablehnend. Erst das Erleben der neuen verlässlichen Beziehungen und die Einführung von ihm vertrauten Strukturen ließen ihn wieder Sicherheit spüren und neue „Welten" erobern. Erklärungen, intellektuelle Zuordnungen konnten nicht helfen. Mangelnde kognitive Strategien, sein kleines und instabiles Sozialnetz und schnelle bedrohliche Veränderungen seines Umfeldes hatten ihn in eine schwere Krise gestürzt." (Escalera 2004, S. 173f)

Verantwortung

Der Berater muss sich sehr auf die Kommunikations- und Verständnisfähigkeit seines Klienten einstellen und sich immer wieder vergewissern, ob er richtig verstanden wurde (Fengler 2003). Gerade Menschen mit geistiger Behinderung, aber auch, wie das Beispiel zeigt, viele gehörlose Menschen geraten schnell in Abhängigkeiten, so dass der Berater eine ganz besondere Verantwortung gegenüber seiner Klientel hat, die Balance zwischen der Einleitung notwendiger Maßnahmen und dem Erhalt von Selbständigkeit und Eigenverantwortung herzustellen, so dass nicht unbemerkt die Meinung des Beraters für die des Klienten gehalten wird.

7.5 Beratung bei Abhängigkeit und Sucht

Geschichte der Suchthilfe

Alkohol war bereits in der Antike bekannt und wurde im Laufe der Geschichte als Gemeinschaft stiftend, aber auch schon in seiner potentiellen Schädlichkeit diskutiert (Schott 2001). Dies ist bis heute so geblieben. Es gibt kaum eine Feier ohne Alkohol, wer nicht mittrinkt, ist ein Spielverderber, wer sich häufiger „sinnlos besäuft" gerät jedoch schnell ins Abseits und wird als „Alk" verachtet. Abhängigkeit und Missbrauch von Alkohol ist neben Herz-Kreislauf- und Krebserkrankungen das drittgrößte

Gesundheitsproblem in westlichen Industrienationen (Arend 1994). Ende des 19. Jahrhunderts wurde Alkoholismus überwiegend unter dem Gesichtspunkt der Rassenhygiene diskutiert, erste Trinkerheilstätten entstanden (Schott 2001). Bereits vor dem Ersten Weltkrieg gab es eine staatlich organisierte „Trinkerfürsorge“, die in der Weimarer Republik weiter ausgebaut wurde (Klein 1999). Im Nationalsozialismus fiel Alkoholismus unter das „Gesetz zur Verhütung erbkranken Nachwuchses“ (1933), Sterilisation, Arbeitslager, Konzentrationslager und „physische Vernichtung“ waren die Folgen (Vogt 2004). 1968 wurde Alkoholismus nach einem Urteil des Bundessozialgerichts als Krankheit anerkannt. Es kam zu einer „Suchtvereinbarung“ der Sozialversicherungsträger (Schott 2001), die Maßnahmen der Rehabilitation wurden auf Alkoholabhängige ausgeweitet und Abhängigkeitserkrankungen wurden in die Klassifikations- und Diagnosesysteme aufgenommen.

Kriterien für Abhängigkeitserkrankungen

- Toleranzentwicklung: Um den erwünschten Effekt herbeizuführen, muss die Dosis gesteigert werden.
- Entzugssymptome: Charakteristische Entzugssymptome entstehen bei Absetzen der Substanz und/oder die Substanz wird konsumiert, um die Entzugssymptome zu lindern oder zu vermeiden.
- Die Substanz wird häufig in großen Mengen oder länger als beabsichtigt konsumiert.
- Versuche zur Kontrolle oder zur Reduzierung des Konsums sind mehrfach erfolglos geblieben.
- Es wird viel Zeit aufgewendet, um die Substanz zu beschaffen, sie zu sich zu nehmen oder sich von ihren Wirkungen zu erholen.
- Intoxikationserscheinungen (Vergiftungen) oder Entzugserscheinungen treten häufig auf, wenn andere wichtige Verpflichtungen erwartet werden (Arbeit, Schule, Behördengänge, Termine).
- Soziale, berufliche oder Freizeitaktivitäten werden vernachlässigt, eingeschränkt oder aufgegeben.
- Der Konsum wird trotz Kenntnis konsumbedingter sozialer, körperlicher oder psychischer Probleme fortgesetzt.

stoffungebundene Abhängigkeit

Man unterscheidet stoffgebundene von stoffungebundenen Abhängigkeiten. Häufige stoffungebundene Süchte sind exzessives (Glücks)spielen (am Automaten, am Computer oder im Casino), Fernsehen, Sex, Arbeit oder Kaufen. Sie werden meist als Störungen der Impulskontrolle klassifiziert, wenn negative soziale Konsequenzen eingetreten sind, die Person physisch und psychisch verarmt, die Familienbeziehungen und die persönlichen Verhältnisse zerrütten. Auch stoffungebundene Abhängigkeiten beeinträchtigen die psychische und physische Gesundheit.

stoffgebundene Süchte

Stoffgebundene Süchte meinen den übermäßigen Konsum psychotroper Substanzen. Psychotrope Substanzen sind Stoffe, die direkt oder indirekt auf das Zentralnervensystem wirken und zu Bewusstseinsveränderungen führen können. Der Begriff „Sucht" beschreibt in allen Fällen das exzessive, unkontrollierbare Gefangensein in den süchtigen Verhaltensweisen.

Missbrauch und Abhängigkeit

Je nach Ausprägungsgrad wird bei den stoffgebundenen Süchten zwischen Substanzmissbrauch bzw. schädlichem Gebrauch und Substanzabhängigkeit unterschieden. Missbrauch kann zu Abhängigkeit führen, kann aber auch jahrelang bestehen, ohne dass Abhängigkeit vorliegt. Die Deutsche Hauptstelle für Suchtfragen, DHS, (2002) bezeichnet in Bezug auf Alkohol den täglichen Genuss von 20g reinen Alkohol bei Frauen und 30–40g bei Männern als „riskanten oder schädlichen Konsum". Davon sind 16% der 18–59-Jährigen betroffen (Kraus/Augustin 2001). Bei missbräuchlichem Alkoholkonsum sind schon körperliche Folgen und psychische Probleme bemerkbar, das betrifft ca. 5%, und als abhängig müssen ca. 3% der 18–59-Jährigen bezeichnet werden. Zwei Drittel sind Männer und ein Drittel Frauen. 42.000 Todesfälle pro Jahr ereignen sich im Zusammenhang mit oder als Folge von Alkohol (Bundesministerium für Gesundheit und Soziales 2000). Die volkswirtschaftlichen Kosten durch Behandlung der Abhängigkeit selbst und ihrer Folgen sind immens (Arbeitsausfälle, Unfälle bei der Arbeit oder im Straßenverkehr, Straftaten, Leberschäden, Erkrankungen der Bauchspeicheldrüse, des Herzens, des zentralen und peripheren Nervensystems, der Muskulatur, erhöhtes Risiko für Mund-, Rachen-, Speiseröhrenkrebs und Brustkrebs bei Frauen, Alkoholembryopathie bei Kindern alkoholkranker Frauen). Alkohol gehört zu den legalen Drogen und ist praktisch frei verfügbar.

Ebenfalls legale Drogen sind frei verkäufliche oder auch rezeptpflichtige Medikamente wie Schlaf-, Schmerz- und Beruhigungsmittel. Zu den rezeptpflichtigen, psychotropen Medikamenten gehören benzodiazepin-, barbitursäure- und codeinhaltige Beruhigungs-, Schlaf- und Schmerzmittel oder auch Stimulantien. Etwa 6 % aller häufig verordneten Arzneimittel besitzen ein eigenes Suchtpotential. Etwa ein Drittel dieser Mittel wird langfristig zur Suchterhaltung und zur Vermeidung von Entzugserscheinungen verordnet (Glaeske 2003). Insgesamt sind ca. 1,4 Millionen Menschen medikamentenabhängig, davon sind ca. 1,1 Millionen abhängig von Benzodiazepinderivaten und 300.000 von anderen Arzneimitteln. Betroffen sind vor allem Frauen im höheren Lebensalter (Glaeske 2003). Durch legale Drogen entstehen die meisten gesundheitlichen, sozialen und volkswirtschaftlichen Schäden, aber besonders Alkoholgenuss wird in der Gesellschaft verharmlost.

illegale Drogen

Im Bewusstsein der Bevölkerung stärker als problematisch verankert, aber von den Zahlen her deutlich geringer sind Missbrauch und Abhängigkeit von illegalen Drogen. Illegale Drogen sind „weiche“ wie die Cannabisprodukte Haschisch und Marihuana und „harte“ Drogen wie Heroin, Kokain und ihre Derivate, Ecstasy, LSD usw. Der Handel mit diesen Drogen ist gesetzlich verboten. Zwischen 5 und 6 % der Jugendlichen und Erwachsenen konsumieren illegale Drogen mit einer deutlichen Bevorzugung von Cannabis. Circa 1–1,5 % nehmen Amphetamine, Ecstasy, LSD, Opiate, Kokain oder Abkömmlinge. Die Prävalenz liegt für Missbrauch von illegalen Drogen bei 0,3 % der 18–59-Jährigen und für Abhängigkeit bei 0,6 % (Kraus/Augustin 2001).

Der Konsum harter Drogen führt wesentlich schneller in eine Abhängigkeit als der Konsum von Alkohol. Wegen der Illegalität und der polizeilichen Verfolgung des Handels und Besitzes harter Drogen rutschen die Konsumenten schnell in ein subkulturelles, kriminelles Milieu ab, aus dem sie nur schwer wieder herauskommen (Vogt/Schmid 2004).

Cannabisprodukte

Cannabisprodukte zählen zwar zu den illegalen Drogen, die Märkte von harten und weichen Drogen haben sich jedoch differenziert. In der Einstellung junger Menschen werden weiche Drogen, zumindest der gelegentliche Konsum, als gesellschaftlich geduldet und „halblegal“ angesehen. Es haben sich informelle Konsumregeln gebildet, an die man sich halten kann, um als „Kiffer“ unauffällig zu bleiben. Allerdings gibt es auch unter den Cannabiskonsumenten Problemgruppen, die riskante (Dauer)konsummuster entwickeln, so dass wichtige Anforderungen nicht mehr erledigt werden und eine allgemeine Gleichgültigkeit gegenüber der äußeren Realität entsteht. Die meisten Konsumenten harter Drogen haben ihre ersten Erfahrungen mit Marihuana (Gras) oder dem stärkeren Haschisch (Dope, Shit) gemacht, allerdings steigen nur wenige der Cannabiskonsumenten auf harte Drogen um. Für die überwiegende Anzahl bleibt der Cannabiskonsum vorübergehend und ist an Jugend und jüngeres Erwachsenenalter gebunden (DHS 2004). Risiken des Drogenmissbrauchs sind Gesundheitsgefährdung, Abdriften in Randgruppen und Konflikte mit rechtlichen Bestimmungen. (Vogt 2004).

Durch unterschiedliche Kontextbedingungen bei Alkohol, harten oder weichen Drogen entstehen verschiedene Konsummuster und Auswirkungen auf die individuelle und soziale Lebensgestaltung. Dies führt zu unterschiedlichen Anforderungen an die Beratung.

komplexe Hilfsangebote

Im Bereich der Suchtprävention und -beratung gibt es aufgrund der langen Geschichte komplexe Hilfsangebote in einem weit verzweigten ambulanten und stationären Hilfesystem. Meist wird zwischen Angeboten für Menschen mit Alkohol- und Medikamentenabhängigkeit einerseits und Drogenabhängigkeit andererseits unterschieden. Daneben gibt es Angebote für Angehörige beider Gruppen. Inhalte sind Überlebens- und Krisenhilfe, Beratung, Betreuung, Case-Management, ambulante Therapie, Vermittlung in stationäre Einrichtungen, Rehabilitationsberatung und Ähnliches. Die Arbeit wird von Streetworkern, Beratern in Krankenhäusern und Justizvollzuganstalten oder Schulen und Jugendzentren durchgeführt, die oft die Klienten aufsuchen müssen. Anlauf- und Beratungsstellen für Drogenabhängige haben ein breiteres Spektrum an unterstützenden Angeboten als die für Alkohol- und Medikamentenabhängige (Vogt/Schmid 2004).

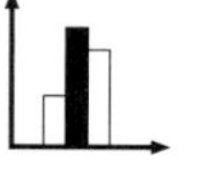

Allerdings nehmen ca. 60 % der Alkoholabhängigen keine suchtspezifische Hilfe in Anspruch (Rumpf et al. 2000). Die häufigsten Gründe waren Verleugnung des Alkoholproblems und der Hilfebedürftigkeit, selten wurde angegeben, nicht zu wissen, wo man Hilfe bekommen kann. Von denen, die zu einer ersten Beratung häufig im Zusammenhang mit akuten Krisen kommen, sind nur etwa ein Viertel für weiter gehende Hilfen motiviert (Kunz et al. 2004). Angebote müssen daher niedrig schwellig sein, das Problembewusstsein erhöhen und Kontaktaufnahme immer wieder ermöglichen und festigen. In der Studie von Rumpf et al.

(2000) zeigte sich, dass über 90 % der Alkoholabhängigen und -missbraucher im Untersuchungszeitraum von zwölf Monaten mindestens einen Kontakt zu einem Arzt oder Krankenhaus hatten. Bei diesen Kontakten könnten Routinen der Früherkennung und Frühintervention eingeführt werden. Etwa die Hälfte der „trockenen" Alkoholiker hatte keine Hilfe in Anspruch genommen. Hier sind Konzepte von minimalen Hilfen nötig, die die Selbstwirksamkeitserwartungen der Betroffenen nicht verletzen. Besonders Krankenhausaufenthalte können im Sinne von Prävention zum Motivationsaufbau genutzt werden, da die Aufnahmebereitschaft für Motivationen zu Verhaltensänderung während einer akuten, krankenhauspflichtigen Erkrankung als relativ hoch einzuschätzen – allerdings oft nicht von langer Dauer – ist (Hanke/ John 2003).

In psychiatrischen Krankenhäusern werden Entgiftungen und erste Behandlungen durchgeführt. Viele Patienten werden in Suchtkliniken weiterbehandelt und später in therapeutische Wohngemeinschaften aufgenommen. Inzwischen gibt es auch Pflege- und Sterbehäuser für Drogenabhängige (Vogt/Schmid 2004).

Krisenintervention und Notfallversorgung

Krisenintervention und Notfallversorgung bieten kurzfristige Hilfen bei akuten, lebensbedrohlichen Zuständen wie Delir oder Überdosis. Erfolge bei Kriseninterventionen können Hilfen zum Aufbau von tragfähigen Berater-Klient-Beziehungen sein, allerdings sind Krisenintervention und Notfallversorgung meist nicht in ein Gesamtkonzept eingebettet, so dass lang- und mittelfristige Erfolge selten sind. Wichtig in der Krisen- und Notfallversorgung ist eine schnelle Vernetzung mit anderen Institutionen (Vogt 2004), auch um risikoreiche Wartezeiten zwischen Anschlussangeboten zu vermindern.

Selbsthilfegruppen

Selbsthilfegruppen wie die Gruppen der Anonymen Alkoholiker, der Guttempler, des Blauen Kreuzes oder des Kreuzbunds sind besonders als Nachsorge bei Alkoholabhängigkeit oft erfolgreich und wirken stabilisierend. Bei Drogenabhängigkeit sind Selbsthilfegruppen eher selten und schwierig im Aufbau und ihrer Dynamik (Vogt 2004). Drogenhilfe ist meist Einzelfallberatung.

Gruppenberatung wird besonders in stationären Settings für alkohol- und für drogenabhängige Menschen angeboten. Die aus der Psychiatrie stammende Psychoedukation wird inzwischen auch auf die Suchthilfe übertragen, bei der Informationen zum

Leben als Suchtkranker, zu Gefährdungen und zur Rückfallprophylaxe angesprochen werden (Vogt 2004).

Perspektiven der Beratung

Beratung bei Abhängigkeit muss verschiedene Perspektiven im Blick haben (Vogt/Schmid 2004):

- Geschlechterperspektive: Süchtige Frauen gelten als kränker und schwerer zu behandeln. Sie werden in der Bevölkerung mehr verachtet und sie entwickeln meist mehr Schuldgefühle.
- Bedeutung der Beziehungen: Gerade im Bereich der Beratung abhängiger Menschen fällt es oft schwer, das Verhalten der Betroffenen zu verstehen, ihre Erfahrungen von Gewalt, Machtausübung, Prostitution, Obdachlosigkeit, Beschaffungskriminalität nachzuvollziehen und sie nicht mit den eigenen Norm- und Wertvorstellungen zu konfrontieren.
- Ressourcenorientierung: Ratsuchende mit Abhängigkeits- und Suchtproblematiken haben meist eigene Beziehungsnetzwerke, die als Ressourcen genutzt werden können.
- Zielorientierung: Die verschiedenen Substanzen haben unterschiedliche Risiken, Wege in die Abhängigkeit und Verläufe von Suchterkrankungen sind substanz-, persönlichkeits- und kontextabhängig.

Ziel der Beratung

Absolute Abstinenz war früher das Ziel der Beratung und Behandlung (Perrez/Gebert 1994). Heute setzt sich mehr durch, dass Ziele im Einzelfall gemeinsam mit dem Klienten definiert werden müssen. Sicherung des Überlebens, die Schadens- und Konsumreduzierung, das Vermeiden des sozialen Ausschlusses und der Aufbau von Behandlungsmotivation können ebenso Ziele sein wie vollständige Abstinenz (Vogt/Schmid 2004). In diesem Konzept der „Harm Reduction“ (Marlatt/Witkiewitz 2002) wird die Aufmerksamkeit nicht auf das Suchtverhalten selbst sondern seine Konsequenzen gerichtet. Die Initiative kommt von „unten“, vom Klienten, und nicht von „oben“, vom Berater, der „weiß, was für den Klienten gut ist“. Dies setzt bereits ein hohes Maß an Motivation voraus.

MOCA-Konzept

Sucht- und Drogenberatung beginnt mit der Lösung von Teilproblemen, die Erfolg versprechend angegangen werden können. Das Beratungskonzept MOCA, aus Case-Management und Motivational Interviewing (W. R. Miller/Rollnick 1991) zusammengesetzt, folgt den Ansätzen von Rogers, ist aber direktiver im Hinblick auf die Förderung der Veränderungsmotivation.

Grundlegend sind auch hier Kongruenz, Akzeptanz und Empathie und das Aushalten von Ambivalenzen als „normales“ Verhalten. In der Beratung sollen Diskrepanzen zwischen dem aktuellen und einem gewünschten Lebensstil sichtbar gemacht werden, um die Motivation zur Veränderung zu fördern. Auseinandersetzungen über Art und Ausmaß des Konsums und Beweisführung über Lügen, Verbergen und „Hinterhältigkeit“ sind kontraproduktiv, weil sie den Klienten ebenso in eine Verteidigungshaltung bringen, wie das Verlangen des Beraters, dass der Klient zugibt, ein Alkoholiker zu sein. Möglicher Widerstand des Klienten gegen eine Veränderung wird nicht als seine „Boshaftigkeit“ und Therapieresistenz gewertet, sondern als Herausforderung an die Beratenden (Heidenreich et al. 2004; W. R. Miller/ Rollnick 1991). Ziele der motivierenden Arbeit sind Selbstwertgefühl und Selbstwirksamkeitserwartungen des Klienten zu stärken, also den Glauben an seine eigenen Fähigkeiten, sein Leben zu ändern (W. R. Miller/Rollnick 1991).

Kontaktaufnahme

Die Kontaktaufnahme und das Beziehungsangebot gehen aktiv vom Beratenden aus. Er lässt den Klienten von sich und seinem Leben erzählen und hört aktiv zu. Dadurch kann er das Problem erfassen und wenn möglich ein Arbeitsbündnis herstellen. Wichtig ist die Klärung von Angebot und Erwartungen, Geben und Nehmen dürfen nicht einseitig verteilt sein.

Assessment

In einer diagnostischen Klärung, einem Assessment, werden der aktuelle Konsum, sein Ausmaß und seine Dauer erhoben und dokumentiert. Ressourcen zur Bewältigung von Stress, die gesundheitliche Verfassung und die Strukturierung eines Tagesablaufs werden ermittelt. Als mögliche Ressourcen werden Beziehungen zu Partner, Freunden, Familie und soziale Netzwerke angesprochen, deren Stärke und Dichte und besonders der Grad positiv erlebter sozialer Unterstützung wichtig sind. Die Ausbildungs- und Erwerbssituation, die materielle Situation, das Wohnen, und Probleme mit der Justiz sind externe Einflüsse, die ebenfalls positiv oder negativ sein können. Die Ergebnisse dieser Erhebungen werden in einer Problem- und Lebensweltanalyse zusammengefasst.

Definition von Teilzielen

Anschließend wird zusammen mit dem Klienten ein Hilfeplan erstellt, in dem Ziele und Teilziele definiert werden. Die Teilziele sollen konkret sein, für den Klienten besonders bedeutsam und umsetzbar. Hilfen zum Selbstmanagement und zum Management des individuellen, formellen und informellen Unterstützungsnetzwerkes werden ebenfalls gegeben.

Zunächst wird ein für den Klienten wichtiges und realisierbares Teilziel angegangen, um einen schnellen Teilerfolg zu erreichen und den Klienten weiter zu ermutigen. Bei Misserfolg wird nach den Ursachen geforscht und nach neuen Wegen gesucht. Die Berater setzen sich aktiv ein, wenn Klienten die Beratung abbrechen. Sie suchen sie beispielsweise am Wohn- oder Aufenthaltsort auf. Wenn die meisten Teilziele erfüllt sind, wird die Beendigung der Beratung vorbereitet und die Ergebnisse werden überprüft. Dabei decken sich die Einschätzungen von Beratern und Klienten oft nicht (Vogt 2004; Vogt/Schmid 2004).

Motivation zur Veränderung

Die Motivation zur Veränderung ist ein wichtiges Problem, das in der Beratung berücksichtigt werden muss. Im Stadium der Absichtslosigkeit (Precontemplation) ist noch keine Einsicht in das problematische Suchtverhalten zu erkennen, es wird bagatellisiert und verharmlost, es besteht keine Veränderungsbereitschaft. Im Stadium der Absichtsbildung (Contemplation) wird schon erkannt, dass eine problematische Situation vorliegt, die Auseinandersetzung ist jedoch ambivalent und Veränderungen gibt es noch nicht. Im Vorbereitungsstadium (Preparation) werden dann Handlungsabsichten entwickelt und Kosten-Nutzen-Rechnungen aufgemacht. Dem folgt das Handlungsstadium (Action) mit konkreten Änderungen. Im Stadium der Aufrechterhaltung (Maintenance) muss die Veränderung stabilisiert werden (Heidenreich et al. 2004; Vogt 2004).

Rückfallproblematik

Eine Entgiftung ist medizinisch meist gut möglich, sie reicht jedoch nicht aus, da die Verhaltensmuster durch die Entgiftung allein noch nicht verändert sind. Rückfallgefährdung besteht zu jeder Zeit und ist ein großes Problem (Heidenreich et al. 2004). Nach einem Rückfall wird jedoch nicht bei „Null" angefangen, sondern auf einem anderen Niveau neu begonnen, weil der Klient bereits Erfahrung mit Entgiftung und zeitweiser Abstinenz hat. Rückfälle werden nicht mehr als das Ende aller Bemühungen gesehen, sondern gehören zur langfristigen Verhaltensänderung dazu (Arend 1994; Heidenreich et al. 2004; Vogt 2004; Vogt/Schmid 2004).

Ein „Ausrutscher" kann sich jedoch als „Abstinenzverletzungseffekt" zu einem dauerhaften Rückfall ausweiten: Die Scham darüber, die Abstinenzregel gebrochen zu haben, wird dann mit der Substanz bekämpft, so dass ein erneuter Kreislauf von Scham und Schuld und „Ertränken" beginnt. Je mehr die Person die Gründe für die Abstinenzverletzung bei sich selbst sucht und sie sich stabil, dauerhaft und global zuschreibt („Ich bin schwach."), desto größer ist der Effekt (Arend 1994).

Risikofaktoren für Rückfälle

Hochrisikofaktoren für Rückfälle sind negative Gefühlszustände, negative körperliche Zustände, die mit Anforderungen und Stress verbunden sind, aber auch positive Gefühlszustände. Kognitive Verzerrungen, Rationalisierungen, wie beispielsweise zu Hause Alkohol zu lagern, um für eventuellen Besuch gerüstet zu sein, haben scheinbar nichts mit einem möglichen Rückfall zu tun, können ihn aber bereits einleiten oder wahrscheinlich machen. Verlangen und Versuchungen, zwischenmenschliche Konflikte, sozialer Druck oder angenehme Zeiten mit anderen Menschen, kurz alle Abweichungen von einer mittleren Gefühlslage gefährden die Abstinenz (siehe Abbildung 7).

Eine Bewältigung von Hochrisikosituationen ohne Substanzeinnahme führt dazu, die Selbstwirksamkeit höher einzuschätzen, dem Erleben, die schwierige Situation gemeistert zu haben, und zur Zuversicht, auch folgende schwierige Situationen zu beherrschen. Eine ineffektive Bewältigung mit positiven Erwartungen an die Wirksamkeit von Alkohol führt zu niedriger Selbstwirksamkeit, da die Abstinenzregel verletzt wurde, die Substanzwirkung jedoch vorhanden ist und wahrgenommen wird, so dass sich die Rückfallwahrscheinlichkeit erhöht. Es kommt in der Beratung daher darauf an, Selbstkontrollmöglichkeiten und Ressourcen zu erarbeiten, die zu einer positiven Bewältigung der

Abb. 7:
Das Rückfallmodell nach Marlatt & Gordon (1985) (Rink et al. 1999, S. 349)

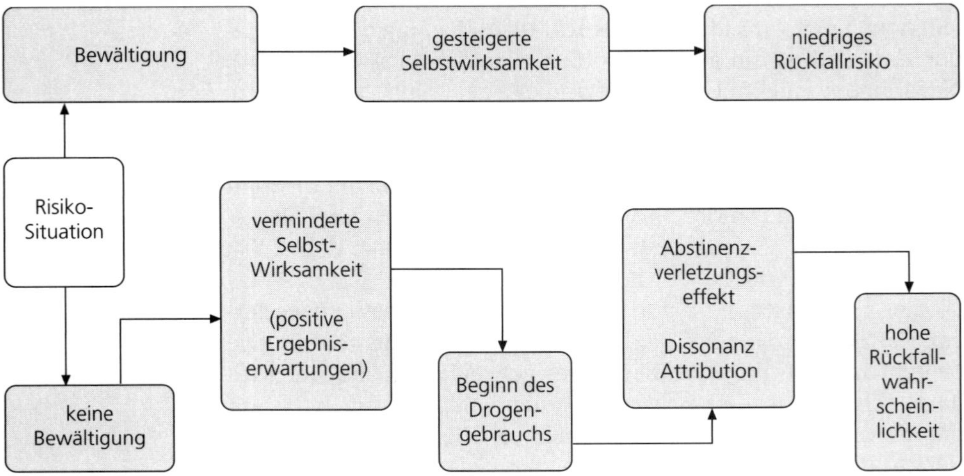

schwierigen Situation führen. Beispielsweise das Bestimmen individuell schwieriger Situationen, das Vorwegnehmen von Versuchungen und der Möglichkeiten des Umgangs damit (Aufsuchen eines informierten Freundes, Gedankenstopp, Erstellen von Pro- und Contrakarten o. Ä.).

„Der Klient steht in der Bahnhofshalle und wartet auf seinen Zug. Er hat einen schweren Arbeitstag hinter sich, und früher hat er in dieser Situation in der Bahnhofswirtschaft öfter ein Bier getrunken. Er sieht das Transparent der Kneipe, und in dem Augenblick kommt ihm folgender Gedanke in den Kopf: ‚Jetzt ein Bier, das würde guttun.' Der Klient merkt, wie er unruhig wird und sein Alkoholverlangen wächst, sogar schon Speichel im Mund zusammenläuft. Läßt er in dieser Situation seinen Gedanken freien Lauf, erhöht sich die Wahrscheinlichkeit eines Rückfalls. Mit Hilfe der Gedankenstop-Technik kann er seine Gedanken wirkungsvoll unterbrechen: ‚Stop, was sagst Du Dir jetzt? Sicher würde ein Bier guttun, aber Du weißt doch genau, daß es mit großer Wahrscheinlichkeit nicht dabei bleibt und Du in der Bahnhofskneipe versackst. Morgen hast Du dann einen fürchterlichen Kater und bist wahnsinnig enttäuscht von Dir. Du hast sicherlich einen schweren Arbeitstag hinter Dir, und das Bedürfnis, Dir was Gutes zu gönnen, ist berechtigt. Was könntest Du jetzt tun? Hm, da drüben am Kiosk könntest Du Dir ein feines Eis kaufen, das würde jetzt gut schmecken. Ja, das mache ich und werde dann sofort auf den Bahnsteig gehen und in aller Ruhe mein Eis genießen. Gut, daß Du einen klaren Kopf behalten hast, Junge.'" (Arend 1994, S. 128)

B

Achtsamkeit und Akzeptanz

Achtsamkeit und Akzeptanz sind wichtige Ergänzungen kognitiv-verhaltenstherapeutischer Konzepte. Sie beinhalten mehr Gelassenheit und machen weniger Druck zur Veränderung (Heidenreich et al. 2004). Akzeptanz bedeutet, Ereignisse ganz ohne Abwehr zu nehmen, so wie sie sind (Heidenreich et al. 2004). Achtsamkeit ist auf den gegenwärtigen Moment bezogen. Man neigt dazu, in Vergangenem zu schwelgen oder von Zukünftigem zu träumen. In der Achtsamkeit holt man sich immer wieder in die Gegenwart zurück, wenn Abschweifung droht. Die Gedanken und Gefühle werden wahrgenommen, ohne sie zu bewerten.

Achtsamkeitsübungen (Heidenreich et al. 2004) bestehen darin, die zurzeit ablaufenden Gefühle und Gedanken wahrzunehmen und das Leben von Moment zu Moment zu akzeptieren. Verlangen vergeht dann genauso wie alle anderen Empfindungen auch. Das Nicht-dem-Drang-Nachgeben schwächt die Suchtkonditionierung und stärkt Akzeptanz und Selbstwirksamkeitserwartung.

Angehörigenarbeit

In der Angehörigenarbeit wird häufig von Gewalterfahrungen in den Familien berichtet. Darüber hinaus besteht ein erhöhtes Suchtrisiko für Kinder von Abhängigen, dem präventiv entgegengewirkt werden muss. Die Familienbeziehungen verändern sich durch die Abhängigkeit eines Mitglieds und typische Beziehungsmuster der Co-Abhängigkeit bilden sich heraus (Kunz et al. 2004). Co-Abhängige zeigen Merkmale von Selbstverleugnung und Überverantwortlichkeit für den Betroffenen und die Familie. Sie haben oft ein hohes Kontrollbedürfnis und glauben, durch Kontrolle (Nachzählen der Flaschen, Verstecken, Zuteilen, ständiges Überwachen des Betroffenen usw.) das Problem bewältigen zu können. In Bezug auf den Abhängigen zeigen sie eine Verleugnung der Realität, indem sie seinen Konsum verharmlosen (Fengler 1994; Vogt 2004). Mit diesen Verhaltensweisen wird jedoch das süchtige Verhalten für die Familie „akzeptabel" und damit aufrechterhalten.

Besonders in der Beratung bei Abhängigkeit und Sucht sind neue Konzepte, die weit über psychotherapeutische Verfahren hinausgehen, entwickelt worden.

?

7.6 Übungsfragen zu Kapitel 7

64. Welche Vorgaben macht das KJHG in Bezug auf die Erziehungsberatung?

65. Welche Aufgaben hat Erziehungsberatung?

66. Welchen Vorteil haben integrierte familienorientierte Beratungsstellen?

67. Welche Phasen müssen in der Trennungs- und Scheidungsberatung berücksichtigt werden und welche Auswirkungen hat das auf die betroffenen Kinder?

68. Wie wird Erziehungsberatung evaluiert?

69. Welche Aufgaben hat Bildungsberatung?

70. Welche Zielgruppen können in der Weiterbildung unterschieden werden?

71. Welche Beratungsanlässe kann man in der Weiterbildung unterscheiden?

72. Was sind Aufgaben der Studienberatung?

73. Welche Qualifikationen brauchen Bildungs- und Studienberater?

74. Wie ist der Schulpsychologische Dienst aufgebaut?

75. Welche Probleme können im Dreieck Schüler-Lehrkräfte-Elternhaus entstehen?

76. Was ist Frühförderung, Früherkennung und Frühbehandlung?

77. Was unterscheidet Consulting von Counseling?

78. Beschreiben Sie die Situation von Eltern behinderter oder chronisch kranker Kinder!

79. Welche Problemlagen können Frühförderung erschweren?

80. Welche Zielrichtung hat Elternberatung in der Frühförderung?

81. Warum ist Elternberatung bei Regulationsstörungen wichtig?

82. Was ist Gesundheit?

83. Welche Arten von Prävention unterscheidet man?

84. Welche besonderen Probleme ergeben sich bei der Beratung und Begleitung von Menschen mit psychischen Krankheiten?

85. Was versteht man unter „erlernter Hilflosigkeit"?

86. Was ist Psychoedukation?

87. Welche besonderen Kenntnisse muss ein Berater für Gehörlose haben?

88. Was sind die Ziele der Beratung chronisch kranker oder behinderter Menschen?

89. Wie ist Abhängigkeit definiert?

90. Welche physischen und psycho-sozialen Folgen haben Abhängigkeiten?

91. Welche Hilfsangebote bestehen in der Suchtprävention und -beratung?

92. Welche Perspektiven muss der Berater bei seiner Arbeit mit suchtkranken Menschen beachten?

93. Was beinhaltet das „Harm-Reduction-Konzept"?

94. Wie wird mit Rückfällen umgegangen?

8 Aktuelle Entwicklungen und Ausblick

Psycho-soziale Beratung umspannt ein weites, kaum mehr zu überblickendes Spektrum von Handlungsfeldern, von denen hier nur einige exemplarisch herausgegriffen werden konnten. Jedes dieser Felder erfordert neben den allgemeinen beraterischen Kompetenzen spezialisiertes Expertenwissen, das weit über die Anwendung psychotherapeutischer Regeln hinausgeht. Probleme, die Beratungsanlass sind, sind nicht allein als individuell in der Rat suchenden Person begründet anzusehen. Kontextabhängigkeit und Lebensweltorientierung eröffnen ein weites Feld beraterischer Aufgaben und Anforderungen.

Das Psychotherapeutengesetz mit seiner Festlegung auf Behandlung von Störungen zwingt zur Abgrenzung, Organisation und Strukturierung von Angeboten außerhalb der Therapie. Das Spektrum spannt sich dann von der im Beratungskontext immer noch präsenten therapeutischen Ausrichtung über edukativ-pädagogische Beratung zur unmittelbar sozialhilflichen Betreuung. Beratung bewegt sich damit weg von Therapie zu einem interdisziplinären, psycho-sozialen Beratungsverständnis mit eigenen Konzepten und einem Bezugsrahmen jenseits der Therapie. Beratung hat sich in den letzten Jahren deutlich weiterentwickelt, ist integraler Bestandteil sozialpädagogischer, pädagogischer, psychologischer und medizinischer Arbeit und profiliert sich dort sowohl generell als auch speziell.

Beratung hat in allen psycho-sozialen Bereichen eine große Bedeutung, nicht nur in speziellen Beratungsstellen sondern auch im täglichen Umgang mit und in der Betreuung von Menschen in individuellen oder sozialen Problemlagen. Oft wird sie „zwangsweise verordnet“ und erscheint als „Wunderwaffe“ zur Anpassung von Menschen an bestehende Sozialsysteme, was allerdings die Grundvoraussetzung der Freiwilligkeit und die Eigenverantwortung des Ratsuchenden konterkariert.

In der Aus- und Weiterbildung überwiegt immer noch die therapienahe Perspektive mit ihren etablierten und gut organisierten Angeboten, die die Berater stützen und ihnen professionelle

Sicherheit vermitteln, allerdings auch manche Berufsgruppen von der Aus- und Weiterbildung ausschließen, die in ihrem Feld gute Beratungsarbeit leisten. Beratung ist im Alltagsverständnis auch heute noch als „kleine Therapie“ verankert.

Unter einer interdisziplinären Perspektive, die viele Grundwissenschaften einschließt und die Grenzen der Therapie verlässt, ein vielfältiges Spektrum an Vernetzungen zulässt, gibt es bisher noch wenige etablierte Ausbildungen, aber eine zunehmende Zahl von Weiterbildungs- oder Masterstudiengängen und Studienschwerpunkten entstehen. Standards und Weiterbildungscurricula sind in manchen Bereichen wie in der Erziehungs- und Familienberatung bereits formuliert, in anderen fehlen sie noch ganz.

Gesellschaften, die einzelne Beratungsfelder zusammenfassen, wie der schon lange bestehende Deutsche Arbeitskreis für Jugend-, Ehe- und Familienberatung (DAK) oder die Bundeskonferenz für Erziehungsberatung (BKE), werden zunehmend gegründet und haben sich in der Deutschen Gesellschaft für Beratung (DGfB) zusammengeschlossen. Dies führt zu einer verstärkten Professionalisierung außertherapeutischer Beratungstätigkeiten, Ethikrichtlinien werden entwickelt und die Einführung eines Beratungsgesetzes in Abgrenzung zum Psychotherapeutengesetz wird diskutiert.

In der Qualitätssicherung müssen angemessene Methoden entwickelt werden, die sich von der Therapieforschung abheben. Hier fehlt es an eigenen Konzepten, die die offene und kreative Arbeit in der Beratung vor Manualisierung und extremer Standardisierung bewahren und dennoch Wirksamkeit und Qualität nachweisen können. Es gibt noch viel zu tun, um der Vielfalt eine Struktur zu geben, die eine allgemeine Beratungswissenschaft begründet.

Glossar

Alkoholembryopathie (AE): (auch Fetales Alkoholsyndrom, FAS) ist ein Fehlbildungssyndrom mit Minderwuchs und physischen und psychischen Entwicklungsstörungen (in schweren Fällen bis zur geistigen Behinderung) aufgrund mütterlichen Alkoholgenusses in der Schwangerschaft

Äquivalenz-Paradoxon: der Befund, dass Therapieerfolge unabhängig von den therapeutischen Schulen sind

Assessment: Einschätzung von individuellen Fähigkeiten, Fertigkeiten und Bedingungen meist mit Hilfe standardisierter Instrumente

Ataxie: Störung der Koordination von Bewegungsabläufen

Athetose: zentrale Bewegungsstörung mit langsamen, „geschraubten" Bewegungen

Attribuierung: Ursachenzuschreibung eigenen und fremden Verhaltens aufgrund naiver Alltagstheorien, Ursachenzuschreibungen können intern (die eigene Person als Verursacher) oder extern (die Umwelt, die anderen Personen als Verursacher) sein, stabil (konstant über die Zeit) oder variabel (in der Zeit) und global (auf alle Bereiche bezogen) oder spezifisch (auf einen Bereich bezogen) sein

Autopoiese: Organismen erschaffen sich aus sich selbst heraus, sie schaffen sich ihre Grenzen zur Außenwelt und ihre innere Struktur

Axiom: eine grundlegende, als wahr angenommene Aussage, die nicht weiter begründet werden muss

Behaviorismus: naturwissenschaftliche Theorien der Psychologie, die allein das beobachtbare Verhalten zum Gegenstand haben

Compliance: kooperatives Verhalten eines Patienten in Bezug auf die medizinische Behandlung, ob und wie der Patient die Ratschläge und Anordnungen des Arztes befolgt

Coping: Bewältigung, die Art des Umgangs mit Belastungen und Krisen

Delir: akute, lebensbedrohliche, psychische Störung mit Bewusstseinsstörungen, Desorientierung, Wahnvorstellungen, hochgradiger Erregnung, Halluzinationen („weiße Mäuse"), oft als Folge eines Alkoholentzugs

Down-Syndrom (Trisomie 21): Genetische Störung, bei der in der häufigsten Form das Chromosom 21 dreifach vorhanden ist, das Down-Syndrom ist mit charakteristischen körperlichen Abweichungen und meist mäßiger geistiger Behinderung verbunden

Evidenz: (umgangssprachlich: Klarheit, Augenscheinlichkeit) in der Therapieforschung Informationen aus Studien, die einen Sachverhalt bestätigen oder widerlegen

Exposition: einer schädlichen Einwirkung oder einem Krankheitserreger ausgesetzt sein

Hypothese: eine wohlbegründete, aber noch nicht nachgewiesene Annahme

ICD-10: „International Classification of Diseases and related health problems" der Weltgesundheitsorganisation, in der alle Krankheiten und Gesundheitsprobleme verschlüsselt sind

Kognitive Dissonanz: nach Festinger (1957) die Tendenz des Menschen, einmal getroffene Entscheidungen beizubehalten und alle widersprechenden Informationen abzuwerten, um die getroffene Entscheidung zu rechtfertigen und den Widerspruch, die Dissonanz, zu reduzieren

Kohärenz: innerer oder äußerer Zusammenhang von Elementen

Kollaboration: Zusammenarbeit

Konstruktivismus: Erkenntnistheorie, die den Standpunkt vertritt, dass es keine Wirklichkeit ohne den Beobachter gibt und demzufolge keine vom Betrachter unabhängige, objektive Welt

Kontrollierte Studie: die Ergebnisse eines Versuchs, einer Intervention, werden mit einer Kontrollgruppe ohne Intervention verglichen

Kybernetik: Wissenschaft von der Struktur komplexer Systeme, ihrer Rückkopplung und Steuerung

Locus of control (Kontrollüberzeugung): generalisierte Erwartung, im Allgemeinen durch eigenes Handeln gewünschte Ergebnisse in der Umwelt zu erreichen (intern) oder von der Außenwelt bestimmt zu sein (extern)

Loyalitätskonflikt: Konflikt, in den eine Person geraten kann, wenn sie sich zwei sich widersprechenden Menschen, Institutionen o. Ä. verbunden fühlt, ein Kind beiden getrennten Eltern, ein Berater dem Klienten und dem Träger

Maxime: oberste persönliche Lebensregel, persönlicher Grundsatz

Paradigma: Muster, in der Wissenschaft nicht hinterfragte, allgemeine Überzeugungen, Erklärungsmuster und Menschenbilder, die Erkenntnis leitend sind

Passung: in der Entwicklungspsychologie die Übereinstimmung von Temperament eines Kindes und den Erwartungen der Eltern und den Umweltanforderungen (ein sehr lebhaftes Kind „passt" nicht zu ruhebedürftigen Eltern, sie werden es öfter ermahnen, seinen Bewegungsdrang stoppen und damit möglicherweise einen Teufelskreis in Gang setzen)

Pathogenese: Entstehung und Entwicklung einer Krankheit

PISA-Studie: „Programs for International Student Assessement" der Konferenz für wirtschaftliche Zusammenarbeit und Entwicklung (OECD) zur Einschätzung alltagsrelevanter Kenntnisse und Fertigkeiten jugendlicher Schüler

Placebo: ein medizinisches Präparat ohne Wirkstoff, das zu Untersuchungszwecken eingesetzt wird, um Wirkfaktoren zu bestimmen, die nicht durch den Glauben an die Wirksamkeit eines Präparates verzerrt sind, „Placeboeffekt" ist die Wirkung, die durch den Glauben an die Wirksamkeit des Präparates, der Maßnahme, von der behandelten Person wahrgenommen wird

Prophylaxe: Vorbeugung

Prototyp: in der Linguistik eindeutiger Vertreter, bestes Beispiel einer Kategorie, der Prototyp eines Vogels ist beispielsweise in unseren Breiten ein spatzähnliches Tier, kein Strauß, kein Pinguin und kein Kolibri

Prozedurales Wissen: Handlungswissen; Wissen, wie man etwas tut

Psychohygiene: Maßnahmen zum Schutz, zum Erhalt und zur Erlangung seelischer Gesundheit

Quasi-Experiment: die untersuchten Personen können nicht zufällig auf Experimental- und Kotrollgruppe verteilt, unabhängige Variablen nicht manipuliert werden

Randomisierung: zufällige Zuteilung der Probanden zur Untersuchungs- und Kontrollgruppe

Redundanz: eine Aussage ist redundant, wenn sie keine neuen Informationen enthält

Repräsentanz: Wahrnehmungs-, Denk- und Gedächtnisinhalte, in denen der Mensch sich die Welt abbildet, strukturiert und konstruiert

Risikofaktor: eine Bedingung, die die Wahrscheinlichkeit erhöht, dass ein negatives Ereignis eintritt, aber nicht zwingend dazu führt (Übergewicht ist ein Risikofaktor für Herz-Kreislauf-Erkrankungen, aber nicht jeder Übergewichtige erkrankt)

SGB: Sozialgesetzbuch (I–XII), regelt soziale Ansprüche und Zuständigkeiten, beispielsweise regelt SGB III die Arbeitsförderung, SGB VIII die Kinder- und Jugendhilfe, SGB IX die Rehabilitation und Teilhabe behinderter Menschen, SGB XII die Sozialhilfe

Signifikanz: in der Statistik Ergebnisse, die mit einer gegebenen Wahrscheinlichkeit nicht zufällig zustande gekommen sind

Sozialisation: Entwicklung der Persönlichkeit durch Interaktionen mit der personalen und materiellen Umwelt, Verinnerlichung von Normen, Werten und sozialen Rollen

Spastik: zerebrale Bewegungsstörung mit erhöhter Muskelspannung

Statistische Power: Teststärke, die Fähigkeit eines Verfahrens, einen Effekt zu entdecken, wenn er tatsächlich vorhanden ist

Stimulanz: Substanzen, die die Aktivität der Nerven erhöhen oder beschleunigen

Utilisation: Nutzbarmachen, in der Therapie das Aufgreifen von allem, was vom Klienten kommt

Variable: Größe, die verschiedene Werte annehmen kann, Indikator eines psychischen Merkmals

Zeitreihenstudie: Studie, bei der vor, während und nach der Einführung einer Intervention oder einer Experimentalhandlung periodisch Messungen durchgeführt werden

Literatur

Abel, A. H. (1998a). Geschichte der Erziehungsberatung: Bedingungen, Zwecke, Kontinuitäten. In: Körner, W., Hörmann, G. (Hrsg.). Handbuch der Erziehungsberatung. Göttingen: Hogrefe, 19–52

– (1998b). Rahmenbedingungen der Erziehungsberatung. In: Körner, W., Hörmann, G. (Hrsg.). Handbuch der Erziehungsberatung. Göttingen: Hogrefe, 87–112

Anderson, H. (1999). Das therapeutische Gespräch. Der gleichberechtigte Dialog als Perspektive der Veränderung. Stuttgart: Klett-Cotta

Antonovsky, A. (1993). Gesundheitsforschung versus Krankheitsforschung. In: Franke, A., Broda M. (Hrsg.). Psychosomatische Gesundheit. Versuch einer Abkehr vom Pathogenese-Konzept. Tübingen: DGVT, 3–14

Arend, H. (1994). Alkoholismus – Ambulante Therapie und Rückfallprophylaxe. Weinheim: Beltz

Argelander, H. (Hrsg.) (1985). Psychoanalytische Beratung im Spannungsfeld von persönlicher Auseinandersetzung, methodischer Aneignung und theoretischer Aufarbeitung. Göttingen: Vandenhoeck & Ruprecht

Armbruster, J. (1998). Praxisreflexion und Selbstevaluation in der Sozialpsychiatrie. Systemische Beiträge zur Methodenentwicklung. Freiburg: Lambertus

Aronson, E., Kafry, D., Pines, A. (1989). Ausgebrannt. Vom Überdruß zur Selbstentfaltung. 3. Aufl. Stuttgart: Klett Cotta

Atkinson, J., Maxwell, J., Heritage, J. (1984). Structures of Social Action. Studies in Conversation Analysis. Cambridge: Cambridge University Press

Bamberger, G. G. (2001). Lösungsorientierte Beratung. 2. Aufl. Weinheim: Beltz

– (2004). Beratung unter lösungsorientierter Perspektive. In: Nestmann, F., Engel, F., Sickendiek, U. (Hrsg.). Das Handbuch der Beratung. Band 2: Ansätze, Methoden und Felder. Tübingen: DGVT, 737–748

Bandura, A. (1977). Self-efficacy: Toward a Unifying Theory of Behavioral Change. In: Psychological Review, 84, 191–215

Bänninger-Huber, E., Salisch, M. v. (1994). Die Untersuchung des mimischen Affektausdrucks in face-to-face Interaktionen. In: Psychologische Rundschau, 45, 79–98

Barabas, F. (2004). Gesetzliche Grundlagen der Beratung. In: Nestmann, F., Engel, F., Sickendiek, U. (Hrsg.). Das Handbuch der Beratung. Band 2: Ansätze, Methoden und Felder. Tübingen: DGVT, 1203–1211

Barth, R. (1996). Ein Beratungsangebot für Eltern mit Säuglingen und Kleinkindern – Konzeption und erste Erfahrungen der Beratungsstelle „MenschensKind". In: Praxis der Kinderpsychologie und Kinderpsychiatrie, 48, 178–191

– (1998). Psychotherapie und Beratung im Säuglings- und Kleinkindalter. In: Klitzing, K. v. (Hrsg.). Psychotherapie in der frühen Kindheit. Göttingen: Vandenhoeck & Ruprecht, 72–87

Bastine, R., Theilmann, C. (2004). Mediation mit Familien. In: Nestmann, F., Engel, F., Sickendiek, U. (Hrsg.). Das Handbuch der Beratung. Band 2: Ansätze, Methoden und Felder. Tübingen: DGVT 1029–1040

Bauer, J., Häfner, S., Kächele, H., Wirsching, M., Dahlbender, R. W. (2003). Burn-out und Wiedergewinnung seelischer Gesundheit am Arbeitsplatz. In: Psychotherapie, Psychosomatik und medizinische Psychologie, 53(5), 213–222

Baving, L., Schmidt, M. H. (2001). Evaluierte Behandlungsansätze in der Kinder- und Jugendpsychiatrie II. In: Zeitschrift für Kinder- und

Jugendpsychiatrie und Psychotherapie, 29(3), 206–220

Bednorz, P., Schuster, M. (2002). Einführung in die Lernpsychologie. 3. Aufl. München/Basel: Ernst Reinhardt

Beer, T., Gediga, G. (1999). Evaluation von Supervision: eine Untersuchung im Bereich der Sozialen Arbeit. In: Holling, H., Gediga, G. (Hrsg.). Evaluationsforschung. Göttingen: Hogrefe, 73–126

Bengel, J., Strittmatter, R., Willmann, H. (1998). Was erhält Menschen gesund? Antonovskys Modell der Salutogenese – Diskussionsstand und Stellenwert (Band 6). Köln: BZgA

Berg, I. K. (1992). Familien-Zusammenhalt(en). Ein kurz-therapeutisches und lösungsorientiertes Arbeitsbuch. Dortmund: modernes lernen

Bergin, A. E. (1971). The Evaluation of Therapeutic Outcomes. In: Bergin, A. E., Garfield, A. L. (Eds.). Handbook of Psychotherapy and Behavior Change. An Empirical Analysis. New York: Wilney, 217–270

Bernard, J. M. (1998). Supervision geben und erhalten. In: Hackney, H., Cormier, S. (Hrsg.). Beratungsstrategien – Beratungsziele. 4. Aufl. München/Basel: Ernst Reinhardt, 160–175

Berne, E. (1967). Spiele der Erwachsenen. Psychologie der menschlichen Beziehung. Reinbek: Rowohlt

Birbaumer, N., Schmidt, R. F. (2002). Biologische Psychologie. 5. Aufl. Berlin: Springer

Bochmann, A. (2004). Paarberatung. In: Nestmann, F., Engel, F., Sickendiek, U. (Hrsg.). Das Handbuch der Beratung. Band 2, Ansätze, Methoden und Felder. Tübingen: DGVT, 1005–1013

Borg-Laufs, M. (2004). Verhaltensberatung nach dem kognitiv-behavioristischen Modell. In: Nestmann, F., Engel F., Sickendiek, U. (Hrsg.). Handbuch der Beratung. Band 2: Ansätze, Methoden und Felder. Tübingen: DGVT, 629–639

Brähler, E., Schumacher, J., Strauß, B. (2002). Diagnostische Verfahren in der Psychotherapie (Band 1). Göttingen: Hogrefe

Brandtstädter, J., Gräser, H. (1999). Entwicklungsorientierte Beratung. In: Oerter, R., Hagen, C. v., Röper, G., Noam G. (Hrsg.). Klinische Entwicklungspsychologie. Ein Lehrbuch. Weinheim: Beltz, 335–350

Broda, M., Klinkenberg, N. (2004). Beratung in der Rehabilitation. In: Nestmann, F., Engel, F., Sickendiek, U. (Hrsg.). Das Handbuch der Beratung. Band 2: Ansätze, Methoden und Felder. Tübingen: DGVT, 1083–1095

Bruner, J. (1990). Acts of Meaning. Cambridge, MA: Harvard University Press

Brunner, E. J. (2004). Systemische Beratung. In: Nestmann, F., Engel, F., Sickendiek, U. (Hrsg.). Das Handbuch der Beratung. Band 2: Ansätze, Methoden und Felder. Tübingen: DGVT, 655–661

Buchwald, P., Hobfoll, S. E. (2004). Burnout aus ressourcentheoretischer Perspektive. In: Psychologie in Erziehung und Unterricht, 51, 247–257

Bühler, K. (1965). Sprachtheorie. 2. Aufl. Stuttgart: Fischer

Bundeskonferenz für Erziehungsberatung (1999). BKE-Hinweis, EB Richtzahl und Bevölkerung. In: Informationen für Erziehungsberatungsstellen, 2.

Bundesministerium für Familie, Senioren, Frauen und Jugend (2005). Stärkung familialer Beziehungs- und Erziehungskompetenzen. Kurzfassung eines Gutachtens des Wissenschaftlichen Beirats für Familienfragen beim Bundesministerium für Familie, Senioren, Frauen und Jugend

Bundesministerium für Gesundheit und Soziales (Hrsg.) (2000). Alkoholkonsum und alkoholbezogene Störungen in Deutschland. Baden-Baden: Nomos

Bund-Länderkommission für Bildungsplanung (1973). Bildungsgesamtplan. Stuttgart: Veröffentlichungen der Bund-Länderkommission

Bürgi, A., Eberhart, H. (2004). Beratung als strukturierter und kreativer Prozess. Ein Lehrbuch für die ressourcenorientierte Praxis. Göttingen: Vandenhoeck & Ruprecht

Burisch, M. (1989). Das Burnout-Syndrom. Theorie der inneren Erschöpfung. Berlin: Springer.

– (1994). Ausgebrannt, verschlissen, durchgerostet. In: Psychologie heute, 9, 22–26

Burnham, J. B. (1995). Systemische Familienberatung. Eine Lern- und Praxisanleitung für soziale Berufe. Weinheim: Beltz

Cherniss, C. (1980). Staff Burnout. Job Stress and the Human Services. Beverly Hills: Sage

Clark, H. H., Wilkes-Gibbs, D. (1986). Referring as a Collaborative Process. In: Cognition, 22, 1–39

Cowen, E. L. (1982). Help is Where you Find it. Four Informal Helping Groups. In: American Psychologist, 37(4), 385–395

Csontos, I. (2000). Psychotherapieforschung: Grawe-Debatte und aktuellere Fragestellungen. In: Schweizerische Ärztezeitung, 81(27), 1527–1531

Damasio, A. R. (1997). Descarte's Irrtum. München: Deutscher Taschenbuchverlag

Datler, W., Steinhardt, K., Gstach, J. (2004). Psychoanalytisch orientierte Beratung. In: F. Nestmann, F., Engel, F., Sickendiek, U. (Hrsg.). Das Handbuch der Beratung. Band. 2:. Ansätze, Methoden und Felder. Tübingen: DGVT, 613–627

de Shazer, S. (1989). „... Worte waren ursprünglich Zauber". Lösungsorientierte Therapie in Theorie und Praxis. 2. Aufl. Dortmund: modernes lernen

– (1990). Wege der erfolgreichen Kurztherapie. Stuttgart: Klett-Cotta

Delhees, K. H. (1994). Soziale Kommunikation. Opladen: Westdeutscher

Der Bundestag (16. Juni 1998). Gesetz über die Berufe des Psychologischen Psychotherapeuten und des Kinder- und Jugendlichenpsychotherapeuten (Psychotherapeutengesetz – PsychThG)

Deutsche Hauptstelle für Suchtfragen (DHS) (2002). Substanzen: Alkohol. http://www.dhs.de/substanzen_alkohol.html, 18.8.2005

– (Hrsg.). (2004). Jahrbuch Sucht 2004. Geesthacht: Neuland

Deutscher Bundestag (25.11.1975). Psychiatrie-Enquête 1975. Bericht über die Lage der Psychiatrie in der Bundesrepublik Deutschland – Zur psychiatrischen und psychotherapeutischen/psychosomatischen Versorgung der Bevölkerung

Dietrich, G. (1983). Allgemeine Beratungspsychologie. Eine Einführung in die psychologische Theorie und Praxis der Beratung. Göttingen: Hogrefe

Dietzfelbinger, M., Oetker-Funk, R., Struck, E., Volger, I. (2003). Der lange Weg vom guten Rat zur fachlichen Psychologischen Beratung. Das psychologische Beratungsangebot der Kirchen. In: Oetker-Funk, R., Dietzfelbinger, M., Struck E., Volger, I. (Hrsg.). Psychologische Beratung. In: Beiträge zu Konzept und Praxis. Freiburg: Lambertus, 15–35

Donabedian, A. (1966). Evaluating the Quality of Medical Care. In: Milbank Memorial Funds Quaterly, 44, 166–203

Dörner, K., Plog, U. (1996). Irren ist menschlich. Lehrbuch der Psychiatrie und Psychotherapie (1. Auflage der Neuausgabe). Bonn: Psychiatrie

Dryden, W., Feltham, C. (1994). Psychologische Kurzberatung und Kurztherapie. Einführung in die praktischen Techniken. München/Basel: Ernst Reinhardt

Eckstein, B., Fröhlig, B. (2000). Praxishandbuch der Beratung und Psychotherapie. Stuttgart: Pfeiffer bei Klett-Cotta

Edelwich, J., Brodsky, A. (1984). Ausgebrannt. Das „Burnout-Syndrom" in den Sozialberufen. Salzburg: AVM

Ekman, P. (2003). Darwin, Deception, and Facial Expression. In: Ekman, P., Campos, J., De Waals, D. R. J., De Waals, F. (Eds.). Emotions Inside Out. New York: Annals of the New York Academy of Sciences, 205–221

–, Friesen, W. V. (1974). Detecting Deception from the Body or Face. In: Journal of Personality and Social psychology, 29, 288–298

Ellis, A. (1979). Klinisch-theoretische Grundlagen der Rational-emotiven Therapie. In: Ellis, A., Grieger, R. (Hrsg.). Praxis der rational-emotiven Therapie. München: Urban & Schwarzenberg, 3–36

Emlein, G. (2001). Beraten, Begleiten, Anleiten – Die Beziehung zu „Frühförder"-Eltern. In: Hessisches Sozialministerium, Bundesvereinigung Lebenshilfe für Menschen mit geistiger Behinderung (Hrsg.). An-Sichten über

Frühförderung. Ergebnisse aus Wissenschaft und Praxis. Marburg: Lebenshilfe, 51–59

Engel, F., Sickendiek, U. (2004). Narrative Beratung: Sprache, Erzählungen und Metaphern in der Beratung. In: Nestmann, F., Engel, F., Sickendiek, U. (Hrsg.). Das Handbuch der Beratung. Band 2: Ansätze, Methoden und Felder . Tübingen: DGVT, 749–763

Enzmann, D., Kleiber, D. (1989). Helfer-Leiden, Streß und Burnout in psychosozialen Berufen. Heidelberg. Roland Asanger

Escalera, C. (2004). Eine Krise, die viele Krisen entstehen lässt – Krisenintervention und geistige Behinderung. In: Müller, W., Scheuermann, U. (Hrsg.). Praxis Krisenintervention. Ein Handbuch für helfende Berufe: Psychologen, Ärzte, Sozialpädagogen, Pflege- und Rettungskräfte. Stuttgart: Kohlhammer, 169–182

Eulitz, R., Gebhardt, E. (1996). Vermitteln diagnostischer Ergebnisse an die Eltern behinderter Kinder. Frühförderung interdisziplinär, 15, 152–159

Ewald, V. (1996). Burnout – Konstrukt oder ernstzunehmendes Problem? In: Unsere Jugend, 12, 498–504

Eysenck, H. J. (1952). The Effects of Psychotherapy: An Evaluation. In: Journal of Consulting Psychology, 16, 319–324

– (1970). A Mish-Mash of Theories. In: International Journal of Psychiatry, 9, 140–146

Fäh, M., Fischer, G. (Hrsg.)(1998). Sinn und Unsinn in der Psychotherapieforschung. Eine kritische Auseinandersetzung mit Aussagen und Forschungsmethoden. Gießen: Psychosozial

Faltermaier, T. (2004). Gesundheitsberatung. In: Nestmann, F., Engel, F., Sickendiek, U. (Hrsg.). Das Handbuch der Beratung. Band 2: Ansätze, Methoden und Felder. Tübingen: DGVT, 1063–1081

Faust, A. (1996). Ausgebrannt – Das Burn-out-Syndrom. In: Krankenhauspsychiatrie (7), 179–183

Feltham, C. (2004). Counselling in the United Kingdom and Counselling as it Might Be. In: Nestmann, F., Engel, F., Sickendiek, U. (Hrsg.). Das Handbuch der Beratung. Band 1: Disziplinen und Zugänge. Tübingen: DGVT, 559–567

Fengler, J. (1992). Wege zur Supervision. In: Pallasch, W. Mutzeck, W., Reimers, H. (Hrsg.). Beratung, Training, Supervision. Weinheim: Juventa, 173–187

– (1994). Süchtige und Tüchtige. Begegnung und Arbeit mit Abhängigen. München: Pfeiffer

– (2002). Helfen macht müde. Zur Analyse von Burn-out und beruflicher Deformation. 6. Aufl. Stuttgart: Klett-Cotta

– (2003). Beratung von Mitarbeitern in Einrichtungen für geistig behinderte Menschen. In: Irblich, D. Stahl, B. (Hrsg.). Menschen mit geistiger Behinderung. Göttingen: Hogrefe, 452–475

Filipp, S. H. (Hrsg.). (1995). Kritische Lebensereignisse. 3. Aufl. Weinheim: Beltz

Forgas, J. (1995). Soziale Interaktion und Kommunikation. 3. Aufl. Weinheim: Beltz

Freud, S. (1994). Vorlesungen zur Einführung in die Psychoanalyse. Frankfurt: Fischer

Freudenberger, H. J. (1974). Staff Burn-out. In: Journal of Social Issues, 30 (1), 159–165

Frindte, W. (2001). Kommunikationspsychologie. Weinheim: Beltz

Gelso, C. J., Fretz, B. R. (1999). Counseling Psychology. Fort Worth: Harcourt Brace Janovich

Gergen, K. J. (1999). An Invitation to Social Construction. London: Sage

Gerstenmaier, J., Günther, S. (2004). Berufslaufbahnberatung (Career Counseling). In: Nestmann, F., Engel, F., Sickendiek, U. (Hrsg.). Das Handbuch der Beratung. Band 2: Ansätze, Methoden und Felder. Tübingen: DGVT, 933–945

Gesetz zur Verhütung erbkranken Nachwuchses (14.07.1933), in: documentArchiv.de [Hrsg.], URL: http://www.documentArchiv.de/ns/erbk-nws.html, Stand: 25.08.05

Gieseke, W. (2000). Beratung in der Weiterbildung – Ausdifferenzierung der Beratungsbedarfe. In: Report, 46, 10–17

Girgensohn-Marchand, B. (1996). Der Mythos Watzlawick und die Folgen. Eine Streitschrift gegen systemisches und konstruktivistisches

Denken in pädagogischen Zusammenhängen. Weinheim: Beltz

Glaeske, G. (2003). Psychotrope und andere Arzneimittel mit Missbrauchs- und Abhängigkeitspotenzial. In Deutsche Hauptstelle für Suchtfragen e.V. (Ed.), Jahrbuch Sucht 2004. Geesthacht: Neuland.

Glaser, B. G., Strauss, A. L. (1998). Grounded theory. Strategien qualitativer Forschung. Bern: Huber

Glasersfeld, E. v. (1992). Konstruktion der Wirklichkeit und des Begriffes der Objektivität. In: Foerster, H. v., Glasersfeld, E v., Hejl, P. M. Schmidt, S. J., Watzlawick, P. (Hrsg.). Einführung in den Konstruktivismus. München: Piper, 9–39

Goffman, E. (1969). Wir alle spielen Theater. München: Piper

Goswami, U. (1998). Cognition in Children. Hove: Psychology Press

Grawe, K., Donati, R., Bernauer, F. (1995). Psychotherapie im Wandel. Göttingen: Hogrefe

Grice, H. P. (1975). Logic and Conversation. In: Cole, P., Morgan, J. L. (Eds.). Syntax and Semantics 3: Speech Acts. New York: Academic Press

Großmaß, R. (2004a). Beratungsräume und Beratungssettings. In: Nestmann, F., Engel, F., Sickendiek, U. (Hrsg.). Das Handbuch der Beratung. Band 1: Disziplinen und Zugänge. Tübingen: DGVT, 487–496

– (2004b). Psychotherapie und Beratung. In: Nestmann, F., Engel, F., Sickendiek, U. (Hrsg.). Das Handbuch der Beratung. Band 1: Disziplinen und Zugänge. Tübingen: DGVT, 9–102

Habermas, J. (1981). Theorie des kommunikativen Handelns (Band 2). Frankfurt: Suhrkamp

Hackney, H., Cormier, L. S. (1998). Beratungsstrategien, Beratungsziele. 4. Aufl. München/Basel: Ernst Reinhardt

Hahlweg, K. (2001). Prävention von kindlichen Verhaltensstörungen. Bevor das Kind in den Brunnen fällt. In: Deutsch, W., Wenglorz, M. (Hrsg.). Zentrale Entwicklungsstörungen bei Kindern und Jugendlichen. Aktuelle Erkenntnisse über Entstehung, Therapie und Prävention. Stuttgart: Klett-Cotta, 189–241

Haid-Loh, A., Lindemann, F.-W. (2004). Familienberatung. In: Nestmann, F., Engel, F., Sickendiek, U. (Hrsg.). Das Handbuch der Beratung. Band 2: Ansätze, Methoden und Felder. Tübingen: DGVT, 989–1004

Hanke, M., John, U. (2003). Tabak- oder alkoholattributable stationäre Behandlung. In: Deutsche medizinische Wochenschrift, 128, 1387–1390

Hargens, J. (2004). Aller Anfang ist ein Anfang. Gestaltungsmöglichkeiten hilfreicher systemischer Gespräche. Göttingen: Vandenhoeck & Ruprecht

Hawkins, P., Shohet, R. (2000). Supervision in the Helping Profession. An Individual, Group and Organizational Approach. 2 ed. Buckingham/Philadelphia: Open University Press

Heekerens, H.-P. (1998). Evaluation von Erziehungsberatung: Forschungsstand und Hinweise zukünftiger Forschung. In: Praxis der Kinderpsychologie und Kinderpsychiatrie, 47, 589-606

Heidenreich, T., Schneider, R., Michalak, J. (2004). Achtsamkeit und Akzeptanz bei Suchterkrankungen. In: Heidenreich, T. , Michalak, J. (Hrsg.). Achtsamkeit und Akzeptanz in der Psychotherapie Ein Handbuch. Tübingen: DGVT, 535–565

Heiner, M. (2004). Evaluation in der Beratung. In: Nestmann, F., Engel, F., Sickendiek, U. (Hrsg.). Das Handbuch der Beratung. Band 2: Ansätze, Methoden und Felder. Tübingen: DGVT, 825–836

Heller, K. (2001). Bildungsberatung. In: Rost, D. H. (Hrsg.). Handwörterbuch Pädagogische Psychologie. Weinheim: Beltz, 62–69

Hellinger, B. (1996). Ordnungen der Liebe. Ein Kurs-Buch. Heidelberg: C. Auer

Herrmann, T. (1985). Allgemeine Sprachpsychologie. München: Urban & Schwarzenberg

Hobfoll, S. E. (1988). The Eology of Sress. Washington: Hemsiphere

– (1989). Conservation of Resources: A New Attempt at Conceptualizing Stress. In: American Psychologist, 44, 513–524

Hofer, M. (1996). Pädagogische Psychologie als Wissenschaft und als beraterische Praxis. In: Hofer, M., Wild, E., Pikowsky, B. (Hrsg.). Pädagogisch-psychologische Berufsfelder. Beratung zwischen Theorie und Praxis. Bern: Huber, 1–24

–, Papastefanou, C. (1996). Theoriebestände für pädagogisch-psychologisches Beratungshandeln. In: Hofer, M., Wild, E., Pikowsky, B. (Hrsg.). Pädagogisch-psychologische Berufsfelder. Beratung zwischen Theorie und Praxis. Bern: Huber, 25–55

Holyba, F., Pfeifer-Schaupp, H. U. (1996). Überdruß und Ausbrennen: Phänomen, Ursachen und Gegenstrategien. In: Sozialmagazin, 21(1), 38–44

Houben, A. (1975). Klinisch-psychologische Beratung. München/Basel: Ernst Reinhardt

Hundsalz, A. (1996). Erziehungs- und Familienberatung. In: Hofer, M., Wild, E., Pikowsky, B. (Hrsg.). Pädagogisch-psychologische Berufsfelder. Beratung zwischen Theorie und Praxis. Bern: Huber, 57–85

– (1998). Beratung, Psychotherapie oder Psychologische Beratung? Zum Profil therapeutischer Arbeit in der Erziehungsberatung. In: Praxis der Kinderpsychologie und Kinderpsychiatrie, 47, 157–173

– (2004). Erziehungs- und Familienberatung. In: Nestmann, F., Engel, F., Sickendiek, U. (Hrsg.). Das Handbuch der Beratung. Band 2: Ansätze, Methoden und Felder. Tübingen: DGVT, 977–987

Jansen-Dittmer, H., Münker, K. (1999a). Burnout-Syndrom – und wie man es sich nicht einfängt. Spät-Moderne und helfende Berufe – Perspektiven für eine andere Modernisierung. In: Unsere Jugend, 5, 195–207

– (1999b). Burnout-Syndrom – und wie man es sich nicht einfängt. Spät-Moderne und helfende Berufe – Perspektiven für eine andere Modernisierung, Teil II. In: Unsere Jugend, 6, 243–258

Joas, H. (1989). Praktische Intersubjektivität. Die Entwicklung des Werkes von G. H. Mead. Frankfurt am Main: Suhrkamp

Kanfer, F. (1977). Selbstmanagement-Methoden. In: Kanfer, F., Goldstein, A. (Hrsg.). Möglichkeiten der Verhaltensänderung. München: Urban & Schwarzenberg, 350–406

–, Phillips, J. S. (1975). Lerntheoretische Grundlagen der Verhaltenstherapie. München: Kindler

–, Reinecker, H., Schmelzer, D. (1991). Selbstmanagement-Therapie. Berlin: Springer

Kardorff, E. v. (2004). Sozialpsychiatrische Beratung. In: Nestmann, F., Engel, F., Sickendiek, U. (Hrsg.). Das Handbuch der Beratung. Band 2: Ansätze, Methoden und Felder. Tübingen: DGVT, 1097–1109

Karschuk, R., Stauber, H. (2003). „Wer bestimmt hier was?“ Empowerment in der Behindertenarbeit. In: Lenz, A., Stark, W. (Hrsg.). Empowerment. Neue Perspektiven für psychosoziale Praxis und Organisation. Tübingen: DGVT, 193–202

Kast, V. (1990). Trauern. Phasen und Chancen des psychischen Prozesses. Stuttgart: Kreuz

Kernen, H. R. (1997). Burnout-Prophylaxe im Management. Erfolgreiches individuelles und institutionelles Ressourcenmanagement. Bern: Paul Haupt

Keupp, H. (2004). Die Normalität der Krise oder die Krise der Normalität – Krisenpotenziale im globalisierten Netzwerkkapitalismus. In: Müller, W., Scheuermann, U. (Hrsg.). Praxis Krisenintervention. Ein Handbuch für helfende Berufe: Psychologen, Ärzte, Sozialpädagogen, Pflege- und Rettungskräfte. Stuttgart: Kohlhammer, 20–32

Klann, N., Hahlweg, K. (1994). Beratungsbegleitende Forschung – Evaluation von Vorgehensweisen in der Ehe-, Familien- und Lebensberatung und ihre spezifischen Auswirkungen. Stuttgart: Kohlhammer

–, –, Heinrichs, N. (2003). Diagnostische Verfahren für die Beratung. 2. Aufl. Göttingen: Hogrefe

Klauß, T. (1999). Ein besonderes Leben. Heidelberg: Schindele

Klein, M. (1999). Praxisfeld Suchthilfe. In: Badry, E., Buchka, M., Knapp, R. (Hrsg.). Pädagogik. Grundlagen und Arbeitsfelder. 3. Aufl. München/Basel: Ernst Reinhardt, 481–494

Koschorke, M. (2004). Schwangerschaftskonflikt-Beratung. In: Nestmann, F., Engel, F., Sickendiek, U. (Hrsg.). Das Handbuch der Beratung. Band 2: Ansätze, Methoden und Felder. Tübingen: DGVT, 1111–1125

Krabbe, H. (2004). Trennungs- und Scheidungsberatung. In: Nestmann, F., Engel, F., Sickendiek, U. (Hrsg.). Das Handbuch der Beratung. Band 2: Ansätze, Methoden und Felder. Tübingen: DGVT, 1041–1049

Kracke, B., Niegemann, H. M. (1996). Beratung in der Weiterbildung. In: Hofer, M., Wild, E., Pikowsky, B. (Hrsg.). Pädagogisch-psychologische Berufsfelder. Beratung zwischen Theorie und Praxis. Bern: Huber, 167–188

Kraus, L., Augustin, R. (2001). Repräsentativerhebung zum Gebrauch psychoaktiver Substanzen bei Erwachsenen in Deutschland 2000. In: Sucht, 47(Sonderheft 1).

Krauss, R. M., Fussel, S. R. (1996). Social Psychological Models of Interpersonal Communication. In: Higgins, E. T. (Ed.). Social Psychology: Handbook of Basic Principles. New York: Guilford, 655–701

Kriz, J. (2004). Methodologische Aspekte von „Wissenschaftlichkeit" in der Psychotherapieforschung. In: Psychotherapie und Sozialwissenschaften, 6, 6–31

Krumenacker, F.-J. (Hrsg.). (2004). Sozialpädagogische Diagnosen in der Praxis. Erfahrungen und Perspektiven. Weinheim: Juventa

Kunz, S., Scheuermann, U., Schürmann, I. (2004). Krisenintervention. Ein fallorientiertes Arbeitsbuch für Praxis und Weiterbildung. Weinheim: Juventa

Kurz-Adam, M. (1995). Modernisierung von innen? Wie der gesellschaftliche Wandel die Beratungsarbeit erreicht. In: Kurz-Adam, M., Post, I. (Hrsg.). Erziehungsberatung und Wandel der Familie. Opladen: Leske + Budrich, 175–195

Laireiter, A. R. (2000a). Diagnostik in der Psychotherapie: Perspektiven, Aufgaben und Qualitätskriterien. In: Laireiter, A. R. (Hrsg.). Diagnostik in der Psychotherapie. Wien: Springer, 3–23

– (2000b). Diagnostik, Dokumentation und Qualitätssicherung in der Psychotherapie. In: Laireiter, A.-R. (Hrsg.). Diagnostik in der Psychotherapie. Wien: Springer, 441–458

Largo, R. H., Benz-Castellano, C. (2004). Die ganz normalen Krisen – Fit und Misfit im Kleinkindesalter. In: Papoušek, M., Schieche M., Wurmser, H. (Hrsg.). Regulationsstörungen der frühen Kindheit. Frühe Risiken und Hilfen im Entwicklungskontext der Eltern-Kind-Beziehung. Bern: Huber, 18–30

Lazarus, A. A. (1995). Different Types of Eclecticism and Integration: Let's Be Aware of the Dangers. In: Journal of Psychotherapy Integration, 5(1), 27–39

– (2000). Multimodale Kurzpsychotherapie. Stuttgart: Klett Cotta

Lazarus, R. S. (1995). Streß und Streßbewältigung – ein Paradigma. In: Filipp, S. H. (Hrsg.). Kritische Lebensereignisse. 3. Aufl. Weinheim: Psychologie Verlags Union, 197–232

Lenz, A. (2003). Ressourcenorientierte Beratung: Konzeptionelle und methodische Überlegungen. In: Praxis der Kinderpsychologie und Kinderpsychiatrie, 52(4), 234–249

–, Straus, F. (1998). Gemeindepsychologische Perspektiven in der Erziehungsberatung. In: Körner, W., Hörmann, G. (Hrsg.). Handbuch der Erziehungsberatung. Anwendungsbereiche und Methoden der Erziehungsberatung. Göttingen: Hogrefe, 435–454

Leven, R. (2003). Gehörlose und schwerhörige Menschen mit psychischen Störungen. Hamburg: Hörgeschädigte Kinder

Liermann, H. (2003). Schulpsychologische Beratung. In: Praxis der Kinderpsychologie und Kinderpsychiatrie, 52(4), 266–278

– (2004). Schulpsychologische Beratung. In: Nestmann, F., Engel, F., Sickendiek, U. (Hrsg.). Das Handbuch der Beratung. Band 2: Ansätze, Methoden und Felder. Tübingen: DGVT, 865–875

Luborsky, L., Barber, J. P., Diguer, L. (1992). The Meanings of Narratives Told during Psychotherapy: The Fruits of a New Observational Unit. In: Psychotherapy Research, 2, 277–290

Luhmann, N. (1990). Konstruktivistische Perspektiven. Opladen: Westdeutscher

Luria, A. (1961). The Role of Speech in the Regulation of Normal and Abnormal Behavior. New York: Liveright

Mahoney, M. J. (2003). Constuctive Psychotherapy. A Practical Guide. New York: Guilford

Maier, C. (2005). Die Entdeckung der Faulheit. München: Goldmann

Marlatt, G. A., Witkiewitz, K. (2002). Harm Reduction Approaches to Alcohol Use – Health Promotion, Prevention, and Treatment. Addictive Behaviors, 27(6), 867–886

Marquard, A., Runde, P., Westphal, G. (1993). Psychische Belastungen in helfenden Berufen. Opladen: Westdeutscher

Maslach, C. (1982). Burnout, the Cost of Caring. Englewood Cliffs: Prentice Hall Direct

–, Jackson, S. (1984). Burnout in Organisational Settings. In: Oscamp, S. (Ed.). Applied Social Psychology Annual. Beverly Hills: Sage, 133–153

–, –, Leiter, M. P. (1996). Maslach Burnout Inventory. 3 ed. Palo Alto: Consulting Psychology Press

Maturana, H. R., Varela, F. J. (1987). Der Baum der Erkenntnis. Die biologischen Wurzeln des menschlichen Erkennens. Bern: Scherz

Mayring, P. (2000). Qualitative Inhaltsanalyse. In: Flick, U., Kardorff, E. v., Steinke, I. (Hrsg.). Qualitative Sozialforschung. Ein Handbuch. Reinbek: Rowohlt, 468–475

McLeod, J. (2004). Counselling – eine Einführung in Beratung. Tübingen: DGVT

Mead, G. H. (1968). Geist, Identität und Gesellschaft aus der Sicht des Sozialbehaviorismus. Frankfurt am Main: Suhrkamp

Mehrabian, A. (1972). Nonverbal Communication. Atherton: Aldine

– (1980). Silent Messages: Implicit Communication of Emotions and Attitudes. 2 ed. Wadsworth Pub Co

Meichenbaum, D. (1977). Cognitive-Behavior Modification. An Integrative Approach. New York: Plenum

–, Goodman, J. (1971). A Means of Developing Self-Control. In: Journal of Abnormal Psychology, 77, 115–126

Miller, G. A., Galanter, G., Pribram, K. H. (1960). Plans and the Structure of Behavior. New York: Holt Rinehart and Winston

Miller, W. R., Rollnick, S. (1991). Motivational Interviewing. Preparing People to Change Addictive Behavior. New York: Guilford

Minuchin, S. (1977). Familien und Familientherapie. Freiburg: Lambertus

Möller, H. (2001). Was ist gute Supervision? Grundlagen – Merkmale – Methoden. Stuttgart: Klett Cotta

Möller, W., Nix, C. (Hrsg.). (1991). Kurzkommentar zum Kinder- und Jugendhilfegesetz. Weinheim: Beltz

Moreno, J. L. (1959). Gruppenpsychotherapie und Psychodrama. KLett Cotta: Stuttgart

Mowrer, O. H. (1960). Learning Theory and Behavior. New York: Wiley

Müller, F. H., Kals, E. (2004). Die Q-Methode. Ein innovatives Verfahren zur Erhebung subjektiver Einstellungen und Meinungen. In: Forum Qualitative Sozialforschung: http://www.qualitative-research.net/fqs-texte/2-04/2-04muellerkals-d.htm, 5(2, Art. 34), Stand: 26.08.05

Murgatroyd, S. (1994). Beratung als Hilfe. Eine Einführung für helfende Berufe. Weinheim: Beltz

Mutzeck, W. (2004). Kooperative Beratung. In: Nestmann, F., Engel, F., Sickendiek, U. (Hrsg.). Das Handbuch der Beratung. Band 2: Ansätze, Methoden und Felder. Tübingen: DGVT, 691–698

Nelson-Jones, R. (1982). The Theory and Practice of Counselling Psychology. London: Holt, Rinehart & Winsten

Nestmann, F. (1988). Die alltäglichen Helfer. Theorien sozialer Unterstützung und eine Untersuchung alltäglicher Helfer aus vier Dienstleistungsberufen. Berlin: Walter de Gruyter

– (1997). Beratung. Bausteine für eine interdisziplinäre Wissenschaft und Praxis. Tübingen: DGVT

– (2004a). Beratung zwischen alltäglicher Hilfe und Profession. In: Nestmann, F., Engel, F., Sickendiek, U. (Hrsg.). Das Handbuch der Beratung. Band 1: Disziplinen und Zugänge. Tübingen: DGVT, 547–559

– (2004b). Beratungsmethoden und Beratungsbeziehung. In: Nestmann, F., Engel, F., Sickendiek, U. (Hrsg.). Das Handbuch der Beratung. Band 2: Ansätze, Methoden und Felder. Tübingen: DGVT, 783–796

– (2004c). Beratungspsychologie/Counseling Psychology. In: Nestmann, F., Engel, F., Sickendiek, U. (Hrsg.). Das Handbuch der Beratung. Band 1: Disziplinen und Zugänge. Tübingen: DGVT, 61–72

– (2004d). Ressourcenorientierte Beratung. In: Nestmann, F., Engel, F., Sickendiek, U. (Hrsg.). Das Handbuch der Beratung. Band 2: Ansätze, Methoden und Felder. Tübingen: DGVT, 725–735

–, Engel, F. & Sickendiek, U. (2004). Statt einer „Einführung“: Offene Fragen „guter Beratung“. In: Nestmann, F., Engel, F., Sickendiek, U. (Hrsg.). Das Handbuch der Beratung. Band 2: Ansätze, Methoden und Felder. Tübingen: DGVT, 599–608

Niegemann, H. M., Kracke, B. (1996). Beratung in Berufsausbildung und Hochschule. In: Hofer, M., Wild, E., Pikowsky, B. (Hrsg.). Pädagogisch-psychologische Berufsfelder. Beratung zwischen Theorie und Praxis. Bern: Huber, 145–165

Nußbeck, S. (im Druck). Prävention und Therapie. In: Hansen, G., Stein, R. (Hrsg.). Sonderpädagogik konkret. 3. Aufl. Bad Heilbrunn/Obb.: Klinkhardt, 319–330

Papoušek, M. (1998). Das Münchner Modell einer interaktionszentrierten Säuglings-Eltern-Beratung und -Psychotherapie. In: Klitzing, K. v. (Hrsg.). Psychotherapie in der frühen Kindheit. Göttingen: Vandenhoeck & Ruprecht, 88–118

– (1999). Regulationsstörungen in der frühen Kindheit: Entstehungsbedingungen im Kontext der Eltern-Kind-Beziehungen. In: Oerter, R., Hagen, C. v., Röper, G., Noam, G. (Hrsg.). Klinische Entwicklungspsychologie. Ein Lehrbuch. Weinheim: Beltz, 148–169

Papp, P. (1989). Die Veränderung des Familiensystems. Stuttgart: Klett-Cotta

Parry, A., Doan, R. E. (1994). Story Re-visions. Narrative Therapy in the Postmodern World. New York: Guilford

Pawlow, I. P. (1972). Die bedingten Reflexe. Die grundlegenden Forschungen des russischen Nobelpreisträgers. München: Kindler

Payne, M. (2000). Narrative Therapy. An Introduction for Counsellors. London: Sage

Pearson, R. E. (1997). Beratung und soziale Netzwerke. Eine Lern- und Praxisanleitung zur Förderung sozialer Unterstützung. Weinheim: Beltz

Perls, F. S. (1974). Gestalttherapie in Aktion. Klett Cotta: Stuttgart

–, Hefferline, R. F., Goodman, P. (1995). Gestalttherapie. Grundlagen. 3. Aufl. München: dtv/Klett-Cotta

Perrez, M., Gebert, S. (1994). Veränderung gesundheitsbezogenen Risikoverhaltens: Primäre und sekundäre Prävention. In: Schwenkmezger, P., Schmidt, L. M. (Hrsg.). Lehrbuch der Gesundheitspsychologie. Stuttgart: Ferdinand Enke, 169–187

Petzold, H. (1996). Die normierende Kraft der Leitbilder und Qualitätsstandards – ein Diskussionsbeitrag. In: DGSv aktuell, 2, 23–28

Peukert, R. (2004). Leidenschaftlich gefordert, selten erreicht – Krisenhilfe aus der Sicht der Angehörigen. In: Müller, W., Scheuermann, U. (Hrsg.). Praxis Krisenintervention. Ein Handbuch für helfende Berufe: Psychologen, Ärzte, Sozialpädagogen, Pflege- und Rettungskräfte. Stuttgart: Kohlhammer, 147–156

Pikowsky, B., Wild, E. (1996). Schulpsychologische Beratung. In: Hofer, M., Wild, E. Pikowsky, B. (Hrsg.). Pädagogisch-psychologische Berufsfelder. Beratung zwischen Theorie und Praxis. Bern: Huber, 87–113

Plessen, U., Kaatz, S. (1985). Supervision in Beratung und Therapie. Salzburg: Otto Müller

Popper, K. (1996). Alles Leben ist Problemlösen. Über Erkenntnis, Geschichte und Politik. München: Piper

Pühl, H. (2004). Teamsupervision. In: Nestmann, F., Engel, F., Sickendiek, U. (Hrsg.). Das Handbuch der Beratung. Band 1: Disziplinen und Zugänge. Tübingen: DGVT, 391–406

Rappaport, J. (1985). Ein Plädoyer für die Widersprüchlichkeit. Ein sozialpolitisches Konzept des „empowerments“ anstelle präventiver Ansätze. In: Verhaltenstherapie und psychosoziale Praxis, 2, 257–278

Rechtien, W. (2004a). Beratung in Gruppen. In: Nestmann, F., Engel, F., Sickendiek, U. (Hrsg.). Das Handbuch der Beratung. Band 1: Disziplinen und Zugänge. Tübingen: DGVT, 359–373

– (2004b). Beratung. Theorien, Modelle und Methoden. 2. Aufl. München: Profil

Rink, J., Körkel, J., Schindler, C., Gantner, R. (1999). Diagnose abstinenzbezogener Kompetenzüberzeugungen bei Abhängigen illegaler Drogen. In: Fachverband Sucht (Hrsg.). Suchtbehandlung. Entscheidungen und Notwendigkeiten. Geesthacht: Neuland, 348–357

Rizzolatti, G., Gallese, V. (2002). From Mirror Neurons to Imitation: Facts and Speculations. In: Meltzoff, A., Prinz, W. (Eds.). The Imitative Mind: Development, Evolution, and Brain Bases. Cambridge: Cambridge University Press, 247–266

Rogers, C. (1972). Die nicht-direktive Beratung. Stuttgart: Klett

– (1973). Entwicklung der Persönlichkeit. Stuttgart: Klett

Röhrle, B. (2004). Gemeindepsychologische Beratung. In: Nestmann, F., Engel, F., Sickendiek, U. (Hrsg.). Das Handbuch der Beratung. Band 2: Ansätze, Methoden und Felder. Tübingen: DGVT, 711–723

Rosch, E. (1978). Principles of Categorization. In: Rosch, E., Lloyd, B. B. (Eds.), Cognition and Categorization (Vol. 27–48). Hillsdale, NJ: Erlbaum

Roth, G. (1994). Das Gehirn und seine Wirklichkeit. Frankfurt: Suhrkamp

Rüger, B. (1994). Kritische Anmerkungen zu den statistischen Methoden. In: Grawe, Donati und Bernauer: „Psychotherapie im Wandel. Von der Konfession zur Profession". In: Zeitschrift für psychosomatische Medizin und Psychoanalyse, 40, 368–383

Rumpf, H. J., Meyer, C., Hapke, U., Bischof, G., & John, U. (2000). Inanspruchnahme suchtspezifischer Hilfen von Alkoholabhängigen und -mißbrauchern: Ergebnisse der TACOS-Bevölkerungsstudie. Sucht, 46(1), 9–17

Rupp, M. (2004). Was hilft den Krisenhelfern? – Notfall- und Krisenintervention auf dem Weg zu professionellen Standards. In: Müller, W., Scheuermann, U. (Hrsg.), Praxis Krisenintervention. Ein Handbuch für helfende Berufe: Psychologen, Ärzte, Sozialpädagogen, Pflege- und Rettungskräfte. Stuttgart: Kohlhammer, 58–72

Russell, R. L., van den Broek, P. (1992). Changing Narrative Schemas in Psychotherapy. In: Psychotherapy, 29, 344–354

Rutter, M. (2000). Resilience Reconsidered: Conceptual Considerations, Empirical Findings, and Policy Implications. In: Shonkoff, J. P., Meisels, S. J. (Eds.). Handbook of Early Childhood Intervention. Cambridge: Cambridge University Press, 651–682

Sacks, H., Schegloff, E., Jefferson, G. (1974). A Simplest Systematics for the Organisation of Turn-Taking in Conversation. In: Language, 50 (4), 696–735

Sacks, O. (1987). Der Mann, der seine Frau mit einem Hut verwechselte. Reinbek: Rowohlt

Sander, K. (1999). Personzentrierte Beratung. Ein Arbeitsbuch für Ausbildung und Praxis. Köln: GwG

– (2004). Personzentrierte Beratung. In: Nestmann, F., Engel, F., Sickendiek, U. (Hrsg.). Das Handbuch der Beratung. Band 1: Disziplinen und Zugänge. Tübingen: DGVT, 331–344

Sanders, R. (2004). Die Beziehung zwischen Ratsuchendem und Berater. In: Nestmann, F., Engel, F., Sickendiek, U. (Hrsg.). Das Handbuch der Beratung. Band 2: Ansätze, Methoden und Felder. Tübingen: DGVT, 797–807

Sarimski, K. (2001). Kinder und Jugendliche mit geistiger Behinderung. Göttingen: Hogrefe

– (2005). Psychische Störungen bei behinderten Kindern und Jugendlichen. Göttingen: Hogrefe

Scheuermann, U., Schürmann, I. (2004). Vielfalt nutzen – Diversity in der Weiterbildung für Einrichtungen der Krisenintervention. In: Müller, W., Scheuermann, U. (Hrsg.). Praxis Krisenintervention. Ein Handbuch für helfende Berufe: Psychologen, Ärzte, Sozialpädagogen, Pflege- und Rettungskräfte. Stuttgart: Kohlhammer, 93–101

Schiepek, G. (1999). Die Grundlagen der Systemischen Therapie. Theorie, Praxis, Forschung. Göttingen: Vandenhoeck & Ruprecht

Schiersmann, C., Thiel, H.-U. (2004). Beratung in der Weiterbildung. In: Nestmann, F., Engel, F., Sickendiek, U. (Hrsg.). Das Handbuch der Beratung. Band 2: Ansätze, Methoden und Felder. Tübingen: DGVT, 891–906

Schlee, J. (2004). Kollegiale Beratung und Supervision für pädagogische Berufe. Hilfe zur Selbsthilfe. Ein Arbeitsbuch. Stuttgart: Kohlhammer

–, Mutzeck, W. (1996a). Supervision für Lehrerinnen und Lehrer. In: Schlee, J., Mutzeck, W. (Hrsg.). Kollegiale Supervision. Modelle zur Selbsthilfe für Lehrerinnen und Lehrer. Heidelberg: C. Winter, 9–22

–, – (Hrsg.) (1996b). Kollegiale Supervision. Modelle zur Selbsthilfe für Lehrerinnen und Lehrer. Heidelberg: C. Winter

Schlippe, A. v., Schweitzer, J. (2003). Lehrbuch der systemischen Therapie und Beratung. 9. Aufl. Göttingen: Vandenhoeck & Ruprecht

Schmid, P. F. (1999). Personzentrierte Psychotherapie. Eine Einführung. In: Sonneck, G., Slunecko, T. (Hrsg.). Einführung in die Psychotherapie. Wien: Facultas, 168–211

Schmidbauer, W. (1977). Die hilflosen Helfer. Über die seelische Problematik der helfenden Berufe. Reinbek: Rowohlt

– (1982). Ausgebrannt? Helfer-Syndrom und Burnout in den sozialen Berufen. In: Unsere Jugend, 34, 165–169

Schmitz, E. (1998). Brennt wirklich aus, wer entflammt war? Eine LISREL-Analyse zum Burnout-Prozeß bei Sozialberufen. In: Psychologie in Erziehung und Unterricht, 45, 129–142

Schott, H. (2001). Serie – Alkoholismus: Das Alkoholproblem in der Medizingeschichte. In: Deutsches Ärzteblatt, 98 (30), 1958–1962

Schröder, A. (2004). Psychologie und Beratung. In: Nestmann, F., Engel, F., Sickendiek, U. (Hrsg.). Das Handbuch der Beratung. Band 1: Disziplinen und Zugänge. Tübingen: DGVT, 49–60

Schrödter, W. (2000). Beratungspraxis und ihre empirische Erforschung. In: Körner, W., Hörmann, G. (Hrsg.). Handbuch der Erziehungsberatung. Praxis der Erziehungsberatung. Göttingen: Hogrefe, 401–412

Schrödter, W. (2004). Ethische Richtlinien für Beratung. In: Nestmann, F., Engel, F., Sickendiek, U. (Hrsg.). Das Handbuch der Beratung. Band 1: Disziplinen und Zugänge. Tübingen: DGVT, 449–467

Schuchardt, E. (1980). Soziale Integration Behinderter. Biographische Erfahrung und wissenschaftliche Theorie. Braunschweig: Westermann

Schulz von Thun, F. (1981). Miteinander reden 1 – Störungen und Klärungen. Reinbek: Rowohlt

– (1989). Miteinander reden 2 – Stile, Werte und Persönlichkeitsentwicklung. Reinbek: Rowohlt

– (1998). Miteinander reden 3 – Das Innere Team und situationsgerechte Kommunikation. Reinbek: Rowohlt

Schürmann, I. (2004). Beratung in der Krisenintervention. In: Nestmann, F., Engel, F., Sickendiek, U. (Hrsg.). Das Handbuch der Beratung. Band 1: Disziplinen und Zugänge. Tübingen: DGVT, 523–534

Schwarzer, C., Posse, N. (1986). Beratung. In: Weidemann, B., Krapp, A. (Hrsg.). Pädagogische Psychologie. Weinheim: Beltz, 632–666

Schwarzer, R. (2000). Streß, Angst und Handlungsregulation. 4. Aufl. Stuttgart: Kohlhammer

Searle, J. R. (1985). Expression and Meaning: Studies in the Theory of Speech Acts. Cambridge: Cambridge University Press

Seligman, M. E. (1992). Erlernte Hilflosigkeit. 4. Aufl. Weinheim: Beltz

Shadish, W. R., Cook, T. D., Leviton, L. C. (1991). Foundations of Program Evaluation. Theories of Practice. Newbury Park: Sage

Shannon, C. E., Weaver, W. (1949). Mathematical Theory of Communication. Urbana: University of Illinois Press

Sickendiek, U., Engel, F., Nestmann, F. (2002). Beratung. Eine Einführung in sozialpädagogische und psychologische Beratungsansätze. 2. Aufl. Weinheim: Juventa

Sloane, R. B., Staples, F. R., Cristol, A. H., Yorkson, N. J., Whipple, K. (1975). Psychotherapy versus Behavior Therapy. Cambridge: Harvard University Press

Sommer, K. (1995). Fürsorge oder Auslese? Erziehungsberatung von der Weimarer Republik bis 1945. In: Kurz-Adam, M., Post, I. (Hrsg.). Erziehungsberatung und Wandel der Familie. Opladen: Leske + Budrich, 15–31

Speck, O. (2001). Der Sinn der Frühförderung. In: Hessisches Sozialministerium, Bundesvereinigung Lebenshilfe für Menschen mit geistiger Behinderung (Hrsg.). An-Sichten über Frühförderung. Ergebnisse aus Wissenschaft und Praxis. Marburg: Lebenshilfe, 269–287

Städtler, T. (1998). Lexikon der Psychologie. Stuttgart: Kröner

Stanovich, K. E. (1998). How to Think Straight About Psychology. 5. Aufl. New York: Longman

Steller, M., Dahle, K.-P. (2001). Diagnostischer Prozess. In: Steiglitz, R.-D., Baumann, U., Freyberger, H. J. (Hrsg.). Psychodiagnostik in Klinischer Psychologie, Psychiatrie, Psychotherapie. 2 Aufl. Stuttgart: Thieme, 39–49

Stiehler, S. (2004). Studien- und Studentenberatung. In: Nestmann, F., Engel, F., Sickendiek, U. (Hrsg.). Das Handbuch der Beratung. Band 2: Ansätze, Methoden und Felder. Tübingen: DGVT, 877–889

Stierlin, H., Rücker-Embden, I., Wetzel, N., Wirsching, M. (1990). Das erste Familiengespräch. Stuttgart: Klett-Cotta

Strasser, J., Gruber, H. (2003). Kompetenzerwerb in der Beratung: Eine kritische Analyse des Forschungsstands. In: Psychologie in Erziehung und Unterricht, 50 (4), 381–399

Straumann, U. E. (2004). Klientzentrierte Beratung. In: Nestmann, F., Engel, F., Sickendiek, U. (Hrsg.). Das Handbuch der Beratung. Band 2: Ansätze, Methoden und Felder. Tübingen: DGVT, 641–661

Struck, E. (2004). Ehe, Partnerschaft und Beratung. In: Nestmann, F., Engel, F., Sickendiek, U. (Hrsg.). Das Handbuch der Beratung. Band 2: Ansätze, Methoden und Felder. Tübingen: DGVT, 1015–1027

Thiel, R. (2004). Berufs- und Karriereberatung in Deutschland. In: Nestmann, F., Engel, F., Sickendiek, U. (Hrsg.). Das Handbuch der Beratung. Band 2: Ansätze, Methoden und Felder. Tübingen: DGVT, 907–917

Thiel, W. (2004). Beratung im Kontext von Selbsthilfe: Fachliche Grundlagen und gesellschaftliche Implikationen. In: Nestmann, F., Engel, F., Sickendiek, U. (Hrsg.) Das Handbuch der Beratung. Band 1: Disziplinen und Zugänge. Tübingen: DGVT, 375–389

Thomann, C., Schulz von Thun, F. (1988). Klärungshilfe 1. Handbuch für Therapeuten, Gesprächshelfer und Moderatoren in schwierigen Gesprächen. Reinbek: Rowohlt

Thompson, R. A. (1996). Counseling Techniques. Improving Relationships with Others, Ourselves, our Families, and our Environment. Washington: Accelerated Development

Thurmair, M., Naggl, M. (2003). Praxis der Frühförderung. München/Basel: Ernst Reinhardt

Thyen, U., Meyer, C., Morfeld, M., Jonas, S., Sperner, J., & Ravens-Sieberer, U. (2000). Familien mit chronisch kranken und behinderten Kindern. Welche Lücken in der Gesundheitsversorgung und welche Belastungen gibt es? In: Kinderärztliche Praxis, 5, 276–286

Tschuschke, V. (1997). Das Äquivalenz-Paradox in der Psychotherapieforschung. In: Tschuschke, V., Heckrath, C., Tress, W. (Hrsg.). Zwischen Konfusion und Makulatur. Zum Wert der Berner Psychotherapie-Studie von Grawe, Donati und Bernauer. Göttingen: Vandenhoeck & Ruprecht, 125–139

–, Heckrath, C., Tress, W. (1997) (Hrsg.). Zwischen Konfusion und Makulatur. Zum Wert der Berner Psychotherapie-Studie von Grawe, Donati und Bernauer. Göttingen: Vandenhoeck & Rupprecht

Vogel, H. (2004). Qualitätssicherung von Beratung. In: Nestmann, F., Engel, F., Sickendiek, U. (Hrsg.). Das Handbuch der Beratung. Band 2: Ansätze, Methoden und Felder. Tübingen: DGVT, 837–856

Vogt, I. (2004). Beratung von süchtigen Frauen und Männern. Grundlagen und Praxis. Weinheim: Beltz

–, Schmid, M. (2004). Sucht- und Drogenberatung. In: Nestmann, F., Engel, F., Sickendiek, U. (Hrsg.). Das Handbuch der Beratung. Band 2: Ansätze, Methoden und Felder. Tübingen: DGVT, 1051–1062

Walter, U. (2003). Wahrnehmung und Umsetzung rechtlicher Bestimmungen zur Prävention in Deutschland. Expertise aus sozialmedizinischer Sicht. Berlin: Forschungsbericht 303 des Bundesministeriums für Gesundheit und soziale Sicherung

Warnke, A. (1999). Frühförderung und Zusammenarbeit mit der Familie. In: Neuhäuser, G., Steinhausen, H.-C. (Hrsg.). Geistige Behinderung. Grundlagen, Klinische Syndrome, Behandlung und Rehabilitation. 2. Aufl. Stuttgart: Kohlhammer, 297–309

Watzlawick, P. (1983). Anleitung zum Unglücklichsein. München: Piper

– (1998). Wie wirklich ist die Wirklichkeit? Wahn – Täuschen – Verstehen. 24 Aufl. München: Piper

–, Beavin, J., Jackson, D. O. (1967). Menschliche Kommunikation. Formen, Störungen, Paradoxien. Bern: Huber

Werner, E. E. (1992). The Children of Kauai: Resiliency and Recovery in Adolescence and Adulthood. In: Journal of Adolescence and Health, 13, 262–268

– (2000). Protective Factors and Individual Resilience. In: Shonkoff, J. P., Meisels, S. J. (Eds.). Handbook of Early Childhood Intervention. Cambridge: Cambridge University Press, 115–132

White, M., Epston, D. (1990). Narrative Means to Therapeutic Ends. New York: Norton

WHO (1946). Constitution. Genf: World Health Organisation

– (2001). International Classification of Functioning, Disability and Health. Genf: World Health Organisation

Wiesner, R. (1995). Erziehungsberatung als Leistung nach dem KJHG. In: Kurz-Adam, M., Post, I. (Hrsg.). Erziehungsberatung und Wandel der Familie. Opladen: Leske + Budrich, 70–77

Ziegler, M., Wollwerth de Chuquisengo, R., Papoušek, M. (2004). Exzessives Schreien im frühen Säuglingsalter. In: Papoušek, M., Schieche, M., Wurmser, H. (Hrsg.), Regulationsstörungen der frühen Kindheit. Frühe Risiken und Hilfen im Entwicklungskontext der Eltern-Kind-Beziehung. Bern: Huber, 111–143

Zimmermann, W. (1992). Betreuungsrecht. München: Deutscher Taschenbuchverlag

Sachregister

Cornelia Seewald
Sozial nachhaltiges Changemanagement

Mit dem Personzentrierten Ansatz zum Erfolg
(Personzentrierte Beratung & Therapie; 4)
2006. 189 Seiten. 16 Abb. 12 Tab.
(978-3-497-01791-1) kt

Globalisiert, gemergt, outgesourct – wie verkraften Unternehmen und andere Organisationen den ständigen Wandel? Sie müssen sich den Veränderungen anpassen – das ist die Aufgabe des Changemanagements. Der Personzentrierte Ansatz sorgt dafür, dass die Bedürfnisse der Menschen dabei nicht zu kurz kommen.

Das Buch vermittelt Strategien für konsens- und ergebnisorientierte Führung und Beratung, die die Kompetenzen aller Beteiligten nutzen und sie in die Suche nach Lösungen einbinden.

reinhardt
www.reinhardt-verlag.de

Matthias Paul Krause

Gesprächspsychotherapie und Beratung mit Eltern behinderter Kinder

Mit einem Vorwort von Jörg Fengler
2002. 193 Seiten. (978-3-497-01600-6) kt

Wenn Eltern erfahren, dass ihr Kind an einer Behinderung leidet, können sie in tiefe seelische Krisen geraten. Angst, Abwehr, Ambivalenz, Trauer, dazu materielle und zeitliche Belastungen führen oft zu schweren Konflikten. Manchmal reagieren Eltern auch mit den Symptomen einer psychischen Erkrankung. Wie können Berater und Therapeuten diesen Eltern dabei helfen, neuen Mut zu kreativen Lösungen zu finden? Eine wichtige Voraussetzung für erfolgreiche Beratung oder Therapie ist das Einfühlungsvermögen der Helfer.

Das Buch folgt dem Personzentrierten Ansatz. Differenziert schildert der Autor, wie vielfältig Eltern auf die Krisensituation reagieren können. Eine wichtige Rolle für die Einordnung auftretender Symptome spielt der Lebenszusammenhang der Betroffenen. Praxisorientiert wird gezeigt, wie man mit immer wiederkehrenden Konfliktthemen umgeht, z.B. mit Abwehr, Schuldgefühlen, Erziehungsproblemen und Partnerkonflikten. Anschauliche Fallbeispiele machen deutlich, wie Berater und Therapeuten in der Gesprächsführung einfühlsam auf die Bedürfnisse der Eltern reagieren können.

reinhardt
www.reinhardt-verlag.de